D1722463

Pott · Neue Theorie des Romans

Hans-Georg Pott

NEUE THEORIE
DES ROMANS

Sterne - Jean Paul - Joyce - Schmidt

Wilhelm Fink Verlag · München

Umschlagabbildung
nach einer Zeichnung des Düsseldorfer Künstlers Horst Reusche

CIP-Titelaufnahme der Deutschen Bibliothek

Pott, Hans-Georg:
Neue Theorie des Romans: Sterne – Jean Paul – Joyce –
Schmidt / Hans-Georg Pott. – München: Fink, 1990
ISBN 3-7705-2651-1

ISBN 3-7705-2651-1
© 1990 Wilhelm Fink Verlag München
Herstellung: Ferdinand Schöningh GmbH, Paderborn

INHALT

VORWORT

Mich beschäftigen die großen anthropologischen Themen: Liebe, Freundschaft, Leib und Seele, Geist und Sinn, Selbstbewußtsein, Tod, Freiheit, Zufall und Notwendigkeit, Kunst und Autorschaft, Sprache und Schrift, - *und* das gewöhnliche, alltägliche Leben. Das Auflisten der Themen mag anmaßend sich ausnehmen; tatsächlich sind sie ausdrücklich oder unterschwellig alle thematisiert, wenn wir nur einen nicht methodisch restringierten Blick auf einige beliebig herausgegriffene Szenen aus den Werken werfen, mit denen ich mich beschäftige. Das *und* bedeutet: und *zugleich*; ich gehe also nicht von den Manifestationen der 'großen' Themen aus: den Taten der Waffen, der Herrscher, der Heiligen, sondern vom Unbedeutenden - womit sich sogleich die Frage stellt, was denn überhaupt bedeutend sei. Im >Tristram Shandy< zum Beispiel erfahren wir, wie an einer 'bedeutungslosen' quietschenden Türangel die abendländische Rationalität zuschanden wird, und wie man trotzdem damit leben kann.

Wenn wir die Ebene der *episteme* verlassen, scheint sich die Bedeutung der Bedeutung zu verkehren. Auf der Ebene des Romans läßt sich nicht voraussagen, was bedeutend ist, das heißt, was für wert gehalten wird, daß es erzählt und möglicherweise überliefert werde. Zum Beispiel ein Tag im Leben eines Dubliner Annoncenakquisiteurs - das 'umgekehrt Erhabene' der >Odyssee<. Vornehmlich handelt es sich also um dasjenige, was sich *unter* und *neben* den Triumphbögen der Geschichte abspielt - wo der Markttag stattfindet (aber nicht um die Strukturen des Marktes).

Einige Konsequenzen lassen sich vorab überblicken: Es wird um die Rehabilitierung der Phänomene (der 'bloßen' Erscheinungen), der Individualität und der Privatheit gehen; die Frage nach dem Sinn wird sich von der Kontingenz und dem Tod her stellen; schließlich wird die Selbstbezüglichkeit des Schreibens eine dominante Rolle spielen (denn der Autor steht nicht außerhalb der alltäglichen Lebenswelt - ich nähere mich bereits der 'modernen' wissenschaftlichen Terminologie, die ich nicht ganz vermeiden kann). Wenn es um das geht, was sich "in der Groschengalerie und auf dem Parterre" (Jean Paul) abspielt - wo wir uns zumeist befinden -, wenn die alltägliche Lebenswelt nicht nur als 'Boden' und 'Horizont' für dasjenige den background bildet, was als die bedeutungsschweren epistemischen Strukturen oder geschichtlich folgenschweren Ereignisse gewöhnlich das Interesse der Wissenschaften vom 'Geist' finden, dann werden die methodischen Optionen, die (auch der Literaturwissenschaft) zur Verfügung stehen, zunächst einmal außer Kurs gesetzt. Wenn es um das gewöhnliche Menschliche geht, dann ist zunächst einmal einzusehen, daß kein Mensch im Hinblick auf die 'großen' Tragödien lebt, und daß kein Mensch für die Dauer eines Lebens die 'großen' Themen, die ihn irgendwann einmal alle berühren, *leben* kann. Die große Liebe, ein 'dem Geist' gewidmetes Leben, eine gehobene - stilistisch reine - Sprache, "ein ganzes Leben voll Gerechtigkeit" (Montaigne), sind nicht durchzuhalten. Und darin liegt eine Wahrheit! (Einzig post festum sind Selektionen möglich, durch die dann Spannung erzeugt werden kann.)

Es ist ersichtlich, daß ich vom 'Roman' her denke. Wenn wir die 'Lebenswelt' - "eine der erfolgreichsten Worterfindungen dieses Jahrhunderts" (Luhmann) - nicht begrifflich oder kategorial erfassen können, so läßt sich doch feststellen, daß wir seit Joyces >Ulysses< *wissen*, was das Alltägliche ist. (Und aus dem Alltäglichen baut sich die Lebenswelt zusammen.) Zweifellos ist das nicht der erste Roman, der einen unbedeutenden Menschen zum Helden macht (das ist nachgerade ein Kennzeichen des Romans im Unterschied zum Helden-Epos). Aber zur Entstehungszeit des >Ulysses< beginnen auch die Philosophie und in deren Gefolge die Geistes- und Sozialwissenschaften sich mit dem Thema Alltäglichkeit und Lebenswelt zu befassen, so daß es an der Zeit scheint, über den Zusammenhang der 'Diskurse' nachzudenken, und das Thema im romantheoretischen Sinn aufzugreifen. Es wird zu fragen sein, welche Bedeutung der 'Schein' innerhalb der alltäglichen Lebenswelt und für eine Theorie des Romans hat. Man wird sehen, wie beides eng zusammenhängt. Wie der Schein erscheint: das ist freilich die (große) Kunst.

Joyce sagte einmal zu seinem Bruder Stanislaus, "daß nicht die Dichtung sondern das Tingeltangel ein Kriterium des Lebens abgäbe." Was ist aber dann ein Kriterium der Dichtung?

Der Versuch, darauf eine Antwort zu finden, führt zu einer 'neuen' Theorie des Romans. Die Abhandlung die ich vorlege, ist die Antwort.

Ich gehe davon aus, daß die >Theorie des Romans< von Georg Lukács immer noch die avancierteste und anspruchsvollste Verständigung über den modernen Roman darstellt. In Hegelscher Tradition und Perspektive endet ihr Erklärungspotential beim Roman des 19. Jahrhunderts (und umfaßt die zahlreichen Romane des 20. Jahrhunderts, die in dieser Tradition stehen). An grundlegende Einsichten läßt sich freilich anknüpfen, so daß sich die >Theorie des Romans< in meinen Augen kritisch fort- und umschreiben läßt.

Jeder Theorie liegt ein bestimmtes 'empirisches' Material zugrunde; meins ist eng umrissen durch die Reihe der Namen Sterne, Jean Paul, Joyce und Arno Schmidt. Es handelt sich um eine sehr selektive Wahl, und man könnte einwenden, daß dies für eine 'Theorie' nicht ausreicht. Doch beruht meine Arbeit auf ganz bestimmten Vor-Urteilen; mit ein wenig Übertreibung ließe sich vielleicht sagen, daß diese vier Namen schon die Theorie sind. Sie bestimmen sich von dem her, was die >Theorie des Romans< von Lukács ausgrenzt. (Insofern sind die anderen Namen - die hier für ihre Werke stehen mögen -: Cervantes, Goethe, Tolstoi usw. in bestimmter Weise inbegriffen.)

Ich habe die fremdsprachigen Werke zumeist in einer Übersetzung zitiert. Alle Übersetzungen wurden anhand des Originals überprüft. Alle Originalzitate sind beigefügt, so daß jeder Leser Original und Übersetzung vergleichen kann. Ich habe dieses Verfahren nicht nur gewählt, weil es der Lesbarkeit zugute kommt, sondern vor allem, weil ich damit meinen Respekt vor bedeutenden Übersetzungsleistungen bezeugen möchte, vor allem, was die Übersetzungen von Sterne und Joyce anbetrifft. Sie helfen uns auch da den Text besser zu verstehen, wo wir sonst nur das Original lesen würden.

Die Zitierweise der Primärliteratur wird in der Bibliographie aufgeschlüsselt.

Für Kritik, wertvolle Anregungen und vielfältige Hilfe danke ich Wolfgang Breitbach (Computertechnik), Dr. Olaf Haas, Rosemarie Herrmann, Scarlett Winter, Privatdozent Dr. Raimar Zons und Christa.

I. VON DER BEDEUTUNG DES UNBEDEUTENDEN ALS EINLEITUNG IN EINE THEORIE DES ROMANS

Die Frage nach der Bedeutsamkeit des In-der-Welt-Seienden ist für die Wissenschaften immer schon durch die jeweiligen Kategorienlehren geregelt. Jede Kategorienlehre setzt Wertentscheidungen voraus. Darüber ist bereits entschieden. Die leitenden Werte zielen auf technische Verfügbarkeit, Beherrschung der Natur, "Bemächtigung der Dinge" (Nietzsche). Werte, die nicht im Verbund mit Machtausübung gelten sollen, sind von geringerer Bedeutung oder bedeutungslos. Für jede Theorie gilt, daß nur was sie betrifft, bedeutsam ist.

Wer Werke der Dichtkunst liest, wird gerade nicht mit einem bestimmten Kategoriensystem konfrontiert. Das macht den Leser nicht orientierungslos, im Gegenteil: zunächst liest wohl jeder 'identifikatorisch', das heißt, er versucht sich und seine Welterfahrung im Werk wiederzufinden. Es ist geradeso wie im Leben sonst auch. Wir sind immer schon mit unserer Welt vor jeder Thematisierung und Problematisierung vertraut. Darin konstituiert sich Bedeutsamkeit ganz anders und viel unübersichtlicher, ungeregelter als in den abgesteckten Claims der Wissenschaften, die erst durch wertbedingte Thematisierungen entstehen. Was ist dann aber eigentlich bedeutsam? Was ist und wie entsteht Bedeutung?

Grundsätzlich kann alles bedeutend sein, was unsere 'Sorge' anbetrifft. Im Verlauf des Prozesses der Zivilisation haben sich bestimmte Kategoriensysteme vorrangig entwickelt, die Bedeutsamkeit regeln. So sind vor allem die Wissenschaften entstanden. Damit sind deren Werthaltungen nicht schon fraglos. Denn schon vor aller Wissenschaft und Philosophie (Semiologie) ist Bedeutung gegeben, weil wir immer schon handelnd und verstehend in unsere Umwelt eingelassen sind. Das zeigt in unnachahmlicher Deutlichkeit die Daseinsanalyse in >Sein und Zeit<. Indem alles zuhandene Zeug zum Zeichen genommen werden kann, entsteht Bedeutsamkeit, weil es mit allem und jedem seine Bewandtnis hat.

An einem altfränkischen Beispiel aus >Sein und Zeit< läßt sich die Frage nach der Bedeutsamkeit als ein poetologisches Problem entwickeln:

"Was zum Zeichen genommen ist, wird durch seine Zuhandenheit erst zugänglich. Wenn zum Beispiel in der Landbestellung der Südwind als Zeichen für Regen 'gilt', dann ist diese 'Geltung' oder der an diesem Seienden 'haftende Wert' nicht eine Dreingabe zu einem an sich schon Vorhandenen der Luftströmung und einer bestimmten geographischen Richtung. Als dieses nur noch Vorkommende, als welches es meteorologisch zugänglich sein mag, ist der Südwind *nie zunächst* vorhanden, um dann gelegentlich die Funktion eines Vorzeichens zu übernehmen. Vielmehr entdeckt die Umsicht der Landbestellung in der Weise des Rechnungtragens gerade erst den Südwind in seinem Sein."[1]

Das zeigt recht anschaulich, wie im Leben Bedeutung entsteht, wie Geltungen und Werte sich unmittelbar aus den Tätigkeiten entwickeln. Man sieht auch, wie sich eine höchst komplexe und vielfältige Bedeutungsmannigfaltigkeit entwickelt, denn die Menschen üben viele verschiedene Tätigkeiten aus. Damit haben wir es aber auch in der Dichtung (dem Roman zumal) zu tun, die von der nicht restringierten Mannigfaltigkeit des Lebens 'erzählt', und die nur im Erzählen als solche bewahrt werden kann. Sie kennt keine rigorosen Ausgrenzungsmechanismen, die methodisch gesteuert werden; grundsätzlich ist nichts das menschliche Sein betreffend von ihr ausgeschlossen. *Bedeuten* heißt dann nichts anderes, als daß Menschen bestimmte Beziehungen zu ihrer Umgebung unterhalten, in der sie 'wohnen', wo eins aufs andere verweist und worin man miteinander vertraut ist, worin und woran man sich hält und unterhält.

Da die Kategorien also ursprünglich etwas sind, was "*im Leben selbst am Leben*" ist, im Begriff, Leben zu bilden, so kann sich 'vom Leben her' auch eine Kritik formulieren und zum Beispiel die >Krisis der europäischen Wissenschaften< (Husserl) konstatieren. Wenn sie dem Leben fremd geworden sind, dienen sie nicht mehr dazu, das faktische, gesellschaftliche Dasein der Menschen zu bilden und das Heimischsein zu stiften, sondern sie dienen nur noch dazu die Verlorenheit zu steigern. Die entsprechenden Analysen sind bekannt. Der frühe Heidegger hat sich hierzu noch ganz unmittelbar geäußert: Wenn das Dasein ursprünglich auch ein 'Sturz' ist, eine 'Ruinanz', so ist es doch immer wesentliches Selbstsein, wenn auch in

---

1 Martin Heidegger: Sein und Zeit, Tübingen 1963 (10), 80 f.

"einer ganz verlorenen Weise". "So wie das Leben in sich selbst umwegig ist, so ist es auch 'diesig'."[2]

"*Leben*, im verbalen Sinne genommen, ist nach seinem *Bezugssinn* zu interpretieren als *Sorgen*; sorgen für und um etwas, sorgend von etwas leben. Mit diesem Charakter ist nicht gemeint, daß das Leben immer mit einer Leichenbittermiene umginge. Im ausgelassnen Taumel, in der Gleichgültigkeit, in der Stagnation - wie immer ist 'leben' charakterisiert als sorgen. Worauf und warum das Sorgen ist, *woran* es sich hält, ist zu bestimmen als *Bedeutsamkeit*. Bedeutsamkeit ist eine kategoriale Determination von Welt; die Gegenstände einer Welt, die weltlichen, welthaften Gegenstände sind gelebt im Charakter der Bedeutsamkeit."[3]

Es ist eines jeden Erfahrung, daß wir das "Gewicht der Welt"[4] hinsichtlich der Bedeutsamkeit erleben, die sich in unserer Mit- und Umwelt aus den Formen von Rang, Position, Aufmerksamkeit auf Moden, Erfolg, Wertdifferenzierungen aller möglichen Arten ergeben, die abzulenken scheinen von dem, was wir als das 'eigentlich' Wertvolle erahnen oder sogar genau zu kennen glauben. Aus Unsicherheit flüchten wir auch gerne in die Abständigkeit des Objektiven.

Wir verfolgen nicht weiter den Weg einer Kritik der abendländischen episteme, die als Kritik am Logozentrismus und als die gediegenen Ausführungen zur 'Dialektik der Aufklärung' die Diskussionen bestimmt. Wir verfolgen den Weg der Kunst und der Dichtung und versuchen, grundlegend andere Pfade zu beschreiten, indem wir von anderen Fragen ausgehen. Zum Beispiel dieser: Was verleiht dem Dasein beim 'Absturz' Flügel?

In der Kunst zeigt sich die Umwegigkeit und Verlorenheit des faktischen Daseins ebenso wie die Vielschichtigkeit und Vieldeutigkeit des Phänomens 'Leben', das *für uns* alltägliches, sorgendes Leben ist. Die wesentlichen Kategorien, in denen das Sorgen bestimmt ist, sind Arbeit und Sprache (man mag Herrschaft dazunehmen). Diese Kategorien erschließen die Bedeutsamkeit des Lebens als Sorgen. Aber es gibt auch noch anderes im Leben, das nicht darunter faßbar ist, was sich diesen Kategorien entzieht und quer dazu liegt, und das doch in einem Leben von ganz besonderer Bedeutung sein kann, dem unsere ganze Aufmerksamkeit gilt: zum

---

2 Martin Heidegger: Phänomenologische Interpretationen zu Aristoteles (Vorlesung 1921/22), Gesamtausgabe Bd. 61, Frankfurt/M. 1985, 88.
3 Ebd. 90.
4 Ebd. 100.

Beispiel eine quietschende Türangel, an der die abendländische Rationalität zuschanden wird. Sie findet sich im 21. Kapitel des 3. Buches von >Tristram Shandy<:

"Tagtäglich seit mindestens zehn vollen Jahren hatte mein Vater beschlossen, sie richten zu lassen, - gerichtet ist sie noch nicht; - keine Familie außer der unseren hätte das nur eine Stunde ausgehalten, - und was das Erstaunlichste ist, es gab kein Thema auf der Welt, worüber mein Vater so beredt war wie über das von Türangeln. - Und doch, glaube ich, war er ihnen gegenüber einer der größten Hohlredner, den die Geschichte hervorbringen kann; seine Rhetorik und sein praktisches Tun befanden sich in ständigem Widerstreit. - Nie öffnete sich die Wohnzimmertür - ohne daß seine Philosophie oder seine Grundsätze ihr Opfer wurden; - drei Tropfen Öl auf einer Feder und ein tüchtiger Schlag mit dem Hammer hätten sein Ansehen für immer gerettet.
- Widerspruchsvolles Wesen, das der Mensch ist! - ächzt unter Wunden, die zu heilen in seiner Macht liegt! - sein ganzes Leben ein einziger Widerspruch zu besserem Wissen - seine Vernunft, dieses wertvolle Geschenk Gottes an ihn - (statt Öl einzutröpfeln) dient ihm nur dazu, seine Empfindlichkeiten zu reizen, - seine Leiden zu vervielfachen und ihn dadurch noch niedergeschlagener und unruhiger zu machen - Arme, unglückliche Kreatur, daß sie so handeln muß! - Gibt es der naturgegebenen Ursachen des Elends nicht genug, daß er freiwillig seinen Bestand an Kummer vermehrt; - gegen Übel ankämpft, die nicht zu vermeiden sind, und sich anderen unterwirft, von denen er mit einem Zehntel der Mühe, die sie ihm verursachen, für immer sein Herz befreien könnte?
Bei allem, was gut und recht ist, wenn drei Tropfen Öl aufzutreiben sind und ein Hammer auf zehn Meilen um *Shandy Hall* aufgefunden werden kann, - die Wohnzimmertürangel soll unter der gegenwärtigen Regierung gerichtet werden." (III/21/234)

Dieses Zitat enthält in nuce das Problem und das Programm meiner Untersuchung. Es ist die Keimzelle und der Ausgangspunkt. Wenn man einen Zusammenhang von Lebensformen und den Formen des Romans unterstellt und anerkennt (das ist der andere Ausgangspunkt), so läßt sich im allgemeinen sagen, daß es um die Paradoxie geht - und sollte dies schon Kunst überhaupt erklären? -: um das, was sich innerhalb von Ordnungen (Ordnungssystemen) und mit Hilfe von Ordnungen (der Arbeit, der Sprache, der Organisationen) *diesen entzieht*, und um die Einsicht, daß wir "unter Rätseln und Geheimnissen" leben. Die "augenfälligsten Dinge, die uns unterkommen, haben dunkle Seiten, in die der schärfste Blick nicht dringen kann". (IV/17/340)

Eine Theorie, die aus diesen Prämissen entwickelt wird, steht in Opposition zur herrschenden Wissenschaft. Gerade diejenigen Wissenschaften, die sich seit dem 19. Jahrhundert als Erben einstiger philosophischer Spekulation immer mehr der Empirie des täglichen Lebens genähert haben (und der Tatsächlichkeit des Bewußtseins), geraten in das Dilemma (wie die perennierende Philosophie übrigens auch), daß sie mit Idealtypen operieren müssen (oder mit statistischen Durchschnittswerten). Die Analyse und Beschreibung des 'Wirklichen' krankt an einem Mangel an Wirklichkeit (der Beschreibungssprache). Der Roman reduziert zwar auch notwendigerweise die Komplexität des Alltagslebens, aber er spricht nicht abstrakt. (Bewußtsein und Sprache sind immer ein Ausdruck des Mangels an Sein, der nicht aufzuheben ist. Das, was ist, ist nicht sagbar.) Zum andern drängen die Systeme der Vernunft auf Verwirklichung und Manipulation der Dinge. Doch wehrt sich der Mensch im Individuellen gegen die totale Durchdringung des Lebens mit Vernunft, wie die quietschende Türangel demonstriert. Darin steckt ein Protestpotential. Die Menschen und die Wissenschaften (auch die vom Menschen) stehen sich feindlich gegenüber. (Da helfen keine Ethik-Kommissionen und Kompensationsübungen.)

Ungeachtet und unabhängig von der Entfremdung des Menschen in der modernen Gesellschaft durch Ökonomie (Ware - Kapital), Wissenschaft und Technik, was zum Allgemeinplatz der Deutung der menschlichen Situation geworden ist, ist der Mensch auf eine andere Art entfremdet, die auf den ersten Blick vielleicht weniger gravierend erscheint. Sie entsteht aus den Bedeutungszuschreibungen, der Sortierung des Wichtigen vom Unwichtigen, des Wesentlichen vom Unwesentlichen. Die weitaus größte Menge dessen, was ein Einzelner tut und denkt, wird von den epistemischen Diskursen auf die Seite des Unwesentlichen geschlagen, des Irrtums, der Verblendung, während die Wissenschaften (als Herren-Diskurse) das wahre Sein vertreten, das Wesentliche, die Substanz. Einzig das Erzählen im allgemeinen (das sich im Roman zum Kunstwerk steigern kann) verfällt nicht der Arroganz *der* Sprachen, die die Wahrheit über den Menschen verhängen (wie man eine Strafe verhängt). Nun kümmert das den 'kleinen' Mann oder die 'kleine' Frau auf der Straße nicht weiter (und *als solche* gehen wir zumeist alle durch das Leben). Wir konsumieren, produzieren und distribuieren, ohne uns groß um die Logik des Kapitals zu kümmern; und selbst den philosophischen Groß-Ethiker plagt nicht ständig ein schlechtes Gewissen. Der Mensch der Alltäglichkeit lebt nicht nach den großen Ideensystemen, und doch ist er nicht ideenlos. Was ihn bewegt und was sich "in der Groschengalerie und auf dem Parterre" abspielt, davon lesen wir in den Romanen.

Das Problem einer Entfremdung des Menschen durch die anthropologisch ausgerichteten Geistes- und Sozialwissenschaften ist in jüngster Zeit in deren eigenes Blickfeld geraten. Nicht nur die wachsende Beschäftigung mit dem Alltagsleben in der Geschichtswissenschaft, der Soziologie und der phänomenologischen Philosophie (seltsamerweise wenig in der Literaturwissenschaft, die doch - in der Romanlektüre - ständig damit konfrontiert ist) zeugt davon, sondern auch die Einsicht, daß in der Alltäglichkeit als einer 'dritten Arena' die Resourcen des vernunftorientierten Handelns angesiedelt sind. Ratlosigkeit herrscht eher in den oberen Rängen.

Habermas hat ein Schichtungsmodell der 'Arenen' aufgestellt, das für meine Zwecke ganz brauchbar ist. Ist die obere Arena von den politischen Eliten innerhalb des Staatsapparates besetzt, so die zweite (darunter) von den Gruppen, die soziale Macht ausüben. "Darunter schließlich befindet sich die dritte Arena, in der schwer greifbare Kommunikationsströme die Gestalt der politischen Kultur bestimmen (...) In dieser Arena wird nicht unmittelbar um Geld oder Macht, sondern um Definitionen gestritten. Es geht um die Unversehrtheit und Autonomie von Lebensstilen, etwa um die Verteidigung traditionell eingewöhnter Subkulturen oder um die Veränderung der Grammatik überlieferter Lebensformen. (...) Diese Kämpfe bleiben meist latent, sie bewegen sich im Mikrobereich alltäglicher Kommunikation, verdichten sich nur dann und wann zu öffentlichen Diskursen und höherstufigen Intersubjektivitäten."[5]

Wir richten unsern Blick auf den Mikrobereich alltäglicher Kommunikation, nicht, um zu untersuchen, wie sie sich zu höherstufigen, organisations-, d.h. machtfähigen Gebilden verdichtet (wir wollen dem Soziologen die Berechtigung dieser Perspektive nicht abstreiten), sondern wie sie sich 'poetisch' verdichtet, d.h. wie aus dem alltäglichen Gerede und den alltäglichen Lebensformen Literatur wird. Andersherum: Ich studiere an der Dichtung, was dieser Mikrobereich des Lebens 'in Wahrheit' ist. Man erkennt dann, daß die Höherstufigkeit der Arenen eine Zunahme an Leere und Negativität bedeutet. Die unterste Arena bezeichnet das wahre, konkrete Dasein des Menschen. Was darüber sich erhebt (Organisationen, Apparate der Verwaltung, des Staates, Ämter, Titel usw.), fällt demgegen-

---

5 Jürgen Habermas: Die Neue Unübersichtlichkeit, Frankfurt/M. 1985, 159.

über ab; es ist der Abfall (Müll). Man kann an Musils >Mann ohne Eigenschaften< studieren, wie die Nichtigkeit der Reden und Handlungen zunimmt, je 'höher' man sich im Verwaltungs- und Staatsapparat befindet oder in die wissenschaftlichen Diskurse gerät.

Für die dritte Arena gilt, daß ein Zugang zu ihr nur über die Kunst und Literatur möglich ist. Sie entzieht sich per se begrifflicher Erkenntnis. Damit werden Kunst und Literatur der höheren Weihen beraubt; sie vermitteln keine 'höheren' Bedeutungen. Kein Festspielglanz trübt mehr ihre Wahrheit; sie verklären nicht mehr den Unsinn des Ganzen.

Was es mit dem Mikrobereich der alltäglichen Lebenswelt auf sich hat, sei an einem Beispiel demonstriert, wobei man auch sehen kann, wie wenig es eine 'Bedeutung an sich' gibt. Betrachten wir diesen Turm, der in Dublin in der Nähe des Sandymount Strandes steht, dicklich rund und ziemlich häßlich, eine Telefonzelle steht davor, und es parken da Autos. Die Eingangstür ist weiß gestrichen und umrandet; ein Fenster befindet sich darüber. Es ist der MARTELLO-Turm, der heute eine Requisitenkammer zur Erinnerung an Joyce beherbergt (= Bedeutung 1). Die ursprüngliche historische Bedeutung (= Bedeutung 2) ist die eines Festungsturms, der 'seine' Geschichte hat. Später dient er Joyce und seinen Freunden für kurze Zeit als Studentenbude (= Bedeutung 3). Sodann verlassen wir die Sphäre der Realität. Wir begegnen ihm wieder im Imaginären, im >Ulysses<. Er wird zur Wohnung für Stephen Dedalus, Buck Mulligan, und Haines (= Bedeutung 4). Er wird zur Kanzel in Bucks Messeparodie, womit bekanntlich der >Ulysses< anfängt, der die irische See segnet (= Bedeutung 5). Schließlich wird er zu einem leitmotivischen Symbol im Roman als Omphalos (= Bedeutung 6). Ich will keineswegs behaupten, daß damit seine Bedeutungen ausgeschöpft sind. Es handelt sich auch nicht jedesmal um eine scheinhafte Bedeutung, *hinter* der das wahre Ansichsein des Turms verborgen liegt. Er ist vielbedeutend; er ist nichts Einfaches, Identisches, sondern er ist Vieles (zugleich). Ein Ding ist eine Mannigfaltigkeit. Und es ist ein Zeichen, ein Signifikant, der zum Träger vieler möglicher Signifikate wird, die der Zeit, d.h. der Veränderung unterworfen sind. (Die Bedeutungen sind das eigentlich Flüchtige, wobei das Signifikat 'Omphalos' wieder zum reinen Signifikanten wird, ein Signifikant zweiter Stufe, wenn man so will.) Es geht drunter und drüber in der Welt, weil sie immer auch eine Welt von Zeichen ist.[6] Die Bedeutung der Dinge und Zeichen ist von konkreten Lebenssituationen abhängig. Für den Literatur-Touristen, der Dublin besucht, ist der MARTELLO-Turm als Museum bedeutsam, für den Leser des >Ulysses<, je nach Lektüregrad, als Wohnung Stephens oder als 'Zeichen' Omphalos. Für die Erbauer war er als Festungsturm bedeutsam, usw.

Die Trennung von Ding und Zeichen ist ebenso konstruktiv-künstlich wie die von Subjekt und Objekt. In der menschlichen Praxis ist alles zugleich Ding *und* Zeichen, Subjekt *und* Objekt. Historisches, gesellschaftliches, semantisches, privates Wissen sind darin verwoben - das ist das Sujet des Romans. Die Mehrdeutigkeit und die Ambiguität von Wahrheit und Lüge sind nur dann ein Mangel, wenn man auf der Jagd nach der *einen* Wahrheit ist, wenn man das Wesen *hinter* den Erscheinungen aufspüren will. Das impliziert aber eine ganze Metaphysik der Verborgenheit.

Ich gehe nicht davon aus, die Wahrheit des >Ulysses< oder des >Siebenkäs< sei verborgen und müsse durch hermeneutische Anstrengungen und Kunststücke ans Tageslicht befördert werden. Gleichwohl versuche ich, 'verborgene' Strukturen zu erkennen und den Text (hermeneutisch) zu verstehen. Der Dichter hat aber nicht Strukturen sozusagen versteckt, damit wir etwas zum Enträtseln haben; er hat auch nicht den Sinn verborgen, damit ihn der Leser, indem er die Oberfläche wegräumt, freilegt. Die beschränkte Wahrheit der Werke erschließt sich vielmehr so, daß ich eine 'Theorie' erfinde, indem ich die Texte manipuliere. Und das Kriterium für die Akzeptanz der Theorie liegt nicht in den Werken der Dichtung, sondern in dem Text, den ich produziere.

Jede bedeutende Romantheorie ist integrativ immer auch eine zeitgebundene 'Welttheorie', denn der Roman ist die Prosaform mit der extensivsten Weltbeziehung; das heißt, im Roman kann alles zur Sprache kom-

---

6 Man könnte diese Fragestellung in einer semiologischen Terminologie entwickeln. Das ließe uns stärker eingedenk sein, daß es hier vor allem um die Sprache geht. Eine 'semiologische Wende' kann sich auf den § 17 von >Sein und Zeit< berufen: "...das Zeichensein für ... kann selbst zu einer *universalen Beziehungsart* formalisiert werden, so daß die Zeichenstruktur selbst einen ontologischen Leitfaden angibt für eine 'Charakteristik' alles Seienden überhaupt." (A.a.O., 77) Eine semiologische Umformulierung bringt aber nicht viel an Erkenntnisgewinn; denn um was sonst geht es eigentlich, wenn nicht um 'Zeichen'?

men, was der Fall ist, was der Fall gewesen ist, sein wird oder sein könnte. Herder hat ihn bereits grundlegend charakterisiert:

"Keine Gattung der Poesie ist von weiterem Umfange, als der Roman; unter allen ist er auch der *verschiedensten Bearbeitung* fähig: Geographie, Philosophie und die Theorie fast aller Künste, sondern auch die Poesie aller Gattungen und Arten - in Prose. Was irgend den menschlichen Verstand und das Herz intereßiret, Leidenschaft und Charakter, Gestalt und Gegend, Kunst und Weisheit, was möglich und denkbar ist, ja das Unmögliche selbst kann und darf in einen Roman gebracht werden, sobald es unseren Verstand oder unser Herz intereßiret. Die größesten Disparaten läßt diese Dichtungsart zu: denn sie ist die Poesie in Prose."[7]

Der Roman produziert die Welt als (subjektive) Vorstellung; er ist immer ein Entwurf des Bewußtseins (in den auch Unbewußtes eingehen kann). Er verkündet eine Wahrheit des Daseins, die andere Diskurse nicht erkennen können: das ist die Wahrheit der alltäglichen Lebenswelt. Deshalb handelt er von den Kleinigkeiten und Nichtigkeiten des Lebens. Jean Paul schreibt:

"Ich ärgere mich, wenn die Menschen mit dem Namen 'Kleinigkeiten' schelten. Was habt ihr denn anders? Ist denn nicht das ganze Leben - bloß seine erste und seine letzte Minute ausgenommen - daraus gesponnen, und kann man nicht alles Wichtige in einen zusammengedrehten Strang von *mehrerern* Bagatellen zerzausen? - Unsere Gedanken ausgenommen, aber nicht unsere *Handlungen*, kriecht alles über Sekunden, jede große Tat, jedes große Leben zerspringt in den Staub der Zeitteile; - aber eben deswegen, da alles Große nichts ist als eine *größere* Zahl von Kleinigkeiten, da also die Vorsehung entweder Kleinigkeiten und Individuen oder gar nichts auf unserem Rund besorgen muß ..." (7/232)

Der ästhetische Wert des Romans haftet gänzlich an den Erscheinungen. Der Wert liegt im Schein wie im Geldschein, mit dem sich der Mensch des Alltags etwas kauft, und der für ihn einen ganz variablen subjektiven Wert darstellt, trotz und ungeachtet der Tatsache, daß die Wahrheit des Geldes auf der anderen Seite in der 'Logik des Kapitals' und der Tauschabstraktion liegt, also in ganz unsinnlichen Diskursen. Das heißt nun gerade nicht, daß die 'großen' Themen ausgeklammert werden; sondern gerade daß sie und wie sie integriert sind, bringt den Roman in eine ernsthafte Konkurrenz zur Philosophie und den Wissenschaften vom Menschen. Zu Themen wie Zeit, Sein und Zeichen haben Proust, Musil und Joyce allerhand zu sagen. Nur stellt für den Dichter dieses 'Sagen' auch

---

7 Johann Gottlieb Herder: Briefe zur Beförderung der Humanität, XVIII, 109 f.

und vor allem ein Formproblem dar. Damit sind an die Romantheorie andere Anforderungen gestellt, als sonst an (Erkenntnis-)Theorien. In jener ist zunächst von Formproblemen auszugehen. Ein weiteres Problem für die Romantheorie liegt darin, daß sie es nie mit der Wirklichkeit, sondern immer nur mit dem Bewußtsein (der Vorstellung) von Wirklichkeit, wie es sich sprachlich manifestiert, zu tun hat. Darin eingeschlossen sind die Probleme des Selbstbewußtseins (der Selbstbezüglichkeit und Reflexivität). Das heißt, daß man es mit allen Formen des Bewußtseins zu tun hat: Verstand, Vernunft, aber auch Einbildungskraft, Phantasie, Träumen etc. Im >Quintus Fixlein< verkündet Jean Paul die Lehre, daß der liebste Gegenstand des Bewußtseins das Bewußtsein selber sei. (Vgl. 7/185) Die Selbstbezüglichkeit des Bewußtseins des Dichters liegt im Bewußtsein von Autorschaft und Schreiben. Was tue ich, wenn ich schreibe; unter welchen Bedingungen kann ich schreiben? Daher gilt nicht nur für Jean Paul: "Der Realitäts- und Wahrheitsgrund alles dessen ... ist ja im letzten das Schreiben selbst."[8]

---

8 Kurt Wölfel: Jean Paul-Studien, Frankfurt/M. 1989, 57.

II. FÜR EINE NEUE THEORIE DES ROMANS

A. Rekapitulation.

Den Ausgangspunkt in Lukács >Theorie des Romans< (1920) bildet bekanntlich eine geschichtsphilosophisch-metaphysische Konstruktion. In der
großen Epik (Homer) drücke sich ein philosophischer Impuls aus, mit den
Worten des Novalis: Die Philosophie ist eigentlich Heimweh, ein Trieb
überall zu Hause zu sein. Das zeigt sich in der *Form* des antiken Epos, in
dem jene "urbildliche Landkarte" eingezeichnet ist, nach der die Menschen
sich in ihren Handlungen orientieren konnten und die ihre Wege festlegte.
Diese Landkarte ist der Ordnung des Kosmos analog. Der antike Mensch
fand darin seine Sicherheit. Es sind die "sinnerfüllten Zeiten", und die Lebensform des antiken Menschen schloß 'theoria' und Lebenspraxis zusammen. Lukács spricht von einer "erlösenden Symbolik", darin auch der
abendländischen Eschatologie verpflichtet, die diese Konstruktion beerbt.

Der bekannte, vielzitierte erste Satz lautet: "Selig sind die Zeiten, für
die der Sternenhimmel die Landkarte der gangbaren und zu gehenden
Wege ist und deren Wege das Licht der Sterne erhellt." (21) Romantheoretisch konstitutiv ist der Bruch, der sich in der Neuzeit vollzieht, und der
den Übergang vom Epos zum Roman markiert: es ist der *Riß* zwischen
Theorie und Praxis (Lebensformen), Subjekt und Objekt, Ich und Welt,
"Seele und Tat". Konstitutiv ist er, weil er fortan von den Helden, die sich
durch diese Spaltung geradezu definieren, zu überwinden getrachtet wird.
Damit sind die Romane der Neuzeit bestimmt.

Selig sind die Zeiten, für die die Geschichtsphilosophie die Landkarte
der denkbaren und zu denkenden Wege erhellt. Wer ein Ziel kennt, ist
immer sicherer. Vertrauen in die Zukunft stellt sich her; der Mensch findet
sich in der Gegenwart mehr zu Hause, weil er von der Zukunft her leben
kann. Dem entspricht die Dichtung, indem sie das Heimischsein stiftet und
im Leben unterstützt - auch dort noch, wo sie scheinbar alle Bezüge auflöst. Konnte doch noch die >Theorie des Romans< Vertrautheit vermitteln, darin ähnlich dem Anspruch an das antike Epos: in der Versammlung
der (und der Berufung auf die) großen Dichter Dante, Cervantes, Goethe,
und der Sicherheit der daraus geschöpften Werturteile.

Lukács konstatiert, daß sich in der großen neuzeitlichen Epopöe die Subjektivität ganz in ein "reines Aufnahmeorgan" für die Welt verwandelt: sie wird der Gnade, der Offenbarung eines Ganzen (vgl. 44 f.) teilhaftig. Daraus folgt eine massive Wertsetzung:

"Es ist der Sprung von der >*Vita nuova*< (Dantes, P.) zur >*Divina comedia*<, vom >Werther< zum >Wilhelm Meister<; es ist der Sprung, den Cervantes vollzogen hat, der, selbst verstummend, den Welthumor des >Don Quixote< laut werden läßt, während Sternes und Jean Pauls herrlich laute Stimmen bloß subjektive Spiegelungen eines bloß subjektiven und darum begrenzten, engen und willkürlichen Weltbruchstückes bieten." (45)

In schöner Selbstverkennung fährt Lukács (ganz hegelisch, es handelt sich um den "Übergang von Kant zu Hegel") fort: "Dies ist kein Werturteil, sondern ein gattungsbestimmendes Apriori: das Ganze des Lebens läßt keinen transzendentalen Mittelpunkt in sich aufweisen und duldet es nicht, daß eine seiner Zellen sich zu seiner Beherrscherin erhebe." (45)

Das gattungsbestimmende Apriori ergibt sich aus der *Korrespondenz von Dichtung und Lebensform*. Daß beide Seiten Risse, Brüche, Verstellungen, Verkennungen, Abweichungen aller Art von der 'klassischen Norm' (wie fragwürdig immer) beinhalten, ist längst ein Gemeinplatz. Aber was ist eigentlich zerrissen, gebrochen? Zweifellos ist der transzendentale Ort, von wo aus Risse und Brüche sich bestimmen und von wo aus der Schatten einer Totalität noch ahnbar war, fraglich geworden. Das Subjekt als Träger einer transzendentalen Synthesis kam aber schon bei Lukács als gattungsbestimmende Instanz nicht mehr in Frage, sondern nur was 'Totalität des Lebens' hieß.

Was haben wir also aufzugeben? Zunächst einmal die transzendentale Subjektivität selbst, von der aus die Synthesis einer Einheit - des Sinns der Geschichte und der Geschichten - gestiftet gedacht werden konnte. Aufzugeben ist also das Ideal des >Wilhelm Meister<, so wie es die Meister-Rezeption bis zum Klischee verfestigt hat, die 'klassische' Auffassung der Subjektivität, die sich in aller Kürze an dem Haus und der Gestalt des Oheims aus den >Bekenntnissen einer schönen Seele< ablesen läßt. Dieses Ideal ist wertbildend geworden, und es betrifft keineswegs >Wilhelm

Meister< als ganzes, den man nicht über diesen Leisten schlagen kann. Es geht hier um das Bildungsideal der Klassik, das zum Selbstverständnis der bürgerlichen Gesellschaft gehört hat (und vielleicht in Teilen immer noch gehört). Nicht Goethes 'Dämonologie' ist wertbildend geworden, sondern die "Einrichtung, aus der uns die Gegenwart eines verständigen, vernünftigen Wesens fühlbar wird." (HA 7, 403)

> "Des Menschen größtes Verdienst bleibt wohl, wenn er die Umstände soviel als möglich bestimmt und sich so wenig als möglich von ihnen bestimmen läßt. Das ganze Weltwesen liegt vor uns wie ein großer Steinbruch vor dem Baumeister, der nur dann den Namen verdient, wenn er aus diesen zufälligen Naturmassen ein in seinem Geiste entsprungenes Urbild mit der größten Ökonomie, Zweckmäßigkeit und Festigkeit zusammenstellt. (...) Sie, liebe Nichte, haben vielleicht das beste Teil erwählt; Sie haben ihr sittliches Wesen, Ihre tiefe, liebevolle Natur mit sich selbst und mit dem höchsten Wesen übereinstimmend zu machen gesucht, indes wir andern wohl auch nicht zu tadeln sind, wenn wir den sinnlichen Menschen in seinem Umfange zu kennen und tätig in Einheit zu bringen suchen." (HA 7, 405)

Dagegen wird negativ bewertet und herabgesetzt die humoristische Subjektivität, "Sternes und Jean Pauls herrlich laute Stimmen". Geringgeschätzt wird auch - im gleichen Kontext 'bloßer' Subjektivität - der Roman der Romantik. (Am Maßstab dieser Werthierarchien wurde Literaturgeschichte geschrieben.) Die >Theorie des Romans< schreibt diesen 'Klassizismus' fort und bestätigt ihn zugleich. Wie lautet nun genau der Vorwurf gegen die humoristische Subjektivität?

> "Die Seele des Humoristen dürstet nach einer echteren Substanzialität als sie ihm das Leben bieten könnte; deshalb zerschlägt er alle Formen und Grenzen der zerbrechlichen Totalität des Lebens, um zur einzig wahren Quelle des Lebens, zum reinen, weltbeherrschenden Ich zu gelangen. Aber mit dem Zusammenbrechen der Objektswelt ist auch das Subjekt zum Fragment geworden; nur das Ich ist seiend geblieben, doch auch seine Existenz zerrinnt in der Substanzlosigkeit der selbstgeschaffenen Trümmerwelt. Diese Subjektivität will alles gestalten und kann gerade deshalb nur einen Ausschnitt spiegeln." (44)

Wir finden hier alles versammelt, was als folgenreiche Wertentscheidungen in der deutschen Literaturgeschichte eine Rolle gespielt hat und noch spielt, was also negativ besetzt wird: übersteigerte Subjektivität, Zerstörung der Formen und der Totalität (und damit letztlich jeglichen - metaphysischen - Sinns), Fragmentierung von Subjekt und Objekt (Zerfall der Identität) - kurz: innere Substanzlosigkeit.

Ganz abgesehen davon, daß man mit diesem Negativkatalog auch trefflich im Werke Goethes kennzeichnen kann, sind diese Wertkriterien geeignet, die bedeutendsten Romane, die größten Prosadichter der Weltliteratur zu diffamieren: ich nenne hier nur Laurence Sterne, Jean Paul, James
Joyce und Arno Schmidt.

Wenn ich im folgenden versuche, diese Position zu destruieren und einige Vorschläge für eine 'neue' Theorie des Romans vorzulegen, so wird
man mir nicht vorwerfen können, ich operierte mit modernen Autoren, die
völlig außerhalb des Blickfelds der 'alten' Theorie lagen. Gerade die
'modernen' Autoren, die hier genannt werden, beerben auf eine ausgiebige
und mannigfache Art und Weise die älteren.

Das Positive im >Wilhelm Meister< liegt in der Integration des Helden
in die Gesellschaft. In Eichendorffs >Ahnung und Gegenwart<, in man-
cherlei Hinsicht eine Nachbildung des >Wilhelm Meister<, tritt der Held
Friedrich am Ende aus der Gesellschaft aus und in ein Kloster ein; Leontin
emigriert nach Amerika. Sie retten damit zwar ihre Seelen oder ihre Identität, aber die Vermittlung zur Gesellschaft gelingt schon nicht mehr. Es
fällt schwer, aus dem romantischen Roman eine Lehre zu ziehen, ein Programm für 'Bildung' zu entwickeln. An die Stelle einer Mimesis von vor-
gegebenen Ordnungen, als analoge Reproduktion oder als Übernahme einer Vor-Schrift, tritt die zweifelhafte Produktion von Sinn. (Selbst der
'postmoderne' Roman von Pynchon steht noch in der Tradition antiken
Analogiedenkens - nur mit umgekehrten Vorzeichen: Chaos (Entropie)
statt Kosmos.) Lukács folgt Hegel in der Bestimmung des Übergangs vom
Epos zur Epopöe. *Produktion* (Poesie abgeleitet von poesis: machen, herstellen) wird zum Zentralbegriff einer geschichtsphilosophisch begriffenen
Ökonomie (von oikos: das Haus, der Wohnsitz, die Heimat; oikonomia:
die haushälterische Behütung des Hauses).

Daraus folgt nicht, daß das Haus fremd geworden ist. Nur das Ganze einer Welt ist fremd geworden. Der kleine häusliche Kreis und der orbis
kommen nicht mehr zusammen, sie decken sich nicht - das eine das andere
umfangend - ab, sie berühren sich im Extremfall nicht einmal mehr.

Das markiert den Übergang von Kant zu Hegel. "Kants Sternenhimmel
glänzt nur mehr in der dunklen Nacht der reinen Erkenntnis." (28) Lukács
rettet den Begriff der Totalität oder Ganzheit, ohne den für ihn Erkenntnis

nicht möglich ist, mit der Übernahme von Hegels 'allgemeinem Weltzustand', der eigentlich der Weltbegriff des antiken Epos ist, der nun als Folie dient, um das zu bestimmen, was wir seit Schillers philosophischen Schriften die geschichtlich-gesellschaftliche Entfremdung des Menschen nennen (was Lukács später in >Geschichte und Klassenbewußtsein< als die universelle Verdinglichung erfahren und bestimmt hat). Der Bruch im allgemeinen Weltzustand findet sich auf das deutlichste schon ausgesprochen in Hegels Ästhetik, im Kapitel >Gegenwärtige prosaische Zustände< (Werke 13, 253). Dieser Bruch drückt sich terminologisch in der Unterscheidung von Poesie und Prosa aus.

Hegel entwirft das Bild der modernen, arbeitsteiligen (funktional differenzierten) Gesellschaft, in der Ideale, die Taten großer Männer, aus einsamen Entschlüssen geboren, keinen Platz mehr haben. Damit geht die Abdankung der Individualität und Subjektivität einher, die Unterordnung des Einzelnen unter die anonymen Zwecke der gesellschaftlichen Mechanismen (des Marktes vor allem). Nicht einmal der Monarch, den es zu Hegels Zeiten noch gab, kann mehr als die "*konkrete* Spitze des Ganzen" (ebd. 253) angesehen werden. Die neue Ordnung der Dinge macht auch das Epos und die Poesie als Darstellung einer lebendigen Totalität der Vermittlung von Einzelnem und Allgemeinem zu etwas Vergangenem. Der moderne Roman ist dann der adäquate Ausdruck der Prosa der bürgerlichen Verhältnisse, über den Hegel dann nichts weiter ausführt. (Lukács denkt von diesem Punkt aus weiter.) Die 'modernen' Zeiten hat Hegel aber immerhin noch genau bestimmt:

"Die Hausväterlichkeit und Rechtschaffenheit, die Ideale von redlichen Männern und braven Frauen - insoweit deren Wollen und Handeln sich auf Sphären beschränkt, in welchen der Mensch als individuelles Subjekt noch frei wirkt, d.h. nach seiner individuellen Willkür ist, was er ist, und tut, was er tut - machen in dieser Rücksicht den hauptsächlichen Stoff aus. Doch auch in diesen Idealen fehlt es an tieferem Gehalt, und so bleibt das eigentlich Wichtigste nur die subjektive Seite der *Gesinnung*." (Ebd. 253)

Der transzendentale Ort wird also durch (geistige) Produktion, die nicht unabhängig von der gesellschaftlichen (im engeren Sinn: ökonomischen) tätig ist, subjektiv gesetzt, erfunden (Lukács nennt das transzendentalpsychologisch). Mag dieser Ort auch imaginär sein, er bleibt weiterhin der Garant für eine gewisse Einheit des Sinns, für die Fixierung leitender

Werte (wie immer diese aussehen mögen), die die Wege der Helden bestimmen - auch wenn sie scheitern. Eine solche Einheit ist dann eine hochgradig künstliche und vermittelte Synthesis von Ich und Welt, Form und Inhalt. Der Ausdruck des Bewußtseins des vermittelnden und künstlich geschaffenen Charakters (auch der Brüchigkeit) der 'neuen' Totalitäten ist die *Ironie* (in dem Sinn, den die Frühromantiker dem Wort geben). Die Voraussetzung ist die "transzendentale Obdachlosigkeit" der Helden (um diesen vielzitierten Ausdruck wenigstens zu erwähnen).[1]

Um die Folgerungen daraus etwas prosaisch zu formulieren: Wir wissen nicht mehr, wo es langgeht, müssen aber trotzdem handeln, und wenn wir uns selbstbestimmte Ziele setzen, ist unser Scheitern sie zu erreichen, schon vorprogrammiert. Männlich, trotzig sagen wir: trotzdem! Ironie stellt sich ein, das Wissen von Nichtidentität von Ich und Welt, die fortan ständig im Bewußtsein lauert und alle männlichen Produktionsakte untergräbt.

---

1 Selbst der spekulativsten Theorie liegt ein bestimmtes 'empirisches' Material zugrunde. Als Lukács die >Theorie des Romans< schrieb, hatte er sich nicht nur mit den Philosophien Kants und Hegels beschäftigt, sondern er hatte auch bestimmte Romane vor Augen. Zunächst ist nur von den Griechen die Rede und der Renaissance einer konkreten Totalität (eines einheitlichen Weltbildes) bei Dante und Giotto. Der moderne Roman als Ausdruck einer "transzendentalen Obdachlosigkeit" findet seine ersten Theoretiker in den Frühromantikern. Hier hat Friedrich Schlegels >Wilhelm-Meister-Kritik< epochemachend gewirkt. Sucht man in der >Theorie des Romans< aber einfach nach Namen, so findet man die merkwürdigsten und befremdlichsten Zusammenstellungen: Vergil dient zum Vergleich mit Zola, um diesen herabzusetzen (40); es werden Goethes und Hebbels "große Idyllen" (43) zusammengestellt, wobei unklar bleibt, was damit gemeint ist; es werden unverständliche Werturteile abgegeben wie: "Dantes 'paradiso' ist dem Leben wesensverwandter als die strotzende Fülle Shakespeares" (45) - ein Urteil, das durchaus seine immanente Konsequenz hat, das aber zeigen sollte, daß etwas mit der Theorie nicht stimmt. Schließlich findet sich als zweiter Teil der >Theorie des Romans< eine Typologie der Romanformen, die von Cervantes >Don Quixote< ausgeht, überleitet zu Balzacs >Comédie humaine< und zu Flaubert, zurückkehrt zu >Wilhelm Meister<, und die bei Tolstoi endet, um Dostojewskij auszugrenzen mit der Bemerkung: "Dostojewskij hat keine Romane geschrieben ..." (137) Auch im Bereich der Typologie des Romans wird diese Aussage nicht sinnvoll; hier rettet ihn auch ein letztes Pathos nicht: "Ob er (Dostojewskij, P.) bereits der Homer oder der Dante dieser Welt (einer neuen Welt, P.) ist ... ob er nur ein Anfang oder schon eine Erfüllung ist" - das bleibt alles offen.

B. Die Abweichung

Die Vermittlung des Einzelnen mit dem Allgemeinen (der Gesellschaft) ist problematisch geworden, und sie stellt fortan eine Aufgabe für den (bürgerlichen) 'Helden' dar. Nur durch eine solche Vermittlung kommen aber Identität und Sinn zustande; denn beides sind gesellschaftliche Kategorien. Also entscheidet diese Vermittlunsbewegung (auch wenn sie scheitert) über den 'Sinn' des Romans. Ironie wäre dann gleichsam gesteigerter Sinn: das Wissen, daß Identität und Sinn letztlich (vollendet, abgeschlossen) nicht zu finden sind - es sei denn, das Subjekt gibt sich auf: dann verschwände mit dem Subjekt der Sinn.

Der 'moderne' Roman produziert Identitäten und Sinn im Medium des schönen Scheins (scheinhafte Totalitäten), deren Scheinhaftigkeit bewußt bleibt - was sich im 'brüchigen' Stil niederschlägt. Diese 'klassische' Auffassung der Kunst überhaupt hat Gadamer formuliert: "Die Versöhnung von Ideal und Leben durch die Kunst ist lediglich eine partikulare Versöhnung. Das Schöne und die Kunst verleihen der Wirklichkeit nur einen flüchtigen und verklärenden Schimmer."[2]

Das Entscheidende ist nun - und dies markiert eine erste Abweichung, die ich vornehmen möchte - zu begreifen, daß es im 'modernen' Roman der *anderen* Provenienz gar nicht um die Versöhnung von Ideal und Leben, um die Vermittlung von Ich und Welt, Individuum und Gesellschaft mehr geht. Dann tritt an die Stelle der Ironie der Humor. Das humoristische Subjekt dementiert die auf Selbstverwirklichung und Selbstvervollkommnung angelegte Subjektivität.

Einen wichtigen Gedanken aber können wir zunächst aus der >Theorie des Romans< retten: Was die große Epik dem Roman vermacht, ist die Darstellung der "extensiven Totalität des Lebens", das heißt der Vielfalt und Mannigfaltigkeit der Erscheinungen, die sich traditionell vor allem um die Auftritte des Helden ranken, so daß im Epos und im klassischen Roman nur an den Rändern das sichtbar wird, was das Alltagsleben der Menschen bestimmt und wie sie alltäglich leben. Erst wenn dieses Feld - die alltägliche Lebenswelt - zum Zentrum der Darstellung des Romans wird,

---

2 Hans-Georg Gadamer: Wahrheit und Methode, Tübingen 1965[2], 78.

wird er zu einem konkurrenzfähigen Medium der *Erkenntnis* (im Wettstreit etwa mit der philosophischen Phänomenologie, der Soziologie oder der Geschichtswissenschaft). In diesem Sinn nannte schon Hegel die Poesie "die allgemeinste und ausgebreitetste Lehrerin des Menschengeschlechts"; denn: "Lehren und Lernen ist Wissen und Erfahren dessen, was *ist*. Sterne, Tiere, Pflanzen wissen und erfahren ihr Gesetz nicht; der Mensch aber existiert erst dem Gesetz seines Daseins gemäß, wenn er weiß was er selbst und was um ihn her ist; er muß die Mächte kennen, die ihn treiben und lenken, und solch ein Wissen ist es, welches die Poesie in ihrer ersten substantiellen Form gibt." (A.a.O., 240) Wir müssen an dieser Stelle eine erste Abweichung markieren (eine Abweichung von Hegel, zugleich vom frühen Lukács). Wenn Hegel sagt, die Aufgabe der Poesie sei es, "das alles umfassende Reich menschlicher Vorstellung, Taten, Handlungen, Schicksale, das Getriebe dieser Welt und die göttliche Weltregierung zum Bewußtsein zu bringen" (ebd. 239), so streichen wir die "göttliche Weltregierung", und setzen dafür ein X, weil fragwürdig geworden ist, ob sich *das* (eine) Gesetz des menschlichen Daseins überhaupt ausfindig machen läßt.

Wenn dieses Gesetz nicht ausfindig zu machen und durch Glaubensakte nicht mehr selbstverständlich vorgegeben ist, so verliert sich die Subjektivität - so lautet der Vorwurf - in der Substanzlosigkeit. Individuelles und gesellschaftliches Sein sind nicht mehr zu vermitteln, und wenn sich die Subjektivität im Rückzug von der Gesellschaft als eigensinnige Individualität bestimmt, so greift (romantheoretisch) die Bewußtseinsform der Ironie nicht mehr, um (gesellschaftlichen) Sinn zu retten. Was die >Theorie< des Romans, die ja noch den "ironischen Takt der Komposition" bedenkt, nicht mehr zu fassen vermag, ist die Tatsache, daß - mit einem Blick auf den >Tristram Shandy< oder den >Siebenkäs< - die Individualität triumphiert und als Ausdruck von Humanität erscheint, *obgleich* sie sich aus der Destruktion und dem Mißlingen der Vermittlungen (dem Verlust der gesellschaftlich verbindlichen Werte) erst herstellt und gewinnt. Das, was - Identitätsansprüchen gemäß - ihre Bedingung zu sein schien, ist zerstört, und trotzdem leben Onkel Toby und die kleine Fliege vergnügt vor sich hin.

Gegen das Identitätsdenken der Subjektivität erhebt Jean Paul Einspruch im Namen des Leibes und des Todes. Den Bedingungen der Zeitlichkeit unterworfen, Bedingungen, deren es sich nicht zu bemächtigen vermag, flüchtet das Individuelle sich in den Spleen und das Hobby-Horse. In ihnen entzieht sich die Individualität dem allgemeinen Wertzusammenhang und den gesellschaftlichen Ver-Wertungsprozessen. Im >Ulysses< wird gar die Identität des Eigennamens zerstört. Aus Stephen und Bloom wird Blephen und Stoom, und viele sind der Namen von Leopold, Poldy, Siopold Bloom, der sich anagrammatisch wandelt: "Leopold Bloom / Ellpoldbomool / Molldopeloob / Bollopedoom / Old Ollebo M.P." Dennoch besitzt Mr. Leopold Bloom für uns eine ganz unverwechselbare Individualität.

Im >Tristram Shandy< zeigt Sterne, wie unkontrollierbar der Zufall unser Dasein bestimmt, an dem die Anstrengungen der abendländischen Rationalität zuschanden werden. (Zufall ist, was zufällt, zum Beispiel ein Schiebefenster, das den kleinen Tristram entscheidend verstümmelt.) Die Menschen in diesem Roman scheinen nur aus ihren Widersprüchen zu bestehen.

Was ist daraus für eine neue Theorie des Romans zu folgern? Man wird eine Theorie verabschieden müssen, die das Bestimmende der Romanform in der biographischen (und das heißt immer auch: gesellschaftlichen) Entwicklung und Situierung des Helden erblickt, die von einer erstrebenswerten - wie immer gebrochenen - Identität des Helden ausgeht und von der Suche nach Sinn (Ziel- und Zweckbestimmungen) getragen wird. Das heißt auch, daß stets vorausgesetzt wird, daß es ein Ende (des Romans) gibt. Diese Helden erhalten ihre Bestimmung durch Ziele und Zwecke (die am *Ende* erreicht werden sollen), die ihnen übergeordnet und vorgegeben sind (seien sie religiösen, metaphysischen oder weltlichen Ursprungs, wie die allgemeine Wohlfahrt), oder sie verfolgen einen mysteriösen Selbstzweck (was immer das ist).

Was wäre die andere Form? Eine, die das Leben nicht transzendiert und die nicht von einem Jenseits die Bedeutungen erheischt; eine, die keiner immanenten Teleologie oder einem allgemeinen Vernunftgesetz gehorcht - eher Prinzipien einer unreinen Vernunft folgt (aber kann es eine Theorie der unreinen Vernunft geben?). Daraus resultieren die Formelemente der Satire und des Humors, denn sie lassen deutlich werden, daß das Leben der 'kleinen' Helden sich gegen alle 'großen' Sinnzuschreibungen behauptet und sie untergräbt. Politisch unzuverlässige Gesellen sind sie allesamt, die Helden des 'anderen' Romans. Das bedeutet nicht, daß ihr Leben unsinnig oder absurd wäre. Sie entziehen sich nur dem großen Sinn, dessen Ursprung die Macht ist oder den die Macht sich usurpiert hat - dem verordneten Sinn, in dessen Namen (des Vaters, des Vaterlandes oder was für ein Name auch immer für eine 'Totalität' stehen mag) die Helden in den Kampf ziehen, um zu siegen oder zu sterben.

Die Helden taugen schon im >Tristram Shandy< nicht zu Bedeutungsträgern eines allgemeinen Zweckes oder Gesetzes. Sie führen ein Dasein ganz aus sich selbst, aber nicht im Sinn der aufklärerischen Autonomie, der auf ein allgemeines Sittengesetz verpflichteten Selbstgesetzgebung. Gleichwohl beerben sie die Aufklärung und sind Bürger in einer bürgerlichen Gesellschaft. Sie biegen die allgemeinen Zwecke der Gesellschaft um in private; ihre Autonomie ist geprägt von einem unverwechselbaren Eigensinn, der sich um das Allgemeine keine grauen Haare wachsen läßt. Daß sie dabei stolpern und fallen, scheint unausweichlich, aber sie haben auch ein eigensinniges Überlebensprinzip entwickelt. Sie sind Trickser, listig und pfiffig, die sich durchs Leben schlagen. Dabei bejahen sie das Leben. Sie verzweifeln nicht am Leben, wie die großen Sinnsucher, die am Unsinn (dem Nichtsinn) des Lebens scheitern. Ihr Wort ist das letzte im >Ulysses<: Yes.

Daraus folgt für die Romanform die inhaltliche Begründung der bekannten, modernen Stilmittel: Diskontinuität der Handlung und Geschichte; Digression, nicht als Marotte des Autors, sondern aus innerer Notwendigkeit; Spiel versus Ernst des Lebens; Parodie. Das lineare (chronologische) Erzählen bedeutet immer eine Verengung und Verarmung. Es geht demgegenüber um den Spielraum des Möglichen. Joyce hat die Frage nach dem Möglichen in der Geschichte (history) ohne direkte Antwort gelassen: "Had Pyrrhus not fallen by a beldam's hand in Argos or Julius Caesar not been knifed to death? They are not to be thought away. Time has branded them and fettered they are lodged in the room of the infinite possibilities they have ousted. But can those have been possible seeing that they never were? Or was that only possible which came to pass? Weave, weaver of the wind." (31)

Ein Leben als Ganzes, als Totalität, liegt unbeschreibbar, uneinholbar voraus; für den Einzelnen (und nur darum geht es in der Dichtung) hat der Gesichtspunkt der Totalität gar keine lebenspraktische Relevanz. Man kann sich auf die wirklichen Begebenheiten beschränken, dann wird history daraus. Man kann das Mögliche darstellen, dann wird Literatur daraus. Das Erzählen setzt das Bewußtsein der Uneinholbarkeit des Lebens durch die Kunst voraus. Kunst (Dichtung) ist immer Ausdruck eines Mangels. Da sie aber nicht als Beherrscherin des Seins auftritt, kann in ihr das Individuelle, Konkrete und Inkommensurable in Erscheinung treten.

Das Mögliche - das, wovon es kein *Wissen* gibt - kann nur erzählt werden. In einem höheren Grad, auf einer anderen Stufe handelt es sich dabei aber doch wieder um (inszenierte) Mimesis: nicht als Darstellung des möglichen oder wirklichen Lebens, sondern um Abbildung des Bewußtseins, um das mögliche 'Bewußtseinsleben' unverwechselbarer Individuen. Proust sagt in der >Recherche<: "Die Welt ist wahr für uns alle, doch verschieden für jeden einzelnen. (...) Ja, ich war gezwungen, die Dinge zu vereinfachen und zu fälschen, denn nicht eine Welt, sondern tausend Welten, fast ebenso viele wie es Augenpaare und denkende Hirne gibt, erwachen jeden Morgen." (3004) Im Roman sind die "tausend Welten" Ausdruck der Subjektivität. Subjektivität ist (selbstreflexives) Bewußtsein, und Bewußtsein ist - wie Jean Paul sagt - ein "Echo, das sich selber in das Unendliche nachhallt". Daraus ergeben sich die bekannten Antinomien des Selbstbewußtseins (zum Beispiel, daß es sich nicht selbst zu begründen vermag), aber auch die Chancen des Verstehens von sich und den anderen. Ungeachtet der Diskussion um die Hermeneutik und Antihermeneutik gibt es eine Vermittlung von Text und Lektüre (wie immer man versucht, die methodisch zu steuern), *weil der Text selbst etwas Gelesenes ist.* Deshalb kann er zu einer spiegelnden Fläche für das Leserbewußtsein werden. Der Leser mag anfangen, zwischen den Zeilen zu träumen, schließlich das Buch zuzuschlagen - das Buch geht weiter.

Wichtiger für eine 'neue' Theorie des Romans als Hegel ist Locke. Seine Untersuchungen zur Ideenassoziation, die schon bei ihm als wissenschaftliches Verfahren nicht anerkannt wird, erfaßt Bewußtsein, wie es 'wirklich' ist, daß heißt, wie es wirklich alltäglich funktioniert; denn gewöhnlich denken wir nicht am Leitfaden einer Methode, sondern sprunghaft und assoziativ. Es geht nicht - um bei Locke zu bleiben - um eine Reduktion von *wit* auf *judgement*, aber auch nicht um eine Ausschaltung der Vernunft. Sondern um eine unreine Vernunft, um ein Durcheinander von wit und judgement. Es geht um die Beschränkung des Totalitätsanspruchs der Vernunft, weil der Mensch nicht vollständig zur Vernunft fähig ist (jedenfalls nicht im Alltagsleben - und das ist entscheidend). Der Mensch will auch nicht 'total' vernünftig sein; er will zumindest noch selbst bestimmen, wieviel Vernunft er sich zumuten mag, wie sehr er sich selbst domestizieren oder dem Anderen des Selbst Raum geben will.

Das Individuelle beruht im wesentlichen darauf. Es ist nicht berechenbar, denn wie einer assoziiert, läßt sich nicht voraussagen. Leidenschaften (ruling passions), Temperament (humour), Interessen und Zufälle lassen unterschiedliche Ideen zusammenschießen, die - angeregt von äußeren, sinnlichen Wahrnehmungen - unwiederholbar eine einmalige Konstellation in einem Nu, einer Sekunde, bilden. Das untergräbt den Absolutheitsanspruch der Vernunft. Die Menschen sind alle ein bißchen verrückt, ohne irre zu sein. Und es könnte sein, daß diese Verrücktheit die Menschen vor der großen 'Irre' bewahrt, die für viele heute im Prozeß der Zivilisation selbst sich bekundet.

Es bleibt für die Theorie des Romans nur eine einzige Kategorie übrig, die sie begründen könnte, die aber eine Kategorie im Sinn begreifbarer (seinshafter) Substanzialität nicht ist, die vielleicht ein Nichts ist, auf jeden Fall nichts ist als individuelle Subjektivität. Ein seltsamer Ort, empirisch und transzendental zugleich, der keine Synthesis zu stiften vermag, aber doch eine Einheit 'tausendfältiger Ichs' ist. Das Subjekt als Träger einer transzendentalen Synthesis (eines einheitsstiftenden *Sinns* der Geschichte und der Geschichten, von history und story) ist schon bei Lukács keine gattungsbestimmende Instanz mehr. Er hielt aber an der Idee einer 'Totalität des Lebens' als einer wertbestimmenden Kategorie fest. Das bedeutet, daß der Held etwas außerhalb des individuellen Eigensinns wollen, höhere Ziele erstreben muß, soll er literaturfähig sein. Im 'Besonderen' sollen sich Individuelles und Allgemeines vermitteln, also soll sich das Feld der Gesellschaftlichen in einem wertvollen Sinn erschließen. Aus einer groben Durchsicht der modernen Romanliteratur (das gilt auch für Drama und Lyrik) dürfte allerdings schon einsichtig werden, daß sie keine Symbolik der Erlösung mehr stiftet (oder diese Symbolik ad absurdum führt); daß Lebensformen, die auf Erlösung spekulieren, keine Chance mehr haben. Das gilt auch für die säkularen Formen des Erlösungsdenkens, für diejenigen 'Helden' also, die sich für gesellschaftliche Ziele und Zwecke opfern (die dem Paradies auf Erden gelten). Das gilt für alle Legitimationen aus einer Zukunft her.

Wir geben alle Symbolik einer Erlösung auf, die im endlichen Dasein einen unendlichen (transzendenten) Sinn spiegelt; auch alle Vermittlungsversuche von individuellem und gesellschaftlichem Sein. Was aber bleibt dann noch übrig?

Wir haben es hier zunächst mit einer Entlastung vom ethischen Druck, vom Pflichtzwang zu tun. Es gibt kein inneres, notwendiges Sollen des Helden, also auch keine große Tragik. Die kleinen Katastrophen sind schon schwer genug zu tragen. Es bedarf also keiner großen Aktion. Das Entscheidende ist: Alles könnte immer auch anders sein.

Damit ist Ethik keineswegs abgeschafft; es besteht weiterhin das (moralisch) Gute. (Die Fiktion einer Welt im ganzen wäre ethisch indifferent.) Das Böse bleibt erkennbar. Das ist ohne allen metaphysischen Tiefsinn zu verstehen. Onkel Toby ist ein guter Mensch - wer wollte das bestreiten? Es wird kein Pazifist ihn verdammen, weil er Krieg spielt; wir freuen uns vielmehr, daß er *spielt*, und daß er ein 'gutes Herz' hat. Wer der Gute ist und wer der Böse, das ist so klar wie im Märchen.

Es gibt auf diesen Spielfeldern keine großen Utopien, die das Gefühl der Niederlagen nur verstärken. Es gibt keine 'große' Tragik, sondern nurmehr Unglück und Unglücks-Fälle. Da ein übergreifendes Telos fehlt, gibt es auch keine abgestürzten Hoffnungen. Die Instanz des schlechten Gewissens hat ausgedient, weil das Über-Ich keine Rolle spielt. So braucht das arme, geschundene Ich nicht die Anstrengung sich zuzumuten, die "reine Höhe der Wesenhaftigkeit" (Lukács) zu erklimmen. Der andere Roman (>Tristram Shandy, >Siebenkäs<, >Ulysses<, die Prosa von Schmidt) gewinnt seine Wahrhaftigkeit aus der Anerkennung der Trivialitäten des Daseins, des Lächerlichen, des Zwanghaften, des Eigensinns - vor allem aber der Endlichkeit. Der 'Held' - wenn wir an diesem Begriff festhalten wollen - ist kein Suchender mehr, sondern ein Findender, ein Sammler, Bastler, Erzähler (auch ein Nörgler, welch exemplarische Figur das Romanwerk Thomas Bernhards bestimmt). Daraus folgt die Negation der biographischen Geschlossenheit; der Mensch soll nichts aus sich machen. Er soll nicht nach einer Schimäre der Vollendung streben, die ein zufälliger Tod ohnehin nur zerreißt.

Was den Roman als eine offene Prosaform im allgemeinen anbetrifft, so zeichnet er sich durch ein besonders intensives Verhältnis zur Buntheit und Vielfalt der realen Welt aus. Daher gibt es eigentlich nur 'mehr oder weniger' realistische Romane (auch Utopien beziehen sich auf das Reale). Realismus bedeutet dann nicht die Annäherung an die allgemeinen Erkenntnisse oder Gesetzmäßigkeiten (an das Typische oder das wissenschaftliche Erkenntnisideal). Sondern er bestimmt sich gerade aus dem individuellen Ereignis und Stil. Um mich nicht mißzuverstehen: Ich will hier keine neue Diskussion um den Realismus beginnen oder ihn als Kategorie (einer Form oder Gattung) neu definieren, sondern er betrifft den Inhalt von Erfahrungswelten. Kein Mensch ist je dem typischen Vertreter des deutschen Bürgertums des 19. Jahrhunderts begegnet. Im Leben trifft man keinen Anton Wohlfahrt (aus Freytags > Soll und Haben <), eher schon Becketts Murphy.

Wie aber soll jemals ein gerundetes Ganzes sich herstellen, wenn Leute wie Murphy (auch Murphy the sailor aus > Eumäus < im > Ulysses <) frei herumlaufen? Auf der anderen Seite kann es keine Ansicht der Welt geben, die in irgendeiner Hinsicht 'objektiv' ist. Das unterscheidet den schönen Schein vom falschen, der vom Anspruch auf Objektivität lebt und daran scheitert. Der ästhetische Schein als das 'Sein' einer 'kleinen Praxis' ist nicht negativ gegen das wahre Sein gesetzt. Aber doch gegen die "Nacht der reinen Erkenntnis" und den Fetischcharakter der Dinge (Waren). Er versteckt nicht die subjektiven Spiegelungen und Kontingenzen. Wenn wir also von 'anderen', ganz bestimmten Romanen ausgehen, so beruht das nicht auf einem Geschmacksurteil, sondern auf einem Urteil der Poeto-Logik (darin impliziert sind Werturteile): der Anerkennung der Trivialitäten des Lebens; der Lächerlichkeit der heroischen Anstrengungen (einfach, weil wir das Spiel durchschauen); der Anerkennung der Unfreiheit, der Triebhaftigkeit, der Endlichkeit, des Todes.

Inmitten der Trivialitäten des Alltags ensteht das Nichttriviale: die Privatmythen des Schicksals; das, was jeder für den 'Sinn' seines Daseins hält; die Selbstverwirklichung - kurz die 'großen' Illusionen, die uns am Leben halten. Nun liegen die Einwände auf der Hand: Sublimation, Flucht, Scheinidyllik, Aussteigertum, Verantwortungslosigkeit. Ich kann dem nicht ohne weiteres widersprechen. Es geht mir zunächst darum, daß das Spiel mit der Zukunft aufhört. Der Schrecken (der Kriege), die Unterdrückung, die Opfer sind nur zu rechtfertigen durch Zukunftserwartungen mit Erlösungsfunktion, die Versprechen der 'tausendjährigen Reiche'. Am 'Prinzip Hoffnung' ist auch eine diabolische Kehrseite. Was verführt und verführte die Menschen eigentlich zu diesem narkotischen Getränk, diesem Zukunfts-Sinn-Gebräu? Was war und was ist der Preis für den zukünftigen 'Sinn'. (Ohnehin tritt nie ein, daß 'aller Sinn erreicht' ist.) Ich meine damit nicht das Prinzip des Vor-Sorgens als Sinnpotential, sondern jene Sinn-Setzungen, die Krieg und Opfer verlangen. Auch sollte uns die Aufforderung zu einer Suche nach dem 'verborgenen' Sinn mißtrauisch machen, sowie alle Aufforderungen nach Aufschub. Warum sollte der Sinn der Welt, gesetzt es gäbe ihn, verborgen oder ein zukünftiger sein? Was für ein Interesse könnte Gott daran haben, den Sinn der Welt zu verbergen? Um Kriege zu entfesseln, Opfer zu fordern? Aus Spaß an Interessenkollisionen? Mit Arno Schmidt zu reden: Das müßte schon 'ne komische Type sein.

Wenn der Held einer anderen Theorie des Romans kein Suchender mehr, sondern ein Findender ist, wenn der Zufall regiert, dann werden Hegemonien untergraben. Wer nichts sucht und wer nichts will, der hat sich schon gefunden. Also wird es keine Psychologie des Helden mehr geben, denn diese charakterisiert sie als Suchende; man wird vielmehr eine Phänomenologie der spielenden Subjektivität anstreben.

Wo bleiben dann die Hegemonien: die Gesetze, Verordnungen, Techniken, Konventionen? Was geschieht mit dem 'Gesetz in uns'? Als selbst nicht gewaltsam vermag der schöne Schein keine Gewaltzusammenhänge zu durchbrechen. Und doch gibt es einen Weg. Der erste Schritt besteht in der Anamnesis: der Erinnerung, dem Wiederfinden und Wiedererwecken der abgestorbenen, gefrorenen Seele und der Seelenfragmente; der Erinnerung der Natur als das Naiv-Sentimentalische (mit Schiller zu sprechen). Wir gehen noch einen Schritt weiter, einen Schritt, der zur wiedergefundenen Zeit führt und zur Öffnung. Öffnung (ähnlich vielleicht der Heideggerschen 'Lichtung') heißt nichts anderes als: *das Andere des Gesetzes (des Geschlossenen) sein*. Der Sinn wird geöffnet heißt: er wird nicht (fest-) geschrieben. Nicht nur die Moral, auch unsere Gefühle und Stimmungen stammen aus dem (seelischen) Ort, an dem das Gesetz herrscht (der Evolution, des Ödipus, der Sozialisation). Wir sind selbst eine Geschlossenheit, insofern Gesetze immer einen 'Bereich' oder eine 'Sphäre' regeln und regieren. Auch unsere Kultur kennt zumeist nur die Geschlossenheit (ein Formideal), nicht die Überschreitung, die - wenn sie, wie in der modernen Kunst, gewagt wird - sofort wieder im Werk eingefangen wird. Auch Beuys hat letztlich nur Kunst-Werke geschaffen. Immer noch findet das dramatische Spiel auf der Bühne, im Theater statt, in der Geschlossenheit eines Raumes, einer Institution. Immer noch findet der Roman im Buch statt, einer Geschlossenheit also, auch wenn das Ende offen sein sollte. (Gar nicht zu reden von der Geschlossenheit der Literatur-Wissenschaft, dem Einsperren der Dichter in die Gesellschaften, Syndikate, Archive, Geburtshäuser, Kanons, Epochen. Warum muß Eichendorff eigentlich immer ein Romantiker sein?) Was bleibt von dem Drang nach Überschreitung, Sprengung der Grenzen?

Ein weiterer Schritt: Sammeln, erzählen, sprechen, spielen, den geselligen Zustand der Seele finden oder das mystische Erlebnis, vor allem lachen - über das große Welttheater, lachen über die symbolischen Existenzen und Werke mit dem Kabel zum Unendlichen; Abschied nehmen von der biographischen Geschlossenheit, von einem Streben nach Vollendung (das jeder Tod doch nur einfach zerreißt), von der Utopie. Eine falsche Ethik liegt schon darin, das der Mensch *etwas* (was?) aus sich machen soll. (Daß alles Streben scheitert, wissen auch die 'klassischen' Romane. Die Brechung wird durch den "ironischen Takt der Komposition" sichtbar gemacht. Es bleibt aber der Anspruch nach einer Folie des Handelns und des Urteils als Drang nach Geschlossenheit, d.h. letztlich nach dem einen Sinn.)

Kein Mensch gelangt je zur Vollendung. Er soll sich auch nicht vollenden wollen; es reicht, daß er enden muß. Er vergißt sonst über der Zukunft sich und seine Gegenwart.[3] Die Ausrichtung auf ein offenes oder verborgenes telos, die Aus-Richtung und Aus-Bildung einer inneren Entelechie (Goethes >Meister< als Vorbild für Generationen), verheißt noch in allen Zügen den Glauben an eine Zukunft der bürgerlichen Gesellschaft und damit an die Zukunft der Menschheit (des Weltbürgers). Es war ein Teil, das sich für das Ganze ausgab, und es sich zu unterwerfen anschickte.

---

3 Vgl. auch Rainer Marten: Der menschliche Mensch, Paderborn 1988.

Heute freilich ist das Vertrauen in den Weltbürger der Aufklärung, der 'die Menschheit' repräsentieren soll, dem ungeachtet der historischen Defizite zugetraut wird, daß er die Defekte reparieren könne, die die Verwirklichung der allgemeinen Menschenrechte behindern, abhanden gekommen. Das möchte nicht einen apokalyptischen Ton in der selbst noch geschichtsphilosophischen Zeitdeutung verbreiten helfen. Aber es motiviert eine andere Lektüre der Weltliteratur. Nicht der biographische Held in seiner Vermittlung zu einer Welt der Ideale oder zu einem allgemeinen Sinn (als Sinn eines größeren Ganzen) ist bedeutsam. Damit wird eine Theorie hinfällig (oder modifizierbar), die von der Lehre einer verlorenen Ganzheit und Einheit träumt, die von einer zu überbrückenden Kluft zwischen Sein und Sollen ausgeht, die sich von der Zukunft her in den Wertsetzungen bestimmt (letztlich vom Gedanken der Erlösung her).

Die Kluft - oder sagen wir abstrakter: der Widerspruch, der Widerstreit oder die Differenz - innerhalb der Welt (Gesellschaft) und innerhalb des Ichs ist ein bestimmendes Moment des 'idealistischen' Denkens auch von Lukács (das Hegelsche Erbe). Sonst wäre die Wirkung der >Theorie des Romans< auch gar nicht erklärlich. Dem sind nur noch die Ergebnisse der Warenanalyse, das Abstraktwerden und die Verdinglichung aller menschlichen Beziehungen hinzuzufügen, und man hat das Bild des modernen Menschen in 'modernen Zeiten', wie es die Anthropologie und Gesellschaftstheorie im 20. Jahrhundert entworfen haben. Auch für die Literaturtheorie und -kritik war und ist dieses Bild vom Menschen ein leitendes Paradigma. Das Attribut 'kritisch' konnten sie sich anheften, weil ihr Theorieentwurf von der Idee einer Aufhebung, Überwindung oder Erlösung getragen wurde. Nun scheint es so, als ob die Gestalt der Ware und die Logik des Kapitals die einzigen Überlebenden und die sich universalisierende Wirklichkeit einer Idee wären - die sich steigernde Kaufkraft als das letzte telos der Menschheit (sozusagen das permanente Weihnachtsgeschäft). Man mag diesen Sätzen, deren Lamento nicht gerade originell ist, selbst einen antiquierten Glauben an andere Ideen und Ideale unterstellen (ein kontrafaktisches Potential) - es reicht ja schon, wenn dem so ist. Die Schopenhauerianer waren schon immer die Klügeren, und der Zynismus grassiert als Mode. Letztlich handelt es sich um das Prinzip Abfall (auch im Sinn von Müll), das das Prinzip Hoffnung ersetzt hat. Ich möchte dem trotz allem einen antipessimistischen und antiapokalyptischen Impuls entgegenstellen: Die Menschen leben ja weiter, ungeachtet der Theorien, die über sie verfügt und verhängt werden, ungeachtet der philosophischen Bestimmungen, was der Mensch 'eigentlich' sei (sein soll) und auch ungeachtet der realen Bedrohungen. Sie leben ihr alltägliches, konkretes Dasein unvermittelt wie eh und je. Und also geht auch die Dichtung weiter; sie entwickelt sich nicht 'höher', sie geht einfach weiter.

Wie aber überleben die Kunst (Dichtung) und das Individuum? Wir hören vom Verschwinden des Menschen angesichts der rationalistisch-technologischen Totalität. Das Individuelle nistet sich ein im Exil (im Exil einer Dichtung). Als Individualität ist der Mensch in der 'modernen' Gesellschaft exiliert, mögen ihn sonst noch so viele Bindungen an ein Allgemeines ketten (den Arbeitsplatz usw.), weil für das Individuelle kein Platz ist. Das ist bekannt, und so deute ich den Sinn der Rede vom Verschwinden des Menschen. Das, was der Mensch außer der individuellen Subjektivität sonst noch ist, kann vermutlich durch intelligente Maschinen ersetzt werden. Wir suchen ihn dort auf, *wohin* er verschwunden ist, in seinen Exilen, und treffen ihn im Sandkasten beim Kriegsspiel oder dabei, die Hellenisierung Irlands zu betreiben. Das sind die Exile des modernen Menschen, von denen uns Romane erzählen.

Ob wir der Max Weberschen Theorie der Rationalität, der Theorie der funktionalen Differenzierung oder der Metaphysikkritik folgen - der Prozeß der abendländischen Zivilisation muß als ein gewaltiger Prozeß der *Ausgrenzung* verstanden werden, der gleichzeitig einer der Eingrenzung ist; der das Ausgegrenzte, sofern es nicht vernichtet ist (wie viele Pflanzen- und Tiergattungen), entweder einsperrt oder sich selbst überläßt. In letzterem liegt eine Überlebenschance für das Prinzip der Individualität, für den Idioten der Privatheit. Der Dichter Joseph Brodsky sagt: "Wenn die Kunst ... überhaupt etwas lehrt, dann ist es die Privatheit der menschlichen Existenz." Wir können auch Worte von Michel Leiris anführen: "Ich wüßte kaum, was Dichtung überhaupt sein könnte, wenn sie nicht der Ausdruck der gegenwärtigen Revolte eines Individuums gegen die absurden Gesetze des Universums wäre, in das er sich - ganz gegen seinen Willen - hineingeworfen sieht." Was einst der umfassende Sinnhorizont des Daseins in seiner unbestimmten Begrenzung in der Ferne war ('bestimmte Bestimmbarkeit' wie Schiller das nennt), ist im Prozeß der Ausgrenzungen verlorengegangen, weil der Sinn immer enger bestimmt wurde. Damit ist jenseits der Grenzen ein Raum der Sinnleere entstanden, der das Bedürfnis nach Sinn erweckt, das die Kultur (Kunst, Geisteswissenschaften) füllen soll. Ich möchte demgegenüber für den 'Unsinn' des Spiels und des Eigensinns plädieren, für Feste der Schein-Produktion, die den enthemmten großen Produktionswahn (und also das Leistungs- und Konkurrenzprinzip) ignorieren (nicht entlarven - das wäre nur Ideologiekritik). Die Botschaft von Beuys reicht hierher: Jeder kann Künstler sein, weil sich jeder subjektiv-objektiv außerhalb des Allgemeinen der Gesellschaft vermitteln kann; der die Kluft schließt, die die selbstbewußte Individualität vom Sein trennt - nicht derart also sich verwirklicht, daß der Anschluß an das Wissen (die episteme) gesucht und hergestellt wird.

Totalität ist eine Todeskategorie. Der Zusammenhang von Ordnungswahn und Zwangsneurose ist zu bekannt, als daß wir die >Bekenntnisse einer schönen Seele< oder den >Nachsommer< von Stifter ohne Erschütterung vor so viel untergründiger Verzweiflung über den chaotischen Zustand der Welt lesen könnten. Nur die 'kleine Praxis' im 'kleinen Kreis' der Privatheit vermag noch die Antwort zu bewahren auf die Frage, auf die die große Epik einst die Antwort gewesen sein sollte: "Wie kann das Leben wesenhaft werden?" Zunächst und vor allem: indem es nicht versucht, wesenhaft zu werden.

Der individuelle Mensch kommt nicht im Laufe eines lebenslangen Entwicklungsprozesses zu sich selbst und zu seinem eigentlichen Bestimmungssinn, sondern er ist zuerst und zunächst bei sich selbst und gerät im Laufe des Lebens in immer größere Entfernungen und Entfremdungen von sich. Daß wir im späteren Leben immer mehr die Verfehlungen überblikken und Zusammenhänge konstruieren können, darf nicht mit einem gelingenden, glückenden Dasein verwechselt werden. Selbsterkenntnis steigert eher die Unsicherheit und Fraglichkeit des Selbst. Das reflexionsentlastete Dasein, wenn Schicksal und Gemüt Namen eines Begriffs sind, wie Novalis sagt, ist kein Fischen im Trüben. Es gibt eine innere Selbstgewißheit (des Guten) und die Intuition eines beschränkt sinnvollen Handelns. Daß im Lauf der Zeit, wenn das Trümmerfeld der Erfahrungen und Erinnerungen wächst, ein Riß sich auftut, und die Biographie nun heterogen und sinnlos erscheint, ist nur ein Verlust von Illusionen; für einen Moment vermögen wir hinter den Vorhang zu schauen. Ein beständiges illusionsloses Reflexionsniveau ist aber nicht durchzuhalten, nicht zu leben;

sowenig wie wir die Rationalisierung der Lebenswelt, die wir in den gesellschaftlichen Objektivationen ertragen müssen, mitleben können und wollen; im Bereich der Alltäglichkeit wehren wir uns gegen volle Durchrationalisierung. Wir suchen uns Lebensformen, Nischen oft nur, die dem entkommen. Oft bauen wir uns ein ganzes Reich subversiver Tätigkeiten (unsere klammheimliche Freude über die Computer-Hacker).

C. Ausblick.

Für eine Theorie des Romans sind zunächst die Transformationen zu bedenken, die Lebensformen und Lebenssphären in Texte, Sprache übersetzen. Das betrifft die Form des Romans, allgemeiner noch seinen Stil. Da der Roman *alles* zur Sprache bringen kann, ist sein Hauptproblem das der Selektion. Die Selektion ist *das* produktive Moment der Illusionsbildung. Sie wird aber als Illusion durchschaut; so gewinnt der Roman ein neues Formverständnis: es ist das der Zerstörung (von Form). Daher werden wir vornehmlich die digressiven Stilformen der Ungradlinigkeit, der Schnörkel, der krummen Linien und schiefen Ebenen finden und die Weigerung, in eine feste, durchgehaltene Ordnung zu flüchten. Das Individuelle verwirklicht sich innerhalb einer wachsenden Orientierungslosigkeit; je mehr wir zu überblicken vermeinen, desto sinnloser wird alles. Inmitten der Nicht-Totalität bilden sich dann die Inseln der Heimatlichkeit und Wohnlichkeit, der Überschaubarkeit und der Behaglichkeit. Das einzig Gewisse aber bleibt der Anfang und das Ende, absolut kontingent und zugleich absolut notwendig. Geburt und Tod sind das Allgemeinste, das zugleich radikal vereinzelt. Sinngeber des Sinnlosen kann einzig der Tod sein, und im Grunde sind alle Romane vom Ende her geschrieben und vom Ende her zu verstehen. Das schließt keineswegs eine Verneinung des Lebens ein. Überzeugend wird das Ja zum Leben formuliert bei Jean Paul und James Joyce. Aus ihren Romanen läßt sich kein idealer Lebenssinn destillieren. Ein Lebenslauf ist immer eine Reduktion von Komplexität und von Möglichkeiten. Das gute oder schlechte Ende des Helden mit einem belehrenden Sinn zu verknüpfen, ist allzu billig. Auch taugt die Metapher vom Lebensfaden, vom Abrollen dieses Fadens oder dem Aufreihen des Kontingenten an diesem Faden, nicht, um den Gang der Helden durch die Welt zu charakterisieren oder zu deuten. Wenn man schon das Aneinanderreihen von Sätzen mit dem Weben einer Textur vergleicht, so entsteht höchstens ein Flickenteppich - patchwork aus patchwords. In einzelnen Flicken mag sich dann ein Muster ausbilden - das wäre das, was wir den Sinn des Textes nennen könnten. Anstelle des Fadens der Erzählung, der dem Lebensfaden entspräche, tritt vielmehr das Spiel zwischen Autor, Held und Leser, ein Spiel der unüberbrückbaren Differenz zwischen Autor-Ich, Text-Ich und Leser-

Ich. Aus diesem Spiel entwickelt sich eine schöpferische Ethik: denn es ist ein Spiel der gegenseitigen Zuordnung von Schuld und Sühne, von Absicht und (mangelnder) Ausführung, von Wissen und Nicht-Wissen, ein Spiel von Setzung und Entgegensetzung.

Vom Gesichtspunkt der großen Epik und der Subjekt und Objekt vermittelnden Romane aus, stellen die 'anderen' Romane Sinnbilder des Unwesentlichen, des Unbedeutenden, des Minimalen dar. Es geht nicht um die Psychologie des Helden, sondern um eine Phänomenologie des Sich-Durchschlagens. Kein tragischer Fall prägt sie, sondern ein trickreiches Überlebensprinzip, keine Selbstfindung, sondern schlichtes Durchbringen des beisichseienden Selbst, wobei die Welt in gewisser Weise immer der Feind ist. In ihnen steht nicht die Person im hypostasierten Mittelpunkt eines von ihr gestalteten Lebensraumes, sondern sie dreht sich mit im Kreis von Kreisen, deren zentrische Achse unbekannt bleibt.

Das sieht aber nur von außen so aus. Aus der Sicht der 'kleinen' Helden sind sie der absolute Mittelpunkt ihrer Welt, gerade weil sie es nicht sind. So bleibt der Autor stets das transzendentale, beherrschende Zentrum seiner Texte, welche Stilkapriolen er immer vollführen mag, wenn er sich noch so sehr dementiert und in einzelne Personen diversifiziert. Aber wer wollte da noch von einer Totalität der Welt und des Textes reden? Dem entspricht als Typus am reinsten der Schelmenroman, den der >Tristram Shandy<, der >Siebenkäs<, der >Ulysses< und die Heidenarren beerben (ich erinnere an >Seelandschaft mit Pocahantas<). Ihre Helden faulen nicht vor sich hin, auch wenn sie nichts 'Höheres' erstreben, und nicht selten halten dämonische Mächte sie gepackt, die freilich im Lichte des Humors ihren Schrecken verlieren. (Ein Dämon ist schließlich auch nur ein Mensch.)

Die vom 'großen' Helden und vom tragischen Sinn verlassene Romanwelt ist nicht substanzlos. Im Gegenteil: ein falscher Schein haftet eher diesen an. Satire und Ironie richten sich gegen das Herrschende, das Mächtige und Macht anmaßende. Der Humor verteidigt das Kleine und Kleinste. In diesen Formkonzeptionen scheint etwas von der Freiheit des Dichterischen auf, die einzig aus dem Eingedenken des Todes und der Endlichkeit erwächst und eine wirkliche Umwertung der Werte bewirkt. Diese Romane sind zutiefst subversiv. Daß darin auch eine Absage an die postkonventionelle Werkwelt der bestehenden Kultur und Gesellschaft liegt, dürfte ebenso klar sein, wie die Unvermeidlichkeit des 'Falls' eines jeden Helden und seine Verstrickung in diese - das gleiche gilt für den Roman selbst. Wie Don Quijote verfolgen sie böse Zauberer und Mächte, und wie er hoffen sie auf eine magische Erlösung vom Bann, der sie gefangenhält.

Wenn der Einzelne sich mit nichts mehr, was ihn umgibt, identifizieren kann, nicht mit der Gesellschaft (den höheren Reproduktionsformen) und nicht mit seiner Umgebung (Lebenswelt), er sich also als ein vollständig Exilierter begreifen muß, so mag er verzweifeln oder an das Absurde glauben, oder - gleichsam mit einer selbstrettenden Volte - zu einem Don Quijote werden, einem Ritter aus längst vergangenen Tagen, der zu spielen beginnt, mit sich, mit der Umwelt, mit der Gesellschaft, der Nation und dem Kosmos. Er wird zum Gaukler und Entertainer für sich selbst in einem Exil des Scheins. Er mag auf der Heide spuken. Diese Art der spielerischen Inszenierung seiner Selbst ist der Ursprung des modernen humoristischen Romans. Darin gibt es nicht unbedingt immer etwas zu lachen; und doch hat er sich vom Ernst des Lebens gelöst. Nichts von dem, was sonst noch in der Welt passiert, kann uneingeschränkt bejaht werden, es sei denn jenes Minimale, das als hoffnungslos (dem Allgemeinen gegenüber) verlorene Handlung und Tat oder nur als Geste sich ereignet, vom Wind verweht und nirgends in den Chroniken verzeichnet.

Die 'Helden' dieser Romane sind ebenso inkommensurabel wie nicht repräsentativ. Aber sie machen die Gesinnungs- und ethischen Akkumulationshelden lächerlich.[*]

Mag der moderne Don Quijote in seinem Exil das Spiel des Ich mit der Widerständigkeit der Welt beherrschen, dem Gesetz der Zeit entkommt er nicht. Die Zeitlichkeit bedingt alles Dasein und ebnet alle Unterschiede wieder ein. Es gibt nur ein wirkliches Schicksal, das durch die reine Sukzession der Zeit, die Chronometerzeit, das Ticken der Uhr, verhängt ist: daß wir unaufhaltsam dem Ende entgegengehen und daß auch der strahlendste Held am Ende durch die Zeit besiegt wird (auch wenn dem Helden ewiges Lebens verheißen ist: sein Buch ist irgendwann zuende). Damit können wird uns wieder der >Theorie des Romans< anschließen:

"Die größte Diskrepanz zwischen Idee und Wirklichkeit ist die Zeit: der Ablauf der Zeit als Dauer. Das tiefste und erniedrigenste Sich-nicht-bewähren-können der Subjektivität besteht weniger in dem vergeblichen Kampfe gegen ideenlose Gebilde und deren menschliche Vertreter, als darin, daß sie dem träg-stetigen Ablauf nicht standhalten kann, daß sie vom mühsam errungenen Gipfel langsam aber unaufhaltsam herabgleiten muß, daß dieses unfaßbar, unsichtbar-bewegliche Wesen ihr allen Besitz allmählich entwindet und ihr - unbemerkt - fremde Inhalte aufzwingt." (107)

Dennoch strengt sich der Roman an, gegen die Gleichmacherei der Zeit, die nur ein Vorbote des Todes ist, zu kämpfen. Nur wer weiß, daß der so geführte Kampf um ein bißchen Lebenssinn (der der Zeit enthoben sein soll) immer schon verloren ist, kann die subjektiven Sinngebungen fröhlich bejahen. Dann scheint es nichts Sinnvolleres zu geben, als mutig die Hellenisierung Irlands zu betreiben oder ein Befruchtungsgestüt (im Zeichen des Omphalos) zu planen.

Was erzählt und gelesen, also wiedererzählt wird, ist nicht die Welt oder die Wirklichkeit, sondern nur, was 'im Kopf' ist, das Bewußtsein-von-etwas. Der Begriff der Subjektivität ist ganz aus dem Bewußtsein zu begreifen und nicht etwa aus der gesellschaftlichen Funktion. Der Roman ist nur eine Selbsterzeugung, eine Vergegenständlichung von Bewußtsein. In ihm wird keine Welt dargestellt, die außerhalb von Bewußtsein (sei es des Autors oder des Lesers) noch - wenn auch anders - außerdem 'da' ist. Der Bruch zwischen Innen und Außen, Subjekt und Objekt ist nur im Bewußtsein, ist nur Schein oder Geist. Die Theorie des Romans, für die ich argumentiere, ist reiner Phänomenalismus. Das enthebt uns der Diskussion um den Realismus oder um die Diskussion um Fiktion (Illusion) und Wirklichkeit; denn alles, was im Bewußtsein ist (und nur *dort* ist es für uns wichtig) ist fiktiv. Jedermann erfindet sich selbst und seine Welt; jedermann schreibt seine Romane (auch wenn er sie nicht aufschreibt). Dabei wird das Subjekt keineswegs übersteigert oder gewinnt ein Mehr an Selbst oder Macht. Das Selbst-Bewußtsein bleibt ein Nichts (Néant). Und es gewinnt auch nicht auf dem Papier ein Zuwachs an Sein, das es dem Sein der Dinge anglich. Man kann sich das vielleicht so klarmachen: Es gibt eine realseiende Stadt Dublin; die hat nichts zu tun mit meinem Bild, meiner Idee der Stadt Dublin, die ich aus dem >Ulysses< kenne. Sie ist nur in meinem Bewußtsein und zerfällt im Sog der Zeit, bis ich sie wiederentdecke. Meine 'Theorie' liefert keinen Beitrag zur Erkenntnis der Gattung Roman in der 'Welt der Literatur', sondern nur zur Erkenntnis des Bewußtseins, insofern auch das

Lesen und Schreiben von Romanen als Bewußtseinsvorgänge begriffen werden können.

* Es wäre eine eigenständige interessante Untersuchung wert, zu erforschen, inwieweit sich der moderne und modernste Roman wieder der frühneuzeitlichen Prosaerzählung nähert, die Individualität in einem 'modernen' Sinn noch nicht kannte (z.B. Wickram). Clemens Lugowski hat herausgestellt, daß sie noch keine "Sinnstruktur einer Welttotalität" enthält, sondern das "noch ungedeutete, noch sinnfreie und chaotische Zickzack einer unbewältigten Wirklichkeit". (Die Form der Individualität im Roman, Berlin 1932, 193) Der Mensch bewältigt die Welt noch nicht, indem er sie sinngebend formt und sie als Totalität auffaßt. So ist in Boccaccios >Dekameron< die Liebe "Agens und Schicksal", die die Personen überschattet durch die "Verklammerung des sinnlos trüben oder sinnlos glückhaften Ausgangs in die unerbittlichen Konsequenzen des Liebens und Geliebtseins." (Ebd. 40 f.) Die Welt tritt dem Helden der frühneuzeitlichen Prosaerzählung nicht in einem lebendig wirkenden Zusammenhang gegenüber, sondern als *Ruine*. Auch hier ergibt sich ein Zusammenhang mit der modernen Prosaerzählung: in der Allegorik, z.B. bei Musil und Kafka. Gleichwohl sind die Helden jener Werke nicht zur Weltlosigkeit verdammt. Sie besitzen eine Haltung, "die sich allem 'sursum corda' entgegensetzt, die das allerkonkreteste Leben bedeutet, dasjenige, das die Dinge nicht souverän überschaut, sondern ihnen am nächsten ist. Der Mensch weicht schweigend dem Schlage aus, der ihn treffen will, und er läßt sich schweigend treffen, wenn es nicht anders geht." (Ebd. 205) Und auch dies läßt sich nahezu nahtlos in eine moderne Romanpoetik einordnen: "Alle Sinngebung ist Trost, ist 'Flucht aus dem Alltag'. Auch der düsterste Pessimismus kann solche Flucht bedeuten, indem er mit der Welt 'fertig' wird. Der Mensch der Saga aber wird nie mit ihr fertig." (Ebd. 206) Erst mit Grimmelshausens Simplicianischen Schriften tauche spurenweise eine neue Zeitauffassung auf, die für die Geschichte des Individuellen eine wichtige Entwicklungszäsur bedeute. (Vgl. ebd., 202 f.)

III. TRISTRAM SHANDY

1. *The hobby-horse we all ride*

Fast unmöglich ist es, ihm auszuweichen; aber er hat, wie so oft, auch hier das Wesentliche getroffen. Goethe schreibt unter der Überschrift "Laurence Sterne":

> "An diesen Mann, dem ich so viel verdankte, werd' ich oft erinnert; auch fällt er mir ein, wenn von *Irrtümern* und *Wahrheiten* die Rede ist, die unter den Menschen hin und wider schwanken. Ein drittes Wort kann man im zarteren Sinn hinzufügen, nämlich *Eigenheiten*. Denn es gibt gewisse Phänomene der Menschheit, die man mit dieser Benennung am besten ausdrückt; sie sind irrtümlich nach außen, wahrhaft nach innen und, recht betrachtet, psychologisch höchst wichtig. Sie sind das, was das Individuum konstituiert; das Allgemeine wird dadurch spezifiziert, und in dem Allerwunderlichsten blickt immer noch etwas Verstand, Vernunft und Wohlwollen hindurch, das uns anzieht und fesselt.
> Gar anmutig hat in diesem Sinne Yorick-Sterne, das Menschliche im Menschen auf das zarteste entdeckend, diese Eigenheiten, insofern sie sich tätig äußern, ruling passion genannt. Denn fürwahr sie sind es, die den Menschen nach einer gewissen Seite hintreiben, in einem folgerechten Gleise weiterschieben und, ohne daß es Nachdenken, Überzeugung, Vorsatz oder Willenskraft bedürfte, immerfort in Leben und Bewegung erhalten. Wie nahe die Gewohnheit hiermit verschwistert sei, fällt sogleich in die Augen: denn sie begünstigt ja die Bequemlichkeit, in welcher unsere Eigenheit ungestört hinzuschlendern belieben."[1]

Sterne wird hier gesehen als ein Autor des Gegensatzes von Irrtum und Wahrheit, Allgemeinem und Individuellem, Tiefsinn und Posse, der zugleich der große Vermittler eben dieser Gegensätze ist. Darin liegt eine Bestimmung der menschlichen Existenz, die ohne das alltägliche Durcheinander von Unvernunft und Vernunft nicht gedacht werden kann. So sehr eine quietschende Türangel ein Ärgernis ist: wir brauchen sie doch - vielleicht nur, um bestätigt zu finden, daß wir noch Menschen sind. Aber Sterne ist nicht nur der Autor der alltäglichen Irrungen und Wirrungen; er ist vor allem der Dichter der *Eigenheiten* und damit der Individualität, und er zeigt, wie Eigensinn und Eigenheiten die (Lebens-)Welt *konstituieren* (ich gebrauche hier bewußt dieses 'scharfe' Wort, um es in die Nähe von

---

1 Schriften zur Literatur, HA 12, 346.

transzendentalen Bestimmungen zu rücken). Ein anderer Prominenter hat ihn den 'freiesten Schriftsteller' genannt. Nietzsche schreibt im zweiten Band von >Menschliches, Allzumenschliches<:

> "An ihm dürfte nicht die geschlossene, klare, sondern die 'unendliche Melodie' gerühmt werden: wenn mit diesem Worte ein Stil der Kunst zu einem Namen kommt, bei dem die bestimmte Form fortwährend gebrochen, verschoben, in das Unbestimmte zurückübersetzt wird, so daß sie das eine und zugleich das andere bedeutet. Sterne ist der große Meister der *Zweideutigkeit* ... (...) So bringt er bei dem rechten Leser ein Gefühl von Unsicherheit darüber hervor, ob man gehe, stehe oder liege: ein Gefühl, welches dem des Schwebens am verwandtesten ist."[2]

Das Thema des Romans ist mit den Schlußworten gegeben, Worten, die, was die erzählte Zeit angeht, an den Anfang gehören - der Roman endet vier Jahre vor seinem Anfang[3] -, und dieses Thema ist das allgemein Menschliche schlechthin:

> "L-d! said my mother, what is all the story about? - A COCK and a BULL, said Yorick - And one of the best of its kind, I ever heard." (615)

Es geht um das 'Tierische' im Menschen, und man mag heutzutage um Verständnis ersuchen, wenn es hier um männliche Tiere geht, denen besondere Zeugungskräfte nachgesagt werden.

Das Tierische im Menschen ist zugleich das Natürlichste und Göttlichste. Oder das, was - im Namen wessen? der Vernunft? der Moral? des Menschlichen, insofern sich der Mensch vom Tier unterscheiden soll? - als sinnlich, leidenschaftlich, als verderbt abgewertet wird. Wir werden in diese Diskussion hier nicht eingreifen. Doch kann man die Verweigerung der Zeugung zum Zwecke der Fortpflanzung der Gattung als die größte Gotteslästerung begreifen, und der schlimmste Feind der fruchtbaren, ewig zeugenden Natur (in uns) ist der kinder- und ehelose Junggeselle, wie ihn Kafka zum subversiven und hintergründigen Thema macht.

Dieser Anspruch des Allgemeinen an uns scheint aber der 'Inszenierung' des Individuellen als selbstbestimmtes und zu bestimmendes zu widersprechen. Der Roman Sternes wird uns lehren, wie dies Allgemeine als unser Eigenes und Eigenstes begriffen werden kann, als dasjenige, was uns wahrhaft erst individuiert.

---

2 Schlechta I, 780 f.
3 Vgl. hierzu jetzt Wolfgang Iser: Laurence Sternes >Tristram Shandy<. Inszenierte Subjektivität, München 1987, Kpt. I, 1.

Über die Vorkehrungen zur Fortpflanzung der Rasse zu sprechen, ist für den Roman des 18. Jahrhunderts freilich heikel, und wir bewundern die große Kunst Sternes, dennoch die Sexualität zum Thema zu machen, wobei er nicht nur in Asterisken spricht, sondern sich sehr vielfältiger Stilmittel bedient. Noch mehr bewundern wir aber die Subversion der gängigen und herrschenden Vorstellung von der sexuellen Leidenschaft als dem Wider-göttlichen, die Erhabenheit des Menschen Decouvrierenden. Vater Shandy spricht es aus:

"... und wozu löschen wir die Kerze, wenn wir uns daranmachen, einen Menschen zu pflanzen ? und aus welchem Grund ist es so, daß alle dazu nötigen Dinge - die Bestandteile - die Zurüstungen - die Werkzeuge, und was sonst dazu dient, so angesehen werden, daß sie einem reinen Gemüt in keiner Sprache, Übersetzung oder Umschreibung vermittelt werden können?
- Der Akt des Tötens und der Vernichtung eines Menschen ... ist ruhm-voll - und die Waffen, mit denen wir es tun, sind ehrenwert - Wir marschieren mit ihnen auf der Schulter - Wir brüsten uns mit ihnen an unserer Seite - Wir vergolden sie - Wir ziselieren sie - Wir legen sie ein - Wir schmücken sie - Ja, und sei's bloß eine *schurkische* Kanone, wir gießen ein Ornament auf ihren Rücken. -" (744 f.)

Hier kommt die ganze Perversion und die Obszönität gesellschaftlicher Konventionen zum Ausdruck, die dem Töten eine weihevolle Bedeutung geben, die eigentlich der Zeugung und ihren Organen zukommt. Sollten wir nicht - so ist hier zwischen den Zeilen gesagt - alles, was zur Fortpflan-zung und zur Zeugung dient und was damit zusammenhängt, ehrenvoll herausstellen, zeigen, vergolden, ziselieren und schmücken?

Was den Roman abschließt, ist sein Anfang, der gleichsam doppelt genäht ist:

"Ich wollte, mein Vater oder meine Mutter, oder eigentlich beide, denn beide waren gleichermaßen dazu verpflichtet, hätten bedacht, worauf sie sich einließen, als sie mich zeugten..." (5)

Das kann natürlich nur jemand sagen, der bereits gezeugt ist, und der sein Dasein in eine wesentliche Beziehung zu dem Akt und den Umstän-den dieser Er-Zeugung bringt. Die Umstände hängen von den "Säften und Konstellationen" ab, die zum Zeitpunkt der Zeugung bei den Eltern ge-rade vorherrschten: "even the fortunes of his whole house might take their turn from the humours and the dispositions which were then uppermost" (35) - Hier darf man nicht "humours and dispositions" mit "Launen und Stimmungen" übersetzen[4]. Das, was einer wird, ist maßgeblich vom Zufall bestimmt. Damit ist schon eine Prägung zur unverwechselbaren Individualität vorgegeben. Diese bestimmt sich aus dem Begriff des 'humour', der sich zunächst auf die Hippokratische Lehre von den vier Körpersäften und Temperamenten bezieht; dann in der Komödiensprache Ben Johnsons und bei Pope im >Essay on Man< eine Rolle spielt als 'predominant passion'. Johnson definiert den 'humour':

> When some peculiar quality
> Doth so posses a man, that it does draw
> All his affects, his spirits and powers,
> In their confluction, all to run one way,
> This may be truly said to be a humour.[5]

Neben den 'humours' sind die *Konstellationen* für das, was einer wird, bestimmend. Die Konstellation ist, wie man weiß, bei Tristram gekennzeichnet durch eine Unterbrechung, die jene Dialektik von Zufall und Notwendigkeit enthüllt, die die 'Logik' auch der erzählerischen Technik dieses Romans in sich birgt. Diese Logik entwickelt sich äußerst komplex, aber an diesem Anfang läßt sie sich anschaulich demonstrieren.

Um es zunächst allgemein zu formulieren: Das Allgemeine des Geschlechtstriebs, wenn er sich denn äußert, verstrickt sich sogleich in ein Geflecht des Individuellen. Das ist in diesem Fall bedingt durch die 'ruling passion', die Marotte und Gewohnheit des Vaters: nämlich mit großer Regelmäßigkeit am Sonntagabend eines jeden Monats nicht nur seine Aufmerksamkeit seiner Frau, sondern auch der großen Hausuhr zuzuwenden. Das Aufziehen dieser Uhr hat er nun einmal vergessen, was zu jener erwähnten Unterbrechung führt, die die Geburt Tristrams als ein Mißgeschick präfiguriert und damit alle weiteren Mißgeschicke seines Lebens. Hier darf der ironische Ton nicht übersehen werden. Worauf es an dieser Stelle nur ankommen soll, ist die allgemeine Logik dieses Vorgangs selbst:

> "Diese Angelegenheit war nur ein einziges Mal von einem Mißgeschick begleitet, das in großem Maß auf mich fiel und dessen Nachwirkungen

---

4 So die Übersetzung von Adolf Friedrich Seubert (um 1880), Frankfurt/Main 1982; die Übersetzung dürfte heute nur noch von 'historischem' Interesse sein.
5 Zitiert bei Peter Michelsen: Laurence Sterne und der deutsche Roman des 18. Jahrhunderts, Göttingen 1962, 39, Anm. 43.

ich, wie ich befürchte, bis zum Grab werde mit mir schleppen müssen; in Folge einer unglücklichen Assoziation von Ideen nämlich, die ihrer Art nach gar keine Verbindung zueinander haben, kam es schließlich dahin, daß meine arme Mutter nie das Aufziehen der besagten Uhr hören konnte, - ohne daß die Gedanken an gewisse andere Dinge unweigerlich in ihrem Kopf aufgetaucht wären - und *vice versa*: - solche merkwürdigen Ideenverknüpfungen, versichert der scharfsinnige *Locke*, der die Natur dieser Dinge bestimmt besser verstand als die meisten, hätten schon mehr verquere Handlungen verursacht als alle anderen Quellen von Vorurteilen zusammengenommen." (10 f.)

Dieses Mißgeschick, das auf der Gewohnheit und auf Ideenassoziation beruht - was genauer zu betrachten ist -, jedenfalls aus einer Art nicht kausaler Kausalität erfolgt, wo es zwar Abfolgen von Ursache und Wirkung gibt, aber die Konstellation selbst nicht aus solchen Zusammenhängen begreifbar ist - dieses Mißgeschick bewirkt, daß der Held als "small HERO" (40) durchs Leben zieht, was die Ethik, den Stil und den Inhalt des Romans gleichermaßen prägt. Ein solcher kleiner Held ist "the continual sport of what the world calls fortune"(I/5/40), der sich aber nicht unterkriegen läßt, und dieser Welt im Gestus des Erzählens opponiert. Aus der Paradoxie des Anfangs ergibt sich eine spezifische Wertung der Dinge. Mit der Bitte, "to tell my story my own way" (41) - was auf den Stilgestus der Digression zielt: "nothing which has touched me will be thought trifling in its nature, or tedious in its telling." (41)

Die Verquickung mit dem Zufall und nicht mit einer übergeordneten Teleo-Logik führt dazu, daß er - wie Iser herausstellt - keine 'history' beschreibt, sondern 'Life' schreibt: "narrative of a Life past" (Samuel Johnson): "statt aller Ereignisse des Lebens in das am Ende sinnfällige Ergebnis einzubinden, wird jedes Ereignis in seine Vorgeschichte ausgefächert, um seinen Ereignischarakter dadurch herauszustellen, daß es so, wie es gekommen ist, nicht unbedingt hätte kommen müssen. Gewinnt die *history* ihre Stringenz aus dem, was am Ende deutlich werden muß, so zerplatzt das *life* in die Unwägbarkeiten des Lebens. Das führt nun zu einer merkwürdigen Vertauschung des Zusammenhangs von natürlichen und historischen Vorgängen. Bildet in dem als *history* konzipierten Roman die Geburt des Helden als natürlicher Anfang die Voraussetzung für das Entfalten seiner Geschichte, so steht für Tristram die Geburt am Ende sich ständig ausweitender Vorgeschichten."[6]

---

6 Iser, a.a.O., 13.

Über die Ethik eines solchen 'kleinen Helden' klärt uns Montaigne in seinen >Essais< auf, aus denen Sterne mehrfach zitiert:

"Wir kleinen Leute, die ein Privatleben führen, das sich nur vor uns abspielt, wir müssen in unserem Inneren ein Idealmodell haben, an dem wir die Echtheit unserer Handlungen prüfen können...(...)
Ordnung halten ist eine glanz- und lichtlose Tugend. Eine Festung stürmen, eine Gesandtschaft führen, ein Volk regieren, das sind Taten, die auffallen; schelten, lachen, verkaufen, bezahlen, lieben, hassen, und mit den Seinen und mit sich selbst Gespräche führen - bei alledem behutsam und gerecht bleiben, nicht locker lassen, sich nicht untreu werden -: das ist etwas Selteneres, Schwierigeres und weniger Außerordentliches. Deshalb stellten die eingezogenen Leben, obwohl es nicht so scheint, ebenso schwierige und harte Aufgaben, die es zu erfüllen gilt, wie die anderen Leben, vielleicht noch schwierigere; der Tugend zu dienen, sagt Aristoteles, ist im Privatleben eine schwierigere und höhere Aufgabe als im Amtsleben."[7]

Montaigne will ein "niedriges und ruhmloses Leben" verewigen; der Ich-Erzähler im Roman sagt, er sei "a mortal of so little consequence in the world, it is not much matter what I do". (44) Dadurch verfällt aber die 'große Welt', die "great Lords and tall Personages" (ebd.) einem Verdikt, das sich bei Sterne zunächst in der ironischen Anrede zeigt ("such, for instance, as my Lord A, B, C, D, E,...") und der "Virgin-Dedication" (45). So gilt denn auch die eigentliche Huldigung, neben der Mondgöttin, Cervantes, "as he saw himself in the true point of ridicule" (49), der wie Yorick einen "invincible dislike and opposition ... to gravity" (55) besitzt. Aber auch mit dem Schreibwillen Montaignes ergibt sich eine tiefe Gemeinsamkeit. Starobinski hat diesen hervorgehoben; wir können die folgenden Sätze unmittelbar auf Sterne übertragen:

"Es handelt sich lediglich darum, auf der Buchseite das Andenken an ein gewöhnliches Leben zu hinterlassen, und eben das ist so außergewöhnlich und skandalös. Denn das Leben in seiner nacktesten Einfachheit, in seiner Natürlichkeit, die nicht entstellt, sondern in einer Kunst wieder in Besitz genommen wird, die die Kunst leugnet, greift für sich selbst den Anspruch auf, der bei anderen der der Waffentat oder der göttlichen Erwähltheit gewesen ist."[8]

Ein solcher Schreibwille wirkt unmittelbar auf die Form des Schreibens. Lukács hat sie in seinem Sterne-Essay "die unendliche Melodie als Lebenssymbol" genannt. Es gibt keine Form - schreibt er - , "die man nicht auf ...

---

7 Die Essais 287 f.; vgl. auch Lüthy 629 f.
8 Jean Starobinski: Montaigne, Darmstadt 1986, 63.

ganz letzte, ganz primitiv erhabene und einfache Gefühle zurückführen könnte." Es sind Gefühle "unserer Kraft und des Reichtums der Welt". "Und die Formen, die aus diesem Gefühl geboren sind, geben nicht die große Ordnung, sondern die große Vielheit; nicht die große Verknüpftheit des Ganzen, sondern die große Buntheit jedes seiner Winkel."[9]

Mit einem eingezogenen Dasein in der 'großen Vielheit' alltäglicher Lebenswelt haben wir es zu tun. Es ist eine Welt, für die es keine Theorien gibt, die sich der Begriffsbildung entzieht. Diese Welt ist zwar nicht theoriefähig, dennoch gibt es in ihr Ordnungen, die bis zu einem gewissen Grade systematisierbar sind. Eine solche Ordnungsstruktur enthüllt die Lehre von der Assoziation der Ideen, die im Roman eine dominierende Rolle spielt. Aber der eigentliche Regent und Herrscher ist der pure Zufall. Er enthüllt, daß das Reale von einem umgreifenden Reich der Möglichkeiten umgeben ist und daß wir vom Kontingenten bestimmt sind. Etwas aus diesem unendlichen Reich wird zufälligerweise wirklich. Dieses Reale schafft wiederum einen ganz neuen Spielraum von Möglichkeiten, aus denen dann *eine* wiederum realisiert wird; so erscheint das ganze, in großer Folge und Verkettung gedacht, als Notwendigkeit. Es ist das, was wir einfach hinnehmen müssen und wohl das Schicksal nennen. Der 'kleine Held' ist ein Unterlegener; er unterliegt dem, was er für die Verschwörung des Schicksals hält. Es sind einfach die Zufälle in ihrer Verkettung, "eine wilde Paarung ohne Priester" wie Jean Paul sagt. Es sind vor allem die "Querwirkungen" ("cross purposes"), die ihm so übel mitspielen. Schon sein Name, Tristram, ist dem Zufall zu verdanken; es ist ein zerquetschter Name, denn eigentlich sollte er Trismegistus heißen. Zufall ist, was zufällt, nämlich ein Schiebefenster, das eine wesentliche Verstümmelung (Kastration) verursacht: "zu oft nehmen in dieser Welt die Dinge diesen Lauf". (Vgl.V/17-23) Es gibt im Roman eine ganze Stufenleiter der Verstümmelungen - vom Ehekontrakt über den Namen bis zur Nase und darüber hinaus. Der Zufall ist dasjenige Prinzip, das sich entzieht, nämlich dem entzieht, was wir wissen können (und vorausberechnen). Wieland hat es in den >Abderiten< trefflich gekennzeichnet; es betrifft die Erscheinungen 'im Parterre' und die allgemeine Frage, "die sich bei jeder Begebenheit unter und über dem Monde aufwerfen läßt; nämlich, warum zum Beispiel ge-

---

9 Georg Lukács: Die Seele und die Formen, Neuwied und Berlin 1971, 206 f.

rade von einer Mücke und gerade von dieser individuellen Mücke, gerade in dieser Sekunde - dieser zehnten Minute - dieser sechsten Nachmittagsstunde, dieses 10. Augusts - dieses 1778sten Jahres gemeiner Zeitrechnung, gerade diese nämliche Frau, oder Fräulein von *** nicht ins Gesicht, nicht in den Nacken, Ellbogen, Busen, nicht auf die Hand noch in die Ferse usw., sondern gerade vier Daumen hoch über der linken Kniescheibe gestochen worden usw. - und da bekennen wir ohne Scheu, daß wir auf dieses Warum nichts zu antworten wissen."[10] Sterne bemerkt dazu:

> "Es ist merkwürdig, zu beobachten, welche Macht unbedeutende Zwischenfälle über das Gemüt haben: - Welches unglaubliche Gewicht sie ausüben, unsere Meinungen zu formen und zu beherrschen, Meinungen über Menschen und Dinge - merkwürdig, wie Winzigkeiten, leicht wie Luft, der Seele einen Glauben zutragen und ihn ihr so unerschütterlich einpflanzen - daß *Euklids* Beweise, könnten sie aufgefahren werden, um eine Bresche zu legen, nicht die Kraft hätten, ihn umzustoßen." (372)

---

10 Christoph Martin Wieland: Geschichte der Abderiten, 3. Buch, 7. Kpt., Band 19, 312.

2. Great wits jump

Kommen wir nochmals auf den anfänglichen Zeugungsakt und seine besondere Art der Zufälligkeit zurück, die sich der Erklärung durch Vernunftgründe entzieht. Ganz in diesem Sinn unterscheidet Locke in seinem >Essay concerning human understanding< eine zufällige Verbindung von Ideen von einer natürlichen:

"Manche unserer Ideen stehen in *natürlicher* Wechselbeziehung und Verbindung miteinander. Es ist die Aufgabe und das Verdienst unserer Vernunft, diese aufzuspüren und die Ideen in der Einheit und Wechselbeziehung zu erhalten, die in ihrem besonderen Wesen begründet sind. Außerdem gibt es noch eine andere Verbindung von Ideen, die lediglich auf *Zufall* oder *Gewohnheit* beruht. Ideen, die an und für sich nicht verwandt sind, werden im Geist mancher Menschen so eng verknüpft, daß sie sehr schwer voneinander zu trennen sind. Sie bleiben stets in Gesellschaft; sobald die eine im Verstand auftaucht, stellt sich zugleich auch ihre Gefährtin ein. Sind mehr als zwei Ideen so verbunden, so taucht die ganze Reihe, die ständig untrennbar ist, gleichzeitig auf."[11]

Locke führt dafür ein Beispiel an, daß aus einem Roman stammen könnte, und das sich der Sterneschen Szene ergänzend zur Seite stellen läßt:

"Es betrifft einen jungen Herrn, der tanzen lernte, und zwar mit großer Vollendung. In dem Zimmer, in dem er es lernte, stand zufällig eine alte Truhe. Die Idee dieses merkwürdigen Möbelstücks hatte sich mit allen Wendungen und Schritten seiner Tänze derartig vermischt, daß er zwar in jenem Raum ausgezeichnet tanzen konnte, aber immer nur solange, wie die Truhe darin war. Auch an keinem anderen Ort war er imstande, wenn nicht diese oder eine ähnliche Truhe ordnungsgemäß im Zimmer aufgestellt wurde."[12]

Solche Phänomene stellen für den Aufklärer Locke ein gewisses Problem dar, und er kommt nicht umhin, solches Verhalten für eine "sort of madness" zu erklären. Gleichwohl grenzt er sie nicht aus seiner philosophischen Untersuchung aus. Locke geht gerade von der Vielfalt der menschlichen Meinungen aus, und sieht die Gegensätzlichkeit und Widersprüchlichkeit, mit der sie oft bis zum Fanatismus vertreten werden. Es ist eine

---

11 Locke, 2. Buch, Kpt. 33, 499 f.
12 Ebd. 505.

pragmatische und phänomenologische Untersuchung avant la lettre. Es geht ihm nicht um die absolute Wahrheit, die wir vermutlich doch nicht wissen können, sondern um das, was für unser Wohnen auf der Erde gut und nützlich ist, was der Bequemlichkeit des Lebens und der Unterweisung in die Tugend dient:

> "Wir werden nicht viel Grund haben, uns über die Beschränktheit unseres Geistes zu beklagen, wenn wir ihn nur zu den Dingen gebrauchen, die für uns von Nutzen sein können; denn dazu ist er gut geeignet.(...) Wenn wir alles bezweifeln wollen, weil wir nicht alles mit Gewißheit erkennen können, so handeln wir ungefähr ebenso weise wie derjenige, der seine Beine nicht gebrauchen wollte, sondern still saß und zugrunde ging, weil er keine Flügel zum Fliegen hatte."[13]

Es ist sein empirischer Blick, der ihn feststellen läßt: "Something unreasonable is in most men" (Vol.2/II/33,148). Mit dieser Bemerkung leitet er sein Kapitel über die Assoziationen der Ideen ein. Mit solcher Art der Unvernunft sind wir im Roman Sternes auf Schritt und Tritt konfrontiert, wobei diese Unvernunft kein Abgleiten in die Barbarei bedeutet, sondern mit Humanität durchaus vereinbar ist. Mit ihr scheint sich vielmehr eine bestimmte Art der Mitmenschlichkeit erst zu bewähren. So gehen nach Locke (und der Roman zeigt es) auf die zufälligen Assoziationen der Ideen die Sympathien und Antitpathien der Menschen untereinander zurück, deren Ursachen sich im Dunkeln der Kindheit verlaufen mögen oder auf der Einfalt von Ammenmärchen beruhen.[14]

Nun beruhen auf solchen zufälligen, und das heißt für Locke letztlich falschen, weil unnatürlichen Ideenkombinationen die verschiedenen philosophischen und religiösen Streitigkeiten der Menschen untereinander, und der Aufklärer Locke beklagt diese Ideenverknüpfungen als Vorurteile, falsche Gewohnheiten und "Wortunfug", "Wortgerassel".

Sterne hingegen geht mit dem Quantum Unvernunft der Menschen sympathetischer, affirmativer um. Er geht von dem Faktum der Uneinigkeit aus; das kommt schon in dem Motto zum Ausdruck, das er seinem >Tristram Shandy< aus dem >Encheiridion< des Epiktet vorangestellt, und das in der Übersetzung lautet:

---

13 Ebd., Einleitung, 25 f.
14 Vgl. ebd., 502.

"Nicht die Dinge an sich verwirren die Menschen, sondern die Meinungen über die Dinge."

Sterne kann sich auch auf Montaigne berufen, der in den >Essais< schreibt:

"Niemals haben zwei Menschen die gleiche Sache ganz in derselben Weise beurteilt; und es ist unmöglich, zwei Meinungen zu finden, die genau gleich sind, nicht nur bei verschiedenen Menschen, sondern sogar bei demselben Menschen zu verschiedenen Zeiten."[15]

In der Behandlung und Darstellung dieser Tatsache trennen sich nun aber die Wege des Philosophen und des Dichters: wir sind hier an einem Scheideweg von Philosophie und Dichtung überhaupt angelangt. Locke will mit einer bedeutsamen sprachphilosophischen Wendung die Streitfragen und Meinungverschiedenheiten, die unter den Menschen infolge einer "doubtful and uncertain use of words, or (which is the same) indetermined ideas". (Vol.1/IV) Verwirrung stiften, mit einer sprachkritischen Betrachtung aufklären, während Sterne sie als ein Individuationsprinzip des Menschen aufdeckt. Auch Locke muß sich eine systematisierende Untersuchung, die, was die Assoziationen anbetrifft, für den Philosophen letztlich unmöglich ist, untersagen - kann nur am Einzelfall die Sache aufzeigen. Daß der philosophische Erkenntnisgegenstand entgleitet, ist der springende Punkt, an dem die Dichtung anfängt: kommt doch auch etwas später als Locke David Hume in seinem >Enquiry Concerning Human Understanding<, der möglicherweise, wenn auch nicht in dem Umfang wie Locke, für Sterne von Einfluß war, gerade bis zu dieser Klippe der philosophischen Erkenntnis. Auch er schreibt ein Kapitel über die Assoziation der Vorstellungen und versucht eine Systematisierung der Prinzipien der Assoziation - Ähnlichkeit, raum-zeitliche Berührung, Ursache und Wirkung -, um aber zu bemerken:

"Aber daß diese Aufzählung vollständig ist, und daß es außer diesen keine anderen Prinzipien der Assoziation gibt, mag sehr schwer zur Zufriedenheit des Lesers oder sogar zur eigenen Zufriedenheit zu beweisen sein. In solchen Fällen bleibt nichts anderes zu tun, als etliche Einzelfälle durchzugehen und dasjenige Prinzip sorgfältig zu untersuchen, das die verschiedenen Gedanken miteinander verbindet ..."[16]

---

15 Die Essais 359.
16 Hume 40.

Dennoch haben der Dichter und der Philosoph einen gemeinsamen Ausgangspunkt. Im >Tristram< heißt es:

"Bitte, Sir, haben Sie bei all Ihrer Leserei je einmal ein solches Buch wie *Lockes* Versuch über den menschlichen Verstand gelesen? (...) Es ist ein Geschichtsbuch, Sir, (was es möglicherweise der Welt empfiehlt) über das, was in der Seele eines Menschen vor sich geht". (98)

Der Blick in die menschliche Seele ist das Entscheidende; und es ist zu beobachten, wie beide ein gutes Wegstück dabei gemeinsam gehen.

Im 23. Kapitel des I. Buches spielt Sterne mit einem Gedanken, einer Phantasie, etwa dergestalt: was wäre, wenn man dem Menschen unmittelbar in die Seele schauen könnte, wenn ihm ein Glas in der Brust eingesetzt wäre, und er gleichsam durchsichtig wäre. Man hätte "die splitternackte Seele angeschaut, - alle ihre Bewegungen beobachtet, - ihre Machenschaften, - alle ihre Grillen vom ersten Entstehen bis zum Auskriechen belauert" (85) - "- viewed the soul stark naked; - observed all her motions, - her machinations; - traced all her maggots from their first engendering to their crawling forth; - " (96) die menschliche Narrheit läge offen zutage. *Unsere* Seele hingegen scheint nicht durch den Körper hindurch, sondern ist in Fleisch und Blut eingepackt. Wie kann man dennoch zur Erkenntnis der Seele gelangen? Sterne wird Onkel Tobys Charakter nach seinem Steckenpferd zeichnen. Das ist auch der Weg, seine Seele zu erkennen; denn:

"Obwohl ich nicht sagen kann, daß ein Mann und sein STECKENPFERD genau auf die gleiche Art aufeinander reagieren, wie Seele und Körper es tun: so gibt es doch zweifellos eine Verbindung irgendwelcher Art zwischen ihnen... so daß, ist man imstande, auch nur eine klare Beschreibung der Natur des einen zu geben, man sich eine ziemlich genaue Vorstellung vom Geist und Charakter des anderen bilden mag."(88 f.)

Das Unternehmen der Erkenntnis der Seele wirft die Frage nach der Methode auf. Es handelt sich hier nicht um den Geist als den Verstand oder die Vernunft und um Regeln zur Leitung des Verstandes; sondern 'Seele' bezeichnet noch jenseits der Trennung des Menschen in Körper und Geist das Gemüt (das mit dem muot, dem Mut zu tun hat). Und wenn auch die Suche nach der Wahrheit endlos ist, wie Sterne einmal bemerkt, so lassen sich doch Prinzipien des Forschens und Wissens angeben, die auf die Erkenntnis der Seele gerichtet sind. Das Prinzip 'Hobby-Horse' ist dann nur das Tüpfelchen auf dem i, das, was Onkel Toby vor und bei allen Gattungseigenschaften unverwechselbar individuiert.

Es ist am Methodischen genauer zu zeigen, wo sich die Wege von Sterne und Locke trennen. Der Scheidepunkt ist der von Witz und Verstand bei Locke. (Witz ist im Sinn des französischen 'Esprit' als Geist, Talent zum geistreichen Formulieren, d.h. im Sinne des 18.Jahrhunderts zu verstehen.) Zwar sei auch er, Sterne, darauf bedacht gewesen, allen Geist und Verstand in sein Werk zu legen, der ihm mitgegeben sei. Nun könne ein ernster Kritiker der Auffassung sein, es sei zwar einiger Witz darin, Verstand aber keiner - und zwar zufolge der Auffassung, daß Witz und Verstand nicht zusammengehen. Das sei auch die Auffassung von Locke.

In der Tat findet sich diese Unterscheidung bei Locke, und sie ist im Hinblick auf eine Methodik zur Erkenntnis der Seele genauer zu betrachten.

"Wenn geistige Wendigkeit darin besteht, daß wir unsere Ideen im Gedächtnis schnell bei der Hand haben, so beruht die den einen Menschen vor dem andern auszeichnende Exaktheit des Urteilsvermögens und die Klarheit der Vernunft zum großen Teil darauf, das man die Ideen unverwirrt besitzt und die Dinge scharf voneinander zu unterscheiden vermag, sobald bei ihnen auch nur die geringere Differenz vorliegt. Hieraus dürfte sich einigermaßen die bekannte Erscheinung erklären, daß Leute, die geistig sehr beweglich sind und ein gutes Gedächtnis besitzen, nicht immer das klarste Urteilsvermögen oder die tiefste Vernunft besitzen."
("...Man, who have a great deal of wit, and prompt memories, have not always the clearest judgement, or *deepest* reason: for wit lying in the assemblage of ideas...")
"Denn *geistige Beweglichkeit* besteht im wesentlichen darin, daß man die Ideen heranholt und solche, bei denen sich irgendwelche Ähnlichkeit oder Gleichheit auffinden läßt, rasch und unter mannigfaltigen Gesichtspunkten zusammenstellt, um so der Einbildungskraft gefällige Bilder und angenehme Visionen vorzuführen. Im Gegensatz dazu liegt das *Urteilsvermögen* ganz auf der andern Seite; es besteht darin, daß man sorgfältig Ideen voneinander trennt, in denen auch nur die geringste Differenz zu bemerken ist, um nicht durch Ähnlichkeiten irregeführt zu werden und aufgrund vorhandener Verwandtschaft ein Ding fälschlich für ein anderes zu halten. Man verfährt hierbei genau umgekehrt wie bei Bildern und Anspielungen, auf denen zum größten Teil das Unterhaltende und Fesselnde der geistigen Beweglichkeit beruht, die die Einbildungskraft so stark anregt und deshalb bei jedermann so willkommen ist, weil ihre Schönheit auf den ersten Blick in Erscheinung tritt und sie keine mühsame Gedankenarbeit erfordert, um zu prüfen, wieviel Wahrheit und Vernunft sie enthält. Ohne weiter auszuschauen, ruht der Geist befriedigt durch die Gefälligkeit des Bildes und die Heiterkeit der Phantasie. Es ist geradezu eine Beleidigung, wenn man es unternimmt, an eine Äußerung der geistigen Beweglichkeit die strengen Maßstäbe der

Wahrheit und der Vernunft anzulegen; hieraus ergibt sich, daß die geistige Beweglichkeit etwas ist, was sich mit diesen beiden Dingen nicht völlig deckt."[17]

Es kommt hier sehr klar die Position des Philosophen zum Ausdruck und auch, daß er die Schönheit und die Heiterkeit, das Unterhaltende und die Phantasie, was wir heute allgemein das Ästhetische nennen, von der klaren Urteilskraft und der 'tiefsten Vernunft' trennt (was unter den Philosophen dann Kant wieder zusammenfügt), und jenen ästhetischen Vermögen letztlich keine Erkenntnisfunktion zuspricht.

Diese Auffassung mußte zwangsläufig auf den Widerstand des Dichters stoßen. Er dreht nun den Spieß um, bemerkt, daß im Verstand allein zuviel Ernst und Einseitigkeit liegen. Als eine Replik auf die soeben zitierte Passage läßt das folgende Zitat aus dem >Tristram< auch stilistisch den *anderen* Weg deutlich sichtbar werden:

"Es ist mein eifrigster Wunsch und glühendstes Gebet zu euerem Behuf und auch zu meinem, falls es nicht bereits für uns geschehen ist, - daß die großen Gaben und Talente, beide, Witz und Verstand, samt allem, was sie gewöhnlich begleitet - als da sind Gedächtnis, Phantasie, schöpferische Kraft, Redegabe, schnelle Auffassung und was nicht noch, in diesem kostbarsten Augenblick ohne Einschränkung oder Bemessung, ohne Hemmnis oder Hinderung, so warm, wie es jeder von uns ertragen könnte - Schaum und Satz und alles (denn ich möchte keinen Tropfen verlorengehen sehen) in die verschiedenen Behältnisse, Zellen, Kleinzellen, Wohnorte, Schlafräume, Speiseräume und Reserveplätze unserer Gehirne eingegossen werden möchten, auf solche Weise und gemäß der wahren Absicht und dem Sinn meines Wunsches, daß sie fort und fort eingefüllt und aufgefüllt werden möchten, bis jedes der Gefäße, groß oder klein, so voll, gesättigt und damit versehen wäre, daß nichts mehr weder hineinginge noch herauskönnte, und würde es ein Menschenleben retten." (223)

Sterne ist der Auffassung, daß nur ein gewisses *Quantum* 'Geist' "stored up for us all, for the use and behoof of the whole race of mankind" (204) - er untersucht die Verteilung auf eine Reise durch die Völker -; jedenfalls hat jedes Volk so viel davon, wie zum Nutzen und Frommen der Menschen gut ist (es ist dieser pragmatische Gesichtspunkt, den er mit Locke teilt). Witz und Verstand gehören aber zusammen - darin unterscheidet er sich nun von Locke. Mehr noch, sie entsprechen einander. Er vergleicht sie mit zwei Kugeln, die die Rückenlehne eines Sessels zieren. Es sind die "top ornaments of the mind of man" (211) - die höhere Weisheit liegt darin, daß

---

17 Locke, 2. Buch, Kpt. 11, 176.

sie zum Sitzen auf dem Stuhl nicht benötigt werden. Hierin, so schreibt Sterne, habe sich auch der verdienstvolle Locke geirrt. (Vgl. III/20/233) Er habe sich von den Großperücken, den gewichtigen und ernsten Menschen blenden lassen. Wer das eine nicht hat, kann auch das andere nicht besitzen, und so haben die Fürsprecher des reinen Verstandes eigentlich nichts unter ihren großen Perücken aufzuweisen. Der Zeigefinger einer Hand weist auf den Satz: "mark only, I write not for them" (III/20/211). Der Roman Sternes zeigt nun in vielfältiger Weise die Verschlingungen von *wit* und judgement "in polemischer Wendung gegen die von Locke postulierte Reduktion".[18] Es sind der 'humour' und das 'hobby-horse', die vorherrschenden Leidenschaften, die Marotten und seltsamen Ideenverknüpfungen, die das Neben- und Ineinander von wit und judgement bezeugen. Es handelt sich hierbei keineswegs um eine von der Wirklichkeit getrennte Spielwelt, um eine illusionäre Welt.[19] Es handelt sich vielmehr um die Wirklichkeit selbst, die Locke mit seiner Trennung gar nicht zu fassen bekommt. Sterne zeigt, wie das menschliche Bewußtsein in der alltäglichen Lebenswelt agiert, wie es reagiert und antwortet.

Das 9. Kapitel des III. Buches beginnt mit dem Satz: "GREAT wits jump" (179) - "Große Geister machen Gedankensprünge" (193). Zufällige Ereignisse sind oft der Auslöser von bedeutenden Gedanken. Sterne schreibt sehr schön: "...the thought floated only in Dr Slop's mind, without sail or ballast to it, as a simple proposition; millions of which, as your worship knows, are every day swimming quietly in the middle of the thin juice of a man's understanding, without being carried backwards or forwards, till some little gusts of passion or interest drive them to one side." (179) Die Gedanken-Induktion beim Rasieren zeigt anschaulich, wie das ruhige Gedankengewässer zum Fließen in eine bestimmte Richtung gebracht werden kann. Wenn die Gedanken nicht aus der Feder fließen wollen oder nur sehr schwerfällig, und auch eine Prise Tabak oder ein paar Schritte durchs Zimmer nichts helfen, so greift er (das Erzähler-Ich) zum Rasiermesser; sodann kleidet er sich völlig neu an,

"so modisch wie nur möglich". "Nun muß der Teufel selber drinstecken, wenn das nichts hilft; denn bedenken Sie, Sir, da jeder Mann gern selber dabei sein möchte, wenn sein eigener Bart geschabt wird...und er un-

---

18 Rainer Warning: Illusion und Wirklichkeit in Tristram Shandy und Jacques Le Fataliste, München 1965, 38.
19 Dies behaupte ich gegen Warning, a.a.O., 10 u. 53 ff.

vermeidlich die ganze Zeit über, während es geschieht, sich selber ge-
genübersitzt, falls er dabei Hand anlegt - läßt die Situation wie alle anderen ihre eigenen Ideen in sein Gehirn eingehen. - " (711)

3. Leben schreiben / Schreiben leben

Die soeben zitierte Passage ist noch in anderer Weise bedeutsam. Sie enthält auch eine Reflexion des Autors auf sein eigenes Schreiben, die die oben aufgeworfene Frage nach der Methode einer rechten Erkenntnis der Seele beinhaltet. Im Zusammenhang dieser Betrachtung heißt es:

> "Seele und Körper sind gemeinsame Teilhaber an allem, was ihnen zuwächst: Ein Mann kann sich nicht anziehen, ohne daß seine Ideen zu gleicher Zeit angekleidet würden...so daß er nichts zu tun hat, als seine Feder zu nehmen und zu schreiben wie er selber." (711 f.)

"...and write like himself": das heißt doch, sich selber schreiben, Individuelles und Allgemeines im Medium der Sprache zusammenfügen. Aber wie schreibt man sich selber? Wir können darauf keine andere Antwort geben, als das Schreibverfahren Sternes im Roman zu beobachten und zu beschreiben.

Zunächst ist festzustellen, daß man nicht alles, was (im Bewußtsein) ist, sagen (oder schreiben) kann. Es wird sich immer um eine massive Reduktion von Komplexität handeln. Das darf aber nicht heißen, daß die Mannigfaltigkeit von (Denk-) Formen und Inhalten dabei unterschlagen oder ausgeschlossen wird. Wenn man sein Leben und seine Meinungen (be-) schreiben will, ja mehr noch, wenn "nothing which has touched me will be thought trifling in its nature, or tedious in its telling" (I/6/41), so läuft solches Vorhaben auf einen unendlichen oder (praktisch) kontingent endlichen Text hinaus. Schauen wir einfach, wie Sterne seine Geschichte auf *seine* Weise erzählt.

Es gehört zu den Grundzügen eines nicht naiven Erzählens, das Schreibverfahren zu reflektieren. Nachdem der Erzähler des ersten Buchs seinen genauen Zeugungstermin mitgeteilt hat, beginnt mit dem 6. Kapitel des ersten Buchs die Ankündigung einer Abschweifung, die ihn dazu führt, von der Hebamme, dem Pfarrer Yorick und dem Steckenpferd seines Onkels zu erzählen.

Wenn nun ein Mensch, der sich hinsetzt, eine Geschichte zu schreiben, den Schreibvorgang selber zum Gegenstand der Geschichte macht, der kann am Anfang nicht wissen, was ihm im Laufe des Schreibens alles passieren wird, auf welche Hindernisse er trifft, welche Verzögerungen es geben wird. Wenn er einen Zeitplan für den Ablauf seiner Geschichte hat, so wird er ihn immer wieder umstoßen müssen. Er kommt, man ahnt es, in Zeitnot. Es wird vielfältige Komplikationen mit der Zeit geben. Sterne vergleicht dieses Geschäft des Schreibers mit dem eines Maultiertreibers: "... wenn der Mann auch nur ein bißchen Hirn hat, wird er unterwegs fünfzig Abstecher von einer geraden Linie mit der oder jener Gesellschaft machen, was er einfach nicht vermeiden kann." (43f.) Das ist aber nur die eine Seite des Problems. Die andere ergibt sich aus dem Verhältnis von zu erzählender Vergangenheit, erzählter Gegenwart und Erzählvorgang selbst; denn wer erzählt, ist (sich) seiner selbst bewußt. Wenn man *sich* erzählt, so übergreift das Selbstbewußtsein des Erzählers das rückwärts, d.h. in die Vergangenheit gerichtete Bewußtsein. Insofern gehört >Tristram Shandy< zum 'Self-Conscious Genre'.[20] Es überlagern sich ständig zwei Zeitebenen. Das führt zu relativ komplexen Satzgebilden (man mache sich klar, daß die erzählte Zeit das vorgeburtliche Dasein des Erzählers betrifft, es geht um die Vorbereitungen zur Geburt):

> " - es ist nicht mehr als eine Woche her, vom heutigen Tag ab gerechnet, an dem ich zur Erbauung der Welt dieses Buch schreibe; - was der 9.*März* 1759 ist, - daß meine liebe, liebe *Jenny*, als sie beim Krämer meine etwas ernste Miene bemerkte, während sie um Seidenzeug feilschte, fünfundzwanzig Shilling pro Yard, - zu ihm sagte, es tue ihr leid, ihn so sehr bemüht zu haben; (...). Dies ist eine Duplizität von ein und derselben Seelengröße: nur wurde die Ehre im Fall meiner Mutter einigermaßen dadurch verringert, daß sie sie nicht bis zu einem so gewaltsamen und verwegenen Extrem heroisieren konnte..."(53 f.)

Es kommt hier nur darauf an, zu zeigen, wie und daß sich hier drei Zeitebenen ineinanderschieben: die Zeit des Schreibens, der heutige Tag; die Szene beim Krämer, eine Woche zuvor; die Szene von Mutter und Hebamme, vor der Geburt des Erzählers. Diese Zeitproblematik zwingt zu einem Stil des Erzählens, der in erster Linie als Abschweifkunst bestimmt ist. "Digressions, incontestably, are the sunshine;----they are the life, the soul of reading". (I/22/95) Man muß diesen Satz wohl so lesen: sie *sind* das Leben und die Seele des Lesens; folglich: die Seele des Lesens ist das Leben. Dennoch können ihn die Abschweifungen oder Digressionen nicht

---

20 Vgl. Robert Alter: Partial Magic. The Novel as a Self-Conscious Genre, Berkeley 1975.

von seinem Hauptgeschäft, dem progredierenden Erzählen seines Lebens abbringen:

"Ich war zum Beispiel eben daran, Ihnen die großen Umrisse von meines Onkel *Toby* grillenhaftem Charakter zu geben, - als meine Tante *Dina* und der Kutscher uns dazwischenkamen... Trotz alledem, Sie sehen, daß die Zeichnung von meines Onkels *Toby* Charakter die ganze Zeit über ruhig weiterging ...
Durch diesen Kunstgriff ist die Maschinerie meines Werkes eine Spezies für sich; es werden zwei entgegengesetzte Bewegungen darin eingeführt und wieder vereinigt, die man für unvereinbar hielt. In einem Wort, mein Werk ist digressiv und es ist progressiv, - und das zu gleicher Zeit." (83)

Sterne hat im VI. Buch (Kapitel 40) einige graphische Darstellungen seiner Digressionstechnik gegeben, die selbst zu den spielerischen Abschweifungen gehören. Man sollte noch erwähnen, daß die Digression ein beliebtes Stilmittel des 18. Jahrhunderts war. Swifts 'Digression in the Praise of Digressions' ist hier anzuführen als Satire auf diese Technik, oder Wielands >Abderiten<, die eine gemäßigte Form verwenden.[21] Gleichwohl kommt die Digression bei Sterne erst zu vollem Sinn aus dem Zusammenhang von Leben und Lesen/Schreiben. In Umkehrung der Formel Musils vom 'Leben, wie man liest', könnte man bei Sterne von der Intention des 'Lesers, wie man lebt' reden, und zwar im Sinn der Mimesis *und* der Mimikry. Sowenig man an dem gerade gezogenen Faden der Erzählung entlangliest, sowenig lebt man schnurstracks in gerader Linie auf ein Ziel hin. Das Leben verläuft vielmehr umwegig, wie ein Gespräch. Das Leben ist auch ein Gespräch oder sogar wesentlich ein Gespräch - man denke an Hölderlins: "Seit ein Gespräch wir sind..." Sterne sagt: "WRITING ... is but a different name for conversation". (II/11/127)

Dieses Gespräch ist für den Autor lebensnotwendig. Man wird gleich sehen, warum. Sterne bezieht dieses Gespräch mit dem Gestus der Leseranrede in den Roman ein; der Leser wird stets direkt oder indirekt angesprochen (oder auch eine bestimmte Person).

"Ich möchte diesen Satz nicht beenden, bevor ich eine Beobachtung über den seltsamen Stand der Angelegenheit zwischen dem Leser und mir angemerkt habe, wie die Dinge eben zum gegenwärtigen Zeitpunkt stehen -
(...)

---

21 Vgl. Bernhard Fabian: Tristram Shandy; in: F.K. Stanzel (Hrsg.), Der englische Roman, Düsseldorf 1969, 232-269, hier 243.

Ich bin in diesem Monat ein ganzes Jahr älter als um diese Zeit vor zwölf Monaten, und da ich, wie Sie sehen, fast in die Mitte meines vierten Bandes gelangt bin - und nicht weiter als zu meinem ersten Lebenstag, - zeigt dies überzeugend, daß ich eben jetzt noch dreihundertundvierundsechzig Tage mehr Leben zu schreiben habe denn damals, als ich damit anfing; so daß ich, statt wie ein normaler Autor mit dem, was ich daran getan habe, in meinem Werk voranzukommen, - im Gegenteil um so viele Bände zurückgeworfen bin. - Wenn jeder Tag meines Lebens ein so ereignisreicher Tag wie dieser Tag sein soll - und warum nicht? - und nähmen die Ereignisse und Meinungen ebensoviel Beschreibung in Anspruch - und aus welchem Grund sollten sie gekürzt werden? und da ich bei diesem Tempo 364mal schneller leben müßte, als ich schreibe - so würde, bitte, Euer Wohlergehen, daraus folgen, daß ich, je mehr ich schreibe, um so mehr zu schreiben haben werde - und daß Euer Wohlgeboren, je mehr Euer Wohlgeboren lesen, um so mehr zu lesen haben werden." (331)

Es geht hier in einem radikalen Sinne um ein autobiographisches Schreiben einer einzigen und einzigartigen Individualität, die schon deshalb einmalig ist, weil nicht zwei Personen zugleich einunddieselbe raum-zeitliche Koordinate besetzen können. Da nichts verloren gehen und unbeachtet bleiben soll, wird das zu Schreibende (Leben) immer mehr, da der Autor ja weiterlebt. Vielleicht aus diesem Impuls heraus haben später die Autoren James Joyce und Arno Schmidt in voluminösen Werken sich auf die erzählte Zeit von einem Tag beschränkt. Es ist einzig der Tod, der hier den Schlußpunkt setzt. Gleichzeitig wird aber das Leben verdoppelt: in das erzählte Leben und das erzählte erzählende Leben, die beide nie ganz zur Deckung kommen können; es muß immer ein Rest bleiben, letztlich ein winziger Rest, dem die notwendige Spaltung oder Differenz eines jeden Selbstbewußtseins korrespondiert: "I shall never overtake myself---whipped and driven to the last pinch, at the worst I shall have one day the start of my pen". (286)

Sterne ist dieser Verdoppelung des Lebens und des schreibenden 'Seins zum Tode' eingedenk:

"und wäre es nicht so, daß meine MEINUNGEN noch mein Tod sein werden, so sehe ich voraus, daß ich aus diesem meinem Leben heraus ein feines Leben führen werde; oder, in anderen Worten, zwei feine Leben miteinander." (331 f.)

Der Impuls, der hier sichtbar wird, das Leben zu schreiben und das Schreiben zu leben, die *eigene Geschichte zu sein* und zu schreiben, ist, das *Selberleben* (um mit Jean Paul zu sprechen) vorm Tod zu retten und vorm

Vergessenwerden. Nichts soll verlorengehen. Die Rettung des Bewußtseins vorm Tode wird dadurch erreicht, daß das Leben im anderen Bewußtsein (dem des Lesers) wieder lebendig wird, wenn der Autor gestorben ist. Es ist ein anderes individuelles Bewußtsein, aber es ist Bewußtsein. Daher versucht Sterne den Leser schon im Buch für sich zu gewinnen. Und auch heute noch scheint es, als ergriffe er unsere Hand über mehr als zwei Jahrhunderte hinweg.

Das kompensiert den Sündenfall des Selbstbewußtseins, den ebenso schmerzlichen wie entscheidenden Augenblick im Leben des Menschen, das Erwachen des Ich, wie es später Jean Paul für sein Leben eindringlich exponiert hat. Nietzsche hat die Konsequenzen am deutlichsten ausgedrückt in seiner Schrift >Vom Nutzen und Nachteil der Historie für das Leben<:

"Dann lernt es (das Kind, P.) das Wort 'es war' zu verstehen, jenes Losungswort, mit dem Kampf, Leiden und Überdruß an den Menschen herankommen, ihn zu erinnern, was sein Dasein im Grunde ist - ein nie zu vollendendes Imperfektum." Es handelt sich um jene Erkenntnis, "daß Dasein nur ein ununterbrochenes Gewesensein ist, ein Ding, das davon lebt, sich selbst zu verneinen und zu verzehren, sich selbst zu widersprechen."[22]

Aus dieser Situierung des Schreibverfahrens bei Sterne lassen sich die poetologischen Konsequenzen zusammenfassen:

"Damit wird Tristram Shandy zum ersten Beispiel dessen, was man heute als 'offenen' Roman bezeichnen würde. Durch die doppelte dramatische Gegenwart, in der sich das Geschehen abspielt, ist der Stoff nicht mehr so disponibel, daß die Erzählung kohärent sein könnte. Da sein Leben noch nicht Geschichte ist, hat der Erzähler keine Möglichkeit, das unerwartete und unvorhersehbare Ereignis auszuschalten. Seine Gegenwart ist voller Unruhe und Bewegung, und jeder Versuch, auf der zweiten dramatischen Ebene Ordnung in die Geschichte zu bringen, ist zumindest prinzipiell bedroht. Es ist zu erwarten, daß der Erzählvorgang nicht nur mit Schwierigkeiten in Gang kommt, sondern auch häufigen Störungen unterworfen ist. Konsequenterweise wird die Erzählung zum Problem ihrer selbst."[23] Dabei kommt dem Problem 'Zeit' eine überragende Bedeutung zu. Sie bestimmt den Gang des Erzählens wie den des Lebens und ihr Ho-

---

22 Schlechta I, 212.
23 Fabian, a.a.O., 238 f.

rizont ist der Tod, aber auch das Weiterleben im Akt des Lesens. Es kreuzen und überlagern sich die Ebenen der äußeren Zeit (Minuten, Stunden und Tage der Uhr und des Kalenders), die innere (Erlebens-) Zeit und die reflektierte Zeit. Die "Eigenheit besteht eben darin, daß es keine substantielle, fundierende Zeitschicht besitzt, sondern nur aufeinanderbezogene Zeiten."[24]

---

24 Michelsen, a.a.O., 21.

4. Zeit-Reisen-Tanzen

Der Zeitbegriff nicht als äußerliches, mechanisches Zeitmaß begriffen, sondern als ein Parameter des Bewußtseins, wird zu einer komplexen Idee; dies ist nicht erst seit den phänomenologischen Untersuchungen zum Zeitbegriff bekannt.[25] Für Sternes Auffassung von der Zeit ist wiederum Locke maßgeblich. Er hat das Wesen der Zeit in der Dauer gesehen, und diese ist nicht ohne den Wechsel.

"It is evident to any one, who will but observe what passes in his own mind, that there is a train of ideas which constantly succeed one another in his understanding as long as he is awake." (Vol.1/II/14,175) Ideen sind Gegenstände des Bewußtseins (Objekte des Verstandes, wie Locke sagt), seien es solche der Empfindung oder der Reflexion. Das Entscheidende an dieser Aufeinanderfolge ist die notwendige Verschiedenheit: Die Bedingung der Dauer ist das Nicht-Dauernde. Die Bedingung der Identität ist die Differenz, und das heißt im Lockeschen Zusammenhang schon: "the continuation of the existence of ourselves" (ebd.) ist damit garantiert. Wir erwerben die Idee der Dauer "by observing a distance in the parts of this succession". (Vol.1/II/14,191) Daraus ergibt sich nun die Definition der Zeit:

"Die Dauer, unter diesem Gesichtspunkt betrachtet, das heißt als eine in bestimmte Abschnitte zerfallende und durch gewisse Maße oder Epochen gekennzeichnete Größe, ist, wie mir scheint, was wir im eigentlichen Sinn die *Zeit* nennen."[26]

Diejenige Dauer, die durch eine gewisse Gleichförmigkeit (z.B. die Bewegung der Sonne um die Erde!) gemessen wird, ist als so bestimmte Zeit ungewiß und relativ; denn nie kann man genau wissen, daß zwei hintereinander folgende gleichförmige Bewegungen zeitgleich sind, wenn ich die Bewegung selbst zum Zeitmaß nehme. Daher sind für Locke regelmäßige

---

25 Vgl. Edmund Husserl: Vorlesungen zur Phänomenologie des inneren Zeitbewußtseins, hrsg. von M. Heidegger, Halle a.d.S. 1928.
26 Ebd. 217 f.

Bewegungen selbst nur Ideen der Sensation und der Reflexion. Das hat nun bedeutsame Konsequenzen für die *Erinnerung*:

"Alle vergangenen Dinge befinden sich gleichermaßen in einem vollkommenen Ruhezustand und sind, unter diesem Gesichtspunkt betrachtet, völlig eins, gleichviel ob sie vor der Erschaffung der Welt oder erst gestern da waren."[27]

Nun sind wir ja imstande, unser Bewußtsein mit nicht seienden Objekten zu füllen, unseren Geist auf Nicht-Seiendes zu richten, "uns da eine *Dauer* vorzustellen, *wo in Wirklichkeit nichts dauert oder existiert*; so stellen wir uns den morgigen Tag, das nächste Jahr oder die nächsten sieben Jahre vor."[28]

Wir stoßen hier auf das eigentlich poetische und künstlerische Vermögen der Einbildungskraft, der Imagination, das gleichsam am Horizont auftaucht. (Es sei hier nur auf den Zusammenhang zwischen dem Nichts und der imaginären Dauer als einer Realität des Bewußtseins hingewiesen, der in Prousts Romanwerk eine so bedeutsame Rolle spielt. Um es wenigstens nicht ganz bei diesem allgemeinen Hinweis zu belassen, sei nur soviel gesagt, daß Proust den Tod als das Nicht-sein eines realen Menschen, "der wie ein Blitzstrahl in übernatürlicher, übermenschlicher Graphik" sich eingegraben hat "als eine geheimnisvolle Doppelspur", in der er Erinnerung aufzuheben versucht: "ich wollte es (das Leiden, das die Erinnerung verursacht, P.) auch weiter erleben nach den Gesetzen, die es selbst in sich trug, jedesmal wenn dieser seltsame Widerspruch zwischen Nachleben und Nichts sich gegenseitig durchkreuzend wieder vor mein Bewußtsein trat."[29] Wir werden diese Problematik in dem Kapitel über Jean Paul wieder aufnehmen.

Sterne greift die Problematik der Zeitdauer bei Locke unmittelbar auf. Es handelt sich um das 18. Kapitel im III. Buch. Zunächst wird eine Differenz von äußerer und innerer Dauer bemerkt:

"Es sind zwei Stunden und zehn Minuten - und nicht mehr - rief mein Vater, während er auf seine Uhr schaute, seit Dr *Slop* und *Obadja* eintrafen - und ich weiß nicht, wie es zugeht, Bruder *Toby*, - aber in meiner Vorstellung kommt es mir wie eine Ewigkeit vor." (217)

---

27 Ebd. 226.
28 Ebd. 229.
29 Proust, Sodom und Gomorrha 1, 2255.

Der Vater entschließt sich gegenüber Onkel Toby "to give ... a clear account of the matter by a metaphysical dissertation upon the subject of *duration and its simple modes*" (199), wobei die Aufeinanderfolge der Gedanken und der fortwährende Wechsel der Gesprächsthemen dafür verantwortlich sind, daß eine kurze Zeitspanne sich zu unfaßbarer Länge gedehnt hat. Die Begriffe von Zeit und Unendlichkeit, werden - so beginnt der Vater Shandy seine Dissertation - verständlich aus unserer Vorstellung von der *Dauer*. Und unter Verweis des Autors auf Locke fährt der Vater fort:

> "*Denn wenn du deine Augen nach innen auf deinen Geist richtest (...) und ihn aufmerksam beobachtest, wirst du bemerken, Bruder, daß, während du und ich miteinander sprechen und denken und unsere Pfeifen rauchen, oder während wir in unseren Geist nacheinander Ideen aufnehmen, wir dann wissen, daß wir existieren, und so veranschlagen wir die Existenz oder die Fortsetzung der Existenz unser selbst oder der Existenz von irgend etwas anderem als mit dem gleichen Maß zu messen wie die Aufeinanderfolge irgendwelcher Ideen in unserem Geist, wobei die Dauer unser selbst oder von irgend etwas anderem mit unserem Denken koëxistiert - und so, gemäß dem Vorgedachten* - Du bringst mich um mit so was Unverständlichem, rief mein Onkel Toby. - " (219)

Der letzte Satz von Onkel Toby macht die Einbettung dieser theoretischen Abhandlung in das Gespräch selbst und damit die verschiedenen 'humours' von Vater Shandy und Onkel Toby deutlich, und auch die humorvolle Distanzierung von aller Theorie. Es heißt nämlich von diesen schwer verständlichen Gedankengängen, von den hoffnungslosen und für viele nicht zu bewältigenden Theorien: "never did my uncle Toby's the least injury at all".(199) Was ist, das ist - egal, was man darüber denkt.

Die Dauer als die innere Zeit, im Gegensatz zur äußeren, die mit einer Uhr oder einem Pendel gemessen wird, die nur aus "train and succession of our ideas"(II/8/122) hergeleitet wird, bestimmt vornehmlich die Poetologie des Romans, die in der digressiven Progression liegt, wie es die Logik der Zeitdauer erfordert. Daraus folgt, daß Sterne einen Roman der inneren Realität eines Menschen schreibt; es handelt sich um die Darstellung des Bewußtseins und Selbstbewußtseins, wie es konkret, nicht zirkulär ist.

Zurecht ist Sterne als der Vater des modernen (Bewußtseins-)Romans bezeichnet worden; seine Vorläuferschaft für Henry James, Joyce, Virginia Woolf oder auch den Nouveau Roman kann nicht bestritten werden. Festzuhalten ist, daß das einheitsstiftende Moment (das auch die letztendliche Progression aller Digressionen gewährleistet) das innere Erleben ist, das, was sich im Bewußtsein des Schreibers abspielt. Alle Mimesis als Nachahmung von Wirklichkeit ist also durch und durch vermittelt; das ist zwar immer so, aber bei Sterne wird kein Schein von objektiver Erzählung geschaffen, in der die Fäden, die im Bewußtsein des Erzählers zusammenlaufen, gleichsam unsichtbar verwoben werden; sondern diese Fäden bleiben sichtbar. Der Schein wird als Schein enthüllt, und damit wird eine neue Qualität der Wahrheit des schönen Scheins erreicht, der zugleich bestätigt, daß die reine Wahrheit, das reine Sein nicht zu haben ist. Dies hat gar nicht so sehr in erster Linie etwas mit dem Prinzip der Subjektivität zu tun, auch wenn der Durchbruch zu einer bestimmten subjektiven Schreibweise hierfür eine heuristische Voraussetzung gewesen sein mag. Insofern ist >Tristram Shandy< *auch* die erste Historie des modernen Bewußtseins als eines reflektiert reflektierenden. Auf der anderen Seite gibt es bei ihm auch den 'stream of consciousness'; aber das Bewußtsein ist gleichsam noch nicht flächendeckend und total verselbständigt. Die Figuren werden vom Erzähler noch differenziert und objektiv gestaltet, d.h. gegeneinander und vor allem gegen den Erzähler selbst unterschieden. *Nur* dieser zeigt ein totalisierend-totalisiertes Bewußtsein (*nur er* zeigt, was das Bewußtsein eigentlich und immer ist). Daneben finden sich ganz traditionelle Erzählpassagen; der ständige Stilwechsel macht nicht zuletzt den Reiz dieses Buches aus.

Wir stoßen hier auf ein eigentümliches Verhältnis von Fiktionalität und Realität. Mögen die Bewußtseinsinhalte auch fiktiv sein, das Bewußtsein samt seinen Inhalten *ist* die Realität des schreibenden Ich. Michelsen spricht zurecht von "Zeitbildern des Bewußtseins": "Der Anlaß des Äußeren ist...zwar stets gegeben, mit ihm stellt sich aber sogleich die Gegenwelt der Phantasievorstellungen ein, die als Ablaufen von Bewußtseinsinhalten die Erzählzeit begründen."[30] Man kann hier von einer Pioniertat für die Romanpoetik sprechen: "Chronologische Zeit steht also gegen psychologische Zeit, und zwischen beiden besteht höchstens eine zufällige Übereinstimmung. Die Beobachtung des Tatbestandes selbst hat etwas Triviales an sich, aber die Anwendung auf die Erzählung war eine Pioniertat. Deckt doch Sterne nicht nur die Möglichkeit, sondern alleinige Gültigkeit des individuellen Zeitempfindens für den Roman auf. So scherzhaft Lesezeit und chronologischer Ereignisablauf gegeneinander gesetzt werden, die Schluß-

---

30 Michelsen, a.a.O., 28.

folgerung ist unerbittlich: "Die Subjektivität hat als alleiniges Maß der Dinge zu gelten."[31]

Die Unterscheidung von Erzählzeit und erzählter Zeit ist damit vorgegeben. In der Folge sind Zeitmarkierungen überhaupt disponibel; über 'Zeit' kann beliebig verfügt werden, da es keinen objektiven Maßstab für sie gibt. (Niemand lebt nach der Uhr). Es handelt sich insgesamt gesehen um einen Durchbruch in der Darstellung von Subjektivität, wie sie seit Descartes gedacht werden konnte. Das Argument des Descartes, 'cogito ergo sum', macht ja das Denken oder das Selbstbewußtsein - wie immer es später reflexionslogisch begründet wird - unabhängig davon, ob die Denkinhalte real (auf Wirkliches bezogen) oder fiktional-phantastisch sind. Damit wird der Bewußtseinsroman potentiell wahrheitsfähig. Ob es sich um richtige oder unrichtige Vorstellungen handelt: solange das Bewußtsein 'dauert', muß es sich eben 'setzen'. Das kann nicht angezweifelt werden. Die Lockeschen Fragen nach der Wahrheit und Falschheit der Inhalte sind dann sekundär und jedenfalls für die Romanpoetik nicht relevant. Damit findet eine Entkoppelung vom Prinzip der (Natur-) Nachahmung statt; wenn es um die Natur des Bewußtseins geht, stellen sich ganz andere Probleme des Schreibens, nämlich solche, die bei jeglicher Äußerung von Selbstbezüglichkeit auftauchen. Sie treten dann bei Jean Paul noch sehr viel komplexer auf. Aber die Pioniertat von Sterne ist hier zu würdigen. Der Stil des Romans (oder des Schreibens überhaupt - das wäre für den Briefstil nachzuforschen) wird notwendig komplizierter: Digressionen, Reflexionen steigern die Komplexität ebenso wie die zahlreichen Zitate (vor allem auch verdeckte), Anspielungen und das Bildungsgut allgemein, wie es sich in einem individuellen Bewußtsein als Strandgut oder systematisch geordnet vorfindet. Hier spielen kulturelle Prägungen ebenso eine Rolle wie kontingente Reminiszenzen an Gelesenes (Gesehenes, Gehörtes). Daher tauchen im Roman Sternes so viele *Namen* von Autoren auf - von der Antike bis zu seiner Gegenwart. Die Anspielungen und Zitate dienen also nicht dazu, Autoritäten zu zitieren, um die Inhalte zu beglaubigen (sie werden gelegentlich auch satirisch belacht), sondern es handelt sich einfach um eine Realität des Bewußtseins. Das mag für Sterne etwas überspitzt formuliert sein - für Arno Schmidt gilt es auf jeden Fall, da man bei ihm von Bildungstreibgut oder Bildungsmüll sprechen muß, das dann aber

---

31 Fabian, a.a.O., 261.

glänzend organisiert wird, so daß ein *Stil* entsteht. Das hat zur Folge, daß sich in dem Roman Ordnung und Chaos eigentümlich durchdringen - was nicht verhindert, daß er eine 'Botschaft der Humanität' enthält.

(Selbst-)Bewußtsein und Dauer formieren schließlich die Position der 'Identität' des Ich, die eine brüchige, scheinhafte ist, da sie immer wieder zerbricht und neu inszeniert werden muß. Wir betrachten hier das Erzähler-Ich, das als 'Ich' im Text vorkommt und klammern die Problematik des Bezugs zum Autor-Ich Laurence Sterne aus. (Über den letzteren müßte man sozusagen einen anderen Roman schreiben oder vorliegen haben.) Das Ich des Bewußtseins läßt sich nicht (oder nur ganz vordergründig) durch die Raum-Zeit-Koordinaten des äußeren Daseins festlegen. Das ist die simple Tatsache, die aus jedem Erinnerungsakt resultiert. Während ich jetzt hier sitze, bin ich in Gedanken ganz woanders. Das hat romantechnisch freilich heikle Folgen, wie sie im folgenden sichtbar werden:

"- Da hab ich nun den verworrensten Knäuel von allen vor mir - denn im letzten Kapitel, soweit wenigstens, wie es mir durch *Auxerre* geholfen hat, habe ich mich auf zwei verschiedenen Reisen zugleich vorwärtsbewegt, und zwar mittels des gleichen Federstrichs - denn ich bin auf der Reise, an der ich jetzt schreibe, gänzlich aus *Auxerre* hinausgekommen, und ich bin auf jener, die ich später schreiben werde, nur halben Wegs aus *Auxerre* hinausgekommen - In allem gibt es nur einen gewissen Grad von Vollkommenheit; und indem ich meine Nase etwas darüber hinausstreckte, habe ich mich in eine Situation gebracht, in der vor mir noch kein Reisender sich befand; denn in diesem Augenblick gehe ich mit meinem Vater und meinem Onkel *Toby* auf unserem Weg zurück zum Mittagessen über den Marktplatz von *Auxerre* - und in diesem Augenblick komme ich auch mit meiner in tausend Stücke zerbrochenen Chaise in *Lyon* an - und überdies bin ich in diesem Augenblick in einem hübschen, von *Pringello* erbauten Pavillion an den Ufern der *Garonne*, den mir Mons. *Sligniac* vermietet hat und wo ich nun sitze und all diese Geschichten rhapsodisch besinge. - Lassen Sie mich etwas zur Ruhe kommen und meine Reise fortsetzen." (592)

In der paradoxen Wendung des letzten Satzes, der - wie der gesamte Abschnitt den Satz vom zu vermeidenden Widerspruch und den Satz vom ausgeschlossenen Dritten aufhebt - kommt die Auflösung einer starren Identität zum Ausdruck; das Leben und das Schreiben (genauer: das das Leben erinnernde Schreiben) werden zum Tanzen gebracht, und so werden Reisen und Tanzen zu Metaphern des Schreibens:

"Nun ist's Zeit fortzutanzen, sagte ich; so wechselte ich nur Partnerin und Musik und tanzte hinweg von *Lunel* nach *Montpellier* - von da an nach *Pesçnas, Béziers* - ich tanzte weiter durch *Narbonne, Carcassonne* und *Chateau Naudairy*, bis ich mich schließlich in *Pedrillos* Pavillon hineintanzte, wo ich, nachdem ich einen schwarzlinierten Bogen herausgezogen hatte, damit ich darauf ohne Abschweifung und Parenthese schnurgerade in meines Onkel *Toby* Liebschaft weiterschritte - folgendermaßen anfing - ..." (619)

Die Frage nach der Identität läßt sich somit nicht mehr einfach beantworten. Selbstgewißheit läßt keine Selbsterkenntnis zu. Das kommt in dem kleinen Dialog zum Ausdruck: " - Mein guter Freund, sagte ich - so gewiß ich ich bin und Sie Sie sind --

-- Und wer sind Sie, sagte er. -- Bringen Sie mich nicht durcheinander, sagte ich." (603)

Selbstgewißheit und Selbsterkenntnis, Einheit und Mannigfaltigkeit klaffen auseinander. Gleichwohl ist alle Mannigfaltigkeit auf dieses Selbst zugestellt; alle Personen und Dinge gruppieren sich um den Autor (das Erzähler-Ich). Über einige Konsequenzen daraus wird im folgenden zu handeln sein.

Es handelt sich also darum, das Leben und die Meinungen eines Individuums namens Tristram Shandy zu erzählen. Alle die hieraus resultierenden Aspekte und Schwierigkeiten lassen sich als Aspekte und Schwierigkeiten der Sprache selbst auffassen. Sie sind zumindest *auch* Sprachprobleme. Wir müssen uns daher jetzt der Sprache und dem Erzählen selbst zuwenden.

5. Die Sprachnot und die Feste des Eigensinns

Locke war in seiner Untersuchung über den menschlichen Verstand auf die Notwendigkeit gestoßen, die Sprache genauer zu betrachten, insbesondere die Abhängigkeit des Verstandes (der Ideen) von den Wörtern. Sie handelt im 9. Kapitel des III. Buches von der Unvollkommenheit der Wörter. Darin stellt er fest:

> "Obwohl die Namen *Ruhm* und *Dankbarkeit* innerhalb eines Landes in aller Munde die gleichen sind, so ist dennoch die komplexe Sammelidee, die jeder einzelne bei diesem Namen im Sinn hat oder ausdrücken will, selbst bei Leuten, die die gleiche Sprache sprechen, offenbar sehr verschieden."[32]

Die Sprache ist ein unvollkommenes Instrument der Erkenntnis. Locke denkt als ein Aufklärer und Philosoph. Er folgert, daß man diese Unvollkommenheit aufklären und zu einer vollkommeneren, eindeutigeren und klareren Sprache kommen müsse, "and the way to knowledge, and perhaps peace, too, (would) lie a great deal opener than it does." (Vol.2/III/9,266)

Nun ist es ersichtlich, daß die Menschen bei dieser Selbstaufklärung der Sprache und des Verstandes seit Lockes Zeiten noch keinen Schritt weitergekommen sind; über die verschiedenen 'komplexen Sammelideen', wie Friede, Freiheit, Staat, Gesellschaftsordnung usw. herrschen noch immer die unterschiedlichsten und gegensätzlichsten Auffassungen; im Namen von Ideologien streiten sich die Menschen nach wie vor, und auch der Friede, der hiermit nach Locke zusammenhängt, ist keineswegs näher gerückt. Man gerät nach wie vor ins Grübeln, wenn man danach fragt, woran es denn liegt, daß die Menschen - trotz aller Aufklärung - nicht vernünftiger werden und vernünftiger geworden sind.

Vielleicht ist ja der Ansatz, die Fragestellung falsch; vielleicht ist die Sprache gar nicht in der Lage, sich so zu vervollkommnen und so verwendet zu werden, daß Meinungsverschiedenheiten, Mißverständnisse und Streitigkeiten auszuräumen wären. Vielleicht liegen sie ja gar nicht auf der Ebene der Sprache (und der Ideen). Und damit wären wir wieder beim

---

32 Locke, 3. Buch, Kpt. 9, 105.

>Tristram Shandy<, nämlich bei der Feststellung, daß es die Meinungen sind, die Verwirrung stiften, und daß die Sprache möglicherweise gar nicht dazu taugt, die Meinungen aufzuklären, weil es gar nicht um klare und distinkte Ideen geht; daß also die Sprache in entscheidenen Lebenssituationen versagt, der Mensch sprachlos wird und ihm sich die Sprache buchstäblich versagt.

Hier gibt es nun wieder eine Gemeinsamkeit und einen wesentlichen Unterschied zwischen dem Philosophen und dem Dichter. Beide sind vom Geist der Aufklärung beseelt; auch Sterne geht es um Erhellung von Dunkelheit und Verwirrungen im Geist der Menschen. Der Unterschied liegt darin, daß der Dichter gleichsam der radikalere Empiriker ist. Er sieht, daß es zur Natur des Menschen gehört, daß er 1. stumpfe Organe besitzt, 2. die Objekte oft nur einen flüchtigen Eindruck hinterlassen, und er 3. "a memory like unto a sieve" (107) besitzt. Das kann man nicht einfach ändern, sondern muß es wohl hinnehmen. Die wichtigste Ursache für die Konfusionen und Verwirrungen liegt aber in der schwankenden und ungenauen Verwendung von Wörtern mit oftmals konfusen Bedeutungen und unbestimmtem Sinn. Daraus folgen nicht nur bloße Meinungsverschiedenheiten, Lärm und Spektakel bei Konzilien und die Streitigkeiten der Gelehrten; am Beispiel von Onkel Toby (und anders auch Walter Shandy) wird deutlich, welche existentiellen Wirkungen die Unvollkommenheit der Sprache hervorbringt: "by heaven! his (uncle Toby's) life was put in jeopardy by words." (108)

Es beginnt damit, daß Onkel Toby Schwierigkeiten beim Erzählen hat (II/1) - und das ist eine Parabel über das Erzählen überhaupt - nämlich zu erzählen, was bei der Belagerung von Namur vor sich ging.

"...die vielen Verlegenheiten, in die er dabei geriet, entstanden aus den fast unüberwindlichen Schwierigkeiten , die er hatte, seine Geschichte verständlich zu erzählen und so klare Vorstellungen von den Unterschieden und Unterscheidungen zwischen Eskarpe und Kontereskarpe, - Glacis und bedeckter Passage, - Halbmond und Ravelin zu erwecken, - daß seine Zuhörer gänzlich begriffen, wo der sich befinde und woran er sei. (...)
Was den Bericht über diese Affäre für meinen Onkel *Toby* noch verwickelter machte, war dies, - daß bei dem Angriff auf die Kontereskarpe vor dem *St.-Nicolas-Tor*, der sich vom Ufer der *Maas* bis ganz hinaus zur großen Wasserpforte erstreckte, - das Gelände von einer solchen Menge von Deichen, Abzuggräben, Bächen und Schleusen von allen Seiten kreuz und quer durchschnitten war, - und mein Onkel *Toby* sich in alledem so schrecklich verirrte und mittendrin steckenblieb, daß er häufig

nicht rückwärts oder vorwärts konnte, um sein Leben zu retten, und oft gezwungen war, nur deshalb den Angriff abzublasen." (93 f.)

Onkel Toby wird darüber krank, und der Weg zu seiner Genesung wird dadurch beschritten, daß er fortan die Belagerung von Namur, bei der er verwundet wurde, simuliert. Er beschafft sich zunächst eine Karte von Stadt und Befestigungsanlagen samt Umgebung, dann baut er das ganze im Garten nach als Sandkastenspiel und ist so in der Lage, *genau* die Stelle zu bezeichnen, wo ihn seine Verwundung traf.

Wir erfahren hier Bemerkens- und Nachdenkenswertes über die Sprache. Es wird darauf hingewiesen, Onkel Toby sei ja kein Schriftsteller oder Philosoph. Er ist kein Profi der Sprachausübung, aber sein Elend (sein körperliches und geistiges), sich nicht ausdrücken zu können, läßt ein prinzipielles Unvermögen der Sprache überaus deutlich werden. Wir können mit der Sprache nicht alles sagen, was wir ausdrücken wollen; nicht alles, was uns 'am Herzen' liegt, können wir über die Lippen bringen. Wir können eben nicht (alles) sagen, was der Fall ist oder gewesen ist, u.a. weil die Erkenntnisse, die uns die Sprache auszusprechen ermöglicht, immer schon abstrakt und bis zu einem gewissen Grad allgemein sind.

Daß Sprache derart Wirklichkeit, Komplexität reduziert - darin liegt natürlich ihre Bedeutung und ihr Nutzen für die Wissenschaft und für die Verständigung. Aber in ihrer Abstraktionsleistung liegt auch ihre permanente Unwahrheit. Die Wahrheit ist konkret,und das Konkrete können wir nicht sagen. Onkel Tobys Erkenntnisinteresse ist nun das eines Erzählers, nämlich zu erzählen, wie es wirklich war. Und damit muß er scheitern. Es gelingt ihm jedoch mit dem Prinzip der Sandkastensimulation die Wirklichkeit nachzustellen: nämlich das, was beim Erzählen notwendig in einer sehr lang auseinandergezogenen Zeitfolge von erzählten Sätzen gesagt werden müßte (und dadurch gänzlich unanschaulich würde), das Zeitgleiche und räumlich Differenzierte, in einem anschaulichen Modell darzustellen. (Daß dennoch erzählt wird, ist nicht ganz ohne Ironie und tiefere Bedeutung. Wir sind hier wieder beim Problem der Zeit.) Es bleibt jedoch festzuhalten, daß Onkel Toby die offenkundige Unvollkommenheit der Sprache nicht dadurch zu überwinden versucht, daß er sich an die Sprachgelehrten hielte, und versuchte zu lernen, es besser zu sagen (so wie Walter Shandy stets die Rhetorik bemüht und an sie glaubt - womit er scheitert). Er erkennt, daß es besser ist, hier gar nichts zu sagen. Und so wird an entscheidenden Stellen des Romans nichts gesagt, sondern durch Gesten ausgedrückt; was wiederum gesagt oder geschrieben wird: Ironie und Dialektik des Romans.

Wir *verstehen* also nichts, wenn wir etwa erfahren, daß sich Onkel Toby seine Verwundung "in einer der Traversen zugezogen hatte, etwa dreißen Toisen, gleich einhundertachtzig Pariser Fuß, vom Rückwinkel des Schützensgrabens und gegenüber dem vorspringenden Winkel der Halbbastion von *St. Roch*". (95 f.)

Das Argument für das Versagen der Sprache ist hier die Unanschaulichkeit, die die dichterische Sprache mit ihren Bildern (Metaphern) nur gradweise aufzuheben vermag. Nun hat der Mensch, wenn auch nicht der Autor, die vielfältigen Möglichkeiten nichtsprachlichen Ausdrucks. Wenn zum Beispiel Onkel Toby einmal die Sprache versagt, dann pfeift er sein *Lillabullero*. Die Meisterschaft des Autors besteht dann darin, dies sprachlich auszudrücken; und man sieht sogleich, daß er dieses Pfeifen nicht nachahmen kann. Doch bleibt die genaue Nachahmung *ein* Ziel der (dichterischen) Rede. (Wenn das Ziel der Nachahmung aufgegeben wird, so macht man eigentlich nur aus der Not eine Tugend. Ein Arno Schmidt wird 200 Jahre später wieder auf konformen Abbildungen bestehen. Es ist allerdings müßig, hier die Diskussion um die Nachahmung aufzugreifen; es geht nicht darum, sondern um die Situierung von Ausdrucksmitteln im Roman.)

Es geht um die *Spuren* des Ausdrucks, die zu lesen sind (und für den Autor - doppelte Schwierigkeit - zu schreiben): die vielen bewußten und unbewußten Zeichen: Gesten und Körperreaktionen, oft winzig, manchmal theatralisch, wie die Haltung des Corporals Trim beim Vorlesen einer Predigt.

> "Er stand vor ihnen mit leicht schwingendem Oberkörper und genau so weit vorgebeugt, daß dieser zur Horizontalebene einen Winkel von fünfundachtzig Grad und einem halben bildete; - von welch selbigem gewiegte Redner, an die ich diese Beschreibung richte, sehr gut wissen, daß er der richtige Überzeugungseinfallwinkel ist." (138 f.)

Das sind natürlich längst nicht alle nichtsprachlichen Möglichkeiten des Ausdrucks. Das Versagen der Sprache, von dem wir vielleicht etwas zu großspurig sprechen, betrifft nicht nur die Wiedergabe von äußerer Wirklichkeit (synchronen Ereignissen). Man muß schon tiefer in die "Grundursachen menschlicher Unwissenheit und Verworrenheit hineintauchen" (97), um es angemessen zu verstehen. Der Mensch täuscht sich ja nicht nur über die Außenwelt, er täuscht sich mehr noch über seine Innenwelt. Da nun aller Ausdruck mit dieser zumindest vermittelt ist, wird das System der Täuschungen unübersehbar. Der Mensch ist nicht der, für den er sich hält.

Das System der menschlichen Psyche, das Freud in Es, Ich und Über-Ich strukturiert hat, war natürlich auch dem Dichter Sterne längst bekannt. Dem Es entsprechen im 18. Jahrhundert die Leidenschaften, die "kleinen Belange unserer Unterregionen" (146) / "little interests below" (143), dem Über-Ich das Gewissen. Die Unterregionen verwirren sehr oft die geistigen Kräfte der oberen Regionen. Man kann sich auf das Gewissen allein nicht verlassen, da es oft unvollkommen Kenntnis von dem nimmt, was in der 'Seele' vor sich geht. Hier sind nicht die moralisch-theologischen Argumentationen zu verfolgen. Tatsache ist, daß Argumente nichts gegen Leidenschaften vermögen; das zeigt sich besonders in der scholastisch-rhetorischen Argumentation von Vater Shandy (es kommt meistens anders, als er denkt und sagt).

In der Predigt des Corporals Trim nun - um auf sie noch einmal zurückzukommen - geht es um "das Wissen, das die Seele in sich selbst" (145) von sich hat. Das ist nicht identisch mit der Vernunft; denn von "der VERNUNFT ist die Hälfte SINNENHAFTIGKEIT; und selbst das Maß, daß wir an den Himmel legen, nehmen wir aus unseren gegenwärtigen Gelüsten und Säftemischungen - " (566).

Dieses Wissen vermag uns nur die Dichtung zu vermitteln, und so wenden wir uns folgerichtig wieder den Beispielen zu, in denen es um den Ausdruck der Seele in ihrer ganzen Komplexität geht. Im 2. Kapitel des V. Buchs erhält Vater Shandy die Nachricht vom Tode seines Sohnes, Tristrams Bruder. Diese traurige Nachricht in einem Brief macht sprachlos und stumm, aber zugleich verlangt die Trauer nach Ausspruch und Ausdruck.

Der Vater ist gerade bei der Planung seiner Reise durch Frankreich und hantiert mit Karte und Zirkel, als Onkel Toby, der den Brief zuerst liest, verkündet: er ist gegangen.

"Als man *Agrippina* vom Tod ihres Sohnes unterrichtete, habe sie, so berichtet uns *Tacitus*, unfähig, die Heftigkeit ihres Schmerzes zu mildern, ihre Arbeit abrupt abgebrochen. - Mein Vater preßte seinen Zirkel nur noch fester auf *Nevers*.- Welcher Gegensatz! er war freilich mitten in einer Berechnung - *Agrippina* muß mit etwas anderem beschäftigt gewesen sein; wer möchte sonst behaupten, er könne aus der Geschichte Schlüsse ziehen?" (404)

In der Geste des Zirkel-Einsteckens liegt seine erste Reaktion; in der nachfolgenden Bewältigung seiner Trauer läßt er sich von seiner 'ruling passion' leiten, die in der Vorliebe für die Beredsamkeit liegt. Er bemüht die abendländische Geistesgeschichte, und er zitiert große Worte über Tod, Sterben und Trauer; es ergießt sich förmlich ein Redeschwall. Ganz anders ist die Reaktion der Bedienten Susannah: "A green satin night-gown of my mother's, which had been twice scoured, was the first idea which Obadiah's exclamation brought into Susannah's head." (354) Sterne kommentiert: "Well might Locke write a chapter upon the imperfections of words." (Ebd.) Das Unaussprechliche wird am schönsten deutlich in der Gestik, die sich mit dem Hut von Corporal Trim verbindet. Dieser skandiert nicht nur seine Trauerrede, er überbietet sie an Bedeutsamkeit des Ausdrucks.

> "----'Sind wir jetzt nicht hier', - fuhr der Corporal fort, 'und sind wir nicht' - (er ließ seinen Hut schwer auf den Boden fallen - und pausierte, bevor er das Wort aussprach) - dahin! in einem Augenblick?' - Der Fall des Hutes klang, als sei in den Kopfteil ein schwerer Klumpen Lehm hineingeknetet worden. - Nichts hätte den gefühlsbetonten Gedanken der Sterblichkeit so wie dies ausdrücken können, wofür der Hut Sinnbild und Vorläufer war, - *Trims* Hand schien unter ihm wegzugleiten, - er fiel wie tot, - des Corporals Auge fixierte ihn wie einen Leichnam - und *Susanna* brach in einen Strom von Tränen aus." (418)

Es ist eine einmalige und unwiederholbare Geste, die sogar die beschränkte Magd, die die Nachricht vom Tode des jungen Herrn so gar nicht berührt, in Tränen ausbrechen läßt - wobei sie in ihrer Beschränktheit zugleich die Wahrheit der menschlichen Beziehung zum Tode ausdrückt, wie sie Canetti herausgestellt hat im Triumph des Überlebenden: "He is dead! said Obadiah, - he is certainly dead! - So am not I, said the foolish scullion." (V/7/355)

Die Möglichkeiten der Sprache werden im >Tristram< noch auf andere und vielfältigere Art und Weise ausgeschöpft und ausgelotet. Dabei werden das Schweigen und die Leere ausgedrückt durch das nicht wörtliche Zeichen, d.h. durch Grapheme, die keine Wörter oder Sätze sind (alles, was der Setzkasten des Druckers hergibt, wird eingesetzt).

Generell läßt sich sagen, daß es hierbei - anders als bei den oben ange- deuteten Möglichkeiten - nicht um ein prinzipielles Versagen der Sprache sich handelt, sondern um ein Spiel mit der Graphie und mit Hinter- und Nebensinn der Wörter, was in erster Linie dazu verwendet wird, gesell- schaftlich tabuisierte und unerlaubte Themen zu artikulieren. Es handelt sich mit einem Wort um die Verwendung der Metapher (wobei auch die vielen *** als eine Form der Metapher anzusehen sind).

Zunächst ein Beispiel für das, was aus Schamhaftigkeit verschwiegen werden muß, dennoch gesagt werden soll, also mit einem anderen Aus- druck benannt werden muß, dann doch direkt beim Namen genannt wird (nämlich Hintern), weil nicht mehr ein bestimmtes Hinterteil gemeint ist, sondern das Wort als Wort:

> " - 'Meiner Schwägerin', sagte mein Onkel *Toby*, 'beliebt es nicht, käme ein Mann so nah an ihre ****.' Setz diesen Gedankenstrich, - und es ist eine Aposiopesis. - Nimm den Gedankenstrich weg und schreib *Hintern*, - 's ist unflätig. - Schab den Hintern aus und setz *gedeckte Passage* ein, - ist's eine Metapher... " (115)

In der Metapher wird der Sinn verschoben, bewahrt und verändert zugleich. Mechanismen der Sinngebung sind auch der Abbruch eines Satzes, für den - sinnbildlich - das plötzliche Zerbrechen der Tabakspfeife des Vaters steht (ebd.), und anderer rhetorische Figuren.

Eine komplexe rhetorische Figuration findet sich in dem Kapitel über die Backenbärte. Es beginnt mit einer Reihe von **********

Das Wort fällt in einem Gespräch zwischen der Königin von Navarra und La Fosseuse, dem Hoffräulein. "Es gibt keinen Kavalier seines Alters in *Navarra*, Madame, fuhr das Hoffräulein fort und lenkte so das Interesse der Königin auf den Pagen - der einen so stattlichen - Was stattlichen? sagte Magareta lächelnd - Backenbart hätte..." (397) "... tatsächlich hatte *La Fosseuse* das Wort nicht nur vor der Königin, sondern bei vielen ande- ren Gelegenheiten am Hof mit einer Betonung ausgesprochen, die immer so etwas wie einen Hintersinn durchblicken ließ." (398) Mit diesem Hinter- sinn nimmt es nun seinen Lauf. Das Wort wird zum Eroticon (Vgl. 398 f.). Wie wir seit Freud wissen, dienen der Witz und der Versprecher dazu, Un- sagbares zu sagen, dasjenige auszusprechen, das durch die verschiedenar- tigsten Zensurmaßnahmen unterdrückt wird. Dazu dient auch die erotische Metapher (wozu auch Nasen, Hosen, Rockschlitze, Pumpenschwengel,

Faßzapfen, u.a. gehören), die freilich im Unterschied zum Witz und zum Versprecher bewußt funktioniert, wenn auch ihre ursprüngliche Bildung unbewußt erfolgt sein mag. Der Ursprung ihrer Bedeutung liegt in jener Schicht der Seele, für die das Herz eine Metapher ist:

> "Es gibt Reihen gewisser Vorstellungen, die Spuren um unsere Augen und Augenbrauen hinterlassen; und irgendwo in der Herzgegend werden sie bewußt, was dazu dient, diese Umrisse um so deutlicher zu machen - wir sehen sie, buchstabieren und setzen sie ohne Wörterbuch zusammen.
> Ha, ha! hi, hii! riefen *La Guyol* und *La Sabatière*, während sie gegenseitig ihre Spuren betrachteten. - Ho, ho! riefen *La Battarelle* und *La Maronette*, die das Gleiche taten: - Still! rief die eine - pst, pst, - sagte eine zweite - sch! machte eine dritte - puh, puh, erwiderte eine vierte - 'kschön! rief die Dame *Carnavallette*; - sie war's, die die heilige *Brigitte* bebacken-bartet hatte." (400)

Dieses Kapitel ist wohl das schönste Beispiel für die Listen und Tücken, die aus dem Widerspiel von Kopf und Herz, Gefühl und Verstand erwachsen, und die in den Formprinzipien des Romans ausdrückbar werden. Diese Formprinzipien lassen sich im wesentlichen aus den beiden Verfahrensarten der Metapher (in einem weiten Wortsinn) und der Behandlung der Zeit entwickeln.

Wie der Mensch sein Eigenstes ergreifen könne, war die eingangs exponierte Frage. Sie wirft vielfältige Probleme auf; nicht zuletzt handelt's sich bei der Beantwortung dieser Frage um ein Sprachproblem und eines der Poetologie: wie kann man *sich* erzählen? Die Antwort lautet: man kann sich niemals *ganz* erzählen; niemals ist die Fülle dessen, was konkret einen Einzelmenschen ausmacht, erinnerbar und aufschreibbar. Das liegt nicht nur an konstitutionellen Mängeln, sondern an der Verschränkung von Leben und Schreiben in der Zeit-Dauer. Aber man kann natürlich über sich sprechen und schreiben, und es ist klar, daß der Stil hier zum Konstituens dessen wird, was sprachlich gesagt werden kann. Das heißt, es gibt einen Stil, der das Eigenste eines Menschen total verfehlen würde. Es wäre der wissenschaftliche oder generalisierende Stil. Nun hat die Sprache aber generell eine Tendenz zum Allgemeinen (den Begriff) und Abstrakten. Diese Tendenz zu unterlaufen: darin besteht die Kunst des Dichters. Wie also

läßt sich im symbolisch generalisierten Medium die Individualität aussprechen?

Allgemein läßt sich sagen, daß sich Individualität durch Einmaligkeit
auszeichnet. Einmaligkeit ergibt sich aus Abgetrenntheit und Unteilbar-
keit, gemäß einer alten Bestimmung:

"L'individu est proprement un sujet separé de tout autre, et qui ne se
peut diviser sans estre destruit".[33]

Nun ist aber das Einmaligste im Leben eines Menschen zugleich das
Allgemeinste: Geburt und Tod. Die eigene Geburt ist nur aus und mit den
Erzählungen anderer sagbar; der eigene Tod ist für einen selbst unsagbar.
(Sagbarkeit betrifft hier das Sicherinnern an Selbsterlebtes.) Das Leben
zwischen beiden ist zunächst das des gesellschaftlich Allgemeinen, das
nicht individuiert, sondern das Individuelle als das Besondere situiert
(Rang, Stand, Funktion - je nach Gesellschaftstyp). Das Individuelle entzieht sich immer auch dem Gesellschaftlichen, ohne doch außerhalb der
Gesellschaft zu sein. Mit Blick auf den Roman muß man sagen, daß es die
kleine, häusliche Welt ist, die Familie, die nähere Umwelt, in der sie zu
finden ist. Die große Welt der Nation, der Politik, der Kriege wird so konsequenterweise nicht eigens Gegenstand der Darstellung. Gleichwohl ragt
sie herein, aber eben so, wie Onkel Toby die Kriege der großen Weltgeschichte eine kleine Wunde in der Leistengegend beigebracht haben, die
für ihn große Folgen hat. Oder wie er die großen Schlachten im Sandkasten
zuhause im kleinen nachspielt.

In diesem Bereich als dem Zeit-Raum der Individualität werden die
vorherrschenden Leidenschaften (die ruling passions) dominierend. Sie erzeugen den unverwechselbaren Spleen und die jeweiligen Hobby-Horses,
die das Verhältnis vom Individuum zur Gesellschaft bestimmen (wie übrigens auch das zur eigenen Triebnatur). Das Steckenpferd bezeichnet gerade die Ausgrenzung. "Die Personen bewohnen kaum noch eine gemeinsame, geteilte Welt, sondern finden sich eingeschlossen in ihre Hobbies.
Diese Hobbies sind in sich geschlossene Sinnsysteme mit der Tendenz alles
zu überwuchern und zu absorbieren."[34] Dennoch ist Verständigung mög-

---

33 François de Callières: La Logique des amans ou l'amour logicien, Paris 1668, 118; zit.
nach Niklas Luhmann: Liebe als Passion, Frankfurt/M. 1982, 16.
34 Dietrich Schwanitz: Der Unfall und die Weltgeschichte: zur Thematisierung der Alltagswelt in Laurence Sternes *Tristram Shandy*, in H.-H. Freitag, R. Hühn (Hrsg.), Literarische
Ansichten der Wirklichkeit, Frankfurt/M. usw. 1980, 143-172, hier 158.

lich, und es geschieht Verständigung, und zwar - List und Tücke der Sprache - durchs Mißverständnis. "Gerade die Mißverständnisse bilden eine Brücke von einem Hobby zum anderen. Wenn Walter Shandy 'train of ideas' sagt, so wird das in Uncle Tobys Welt zum 'train of artillery'. In diesem Sinne haben die Mißverständnisse eine positive, verbindende Funktion. Zugleich ermöglichen sie natürlich - und das ist die andere Seite ihrer Funktion - auch eine Abkehr von der Mitteilung des anderen und die Rückkehr in die eigene Sinnwelt."[35] Es ist als Abkehr zugleich das Mittel der Kompensation. Es ist das

"fröhliche kleine Füllen Narrheit, das sie für die jetzige Stunde spazieren trägt - eine Grille, ein Schmetterling, ein Bild, ein Krimskrams - eine Onkel-*Toby*-Belagerung - oder ein *Irgendetwas*, das es einem möglich macht, sich daraufzuschwingen und den Sorgen und Bedrängnissen des Lebens davonzugalloppieren - Es ist so nützlich, wie nur ein Tier in der ganzen Schöpfung sein kann - und ich sehe gar nicht ab, wie die Welt ohne es auskäme--" (674 f.)

Im Hobby-Horse wird der Verlust und die Trauer kompensiert. Der Verlust der Möglichkeit, in der 'großen' Welt friedlich bei-sich-selbst-sein zu können und die Trauer darüber. Es ist eine Zufluchtstätte der Möglichkeit. Dazu gehört auch das falsche Pathos der großen Rhetorik von Vater Shandy, das ihm zum Beispiel hilft, über den Tod seines Sohnes hinwegzukommen. Die Marotte hat keine Wahrheit in sich aber im Verhältnis zum anderen der 'Welt'. Es ist ein Mittel der Versöhnung. In diesem Sinn bemerkt Adorno zum Spleen:

"Der Betrachter, der vom Spleen sich leiten läßt, macht den Versuch, die übermächtige Negativität der Gesellschaft seiner eigenen Erfahrung kommensurabel zu machen. Undurchdringlichkeit und Fremdheit des Ganzen sollen gleichsam mit den Organen ergriffen werden, während sie gerade es ist, die dem Zugriff unmittelbarer und lebendiger Erfahrung sich entzieht. Die fixe Idee ersetzt den abstrakten Allgemeinbegriff, indem sie bestimmte und begrenzte Erfahrung verhärtet und patzig festhält. Der Spleen möchte die Unverbindlichkeit und Unevidenz einer bloß vermittelten und abgeleiteten Erkenntnis des Allernächsten, nämlich des realen Leidens korrigieren. Aber dieses Leiden entspringt im umfassenden Unwesen und kann darum nur abstrakt und 'vermittelt' zur Erkenntnis erhoben werden. Dagegen rebelliert der Spleen."[36]

Die Protagonisten des Romans sind alle ein bißchen verrückt. Dies nicht in der Weise, daß sie den herrschenden Normen bewußt opponieren oder

---

35 Ebd.
36 Theodor W. Adorno: Prismen, Frankfurt/M. 1976, 104 f.

von ihnen im pathologischen Sinn abweichen, sondern einfach so, daß sie ihr eigenes Leben führen und sich einen Teufel um gesellschaftliche Vermittlung scheren. Dabei offenbaren sie eine schöne Humanität, wie Onkel Toby in seinem Verhalten gegenüber der Fliege zeigt, die ihm während der Essenszeit um die Nase brummt: " 'Go, - go poor devil,' quoth he, '-get thee gone, - why should I hurt thee? This world is surely wide enough to hold both thee and me.' " (175) Diese bekannten Worte zeigen das Heraus-springen aus der Totschlägerreihe, um ein Wort Kafkas zu mißbrauchen. Das große Vorbild dieser 'kleinen' Helden ist daher auch Don Quijote. Dieser entlarvt in seinem Ritterwahn und den Windmühlenkämpfen zugleich die Welt, die er betritt: deren Brutalität, Wahn und Armut (die andere Seite von Cervantes Roman, die mir wenig beachtet erscheint). Zugleich offenbart dieser Held seine tiefgreifende Liebe zu den Menschen. Auch Sternes Roman zeigt, wie trotz allen Aneinandervorbei-Redens jeder in seine eigene Welt eingesponnen zu sein scheint, eine tiefe Solidarität mit den Mitmenschen besteht, die das vermittelnde Medium der Sprache zum Verständigtsein nicht unbedingt braucht. In dem Zusammenhang hat Georg Lukács den schönsten Satz geprägt: "Auf der ganzen Welt verstehen einander nur zwei beschränkte Narren -".[37] Es geschieht eh auf der Welt, was geschieht, und das ist - trotz aller verwickelten Theorien Walter Shandys - , was seine Frau sich wünscht. Daraus entsteht das Lachen und nicht die Trauer. Schlimm ist es erst um die Welt bestellt, wenn ihr Ablauf von Theorien und Marotten gesteuert wird; immer dann wächst die Gefahr des Totalitarismus (der Religionen und Ideologien). Aber es beinhaltet auch zugleich die Trauer, die aus dem Wissen entspringt, daß die Natur eben nicht alles gut eingerichtet hat, und der Weltlauf mehr zum Weinen als zum Lachen Anlaß gibt.

Die Steckenpferde und 'ruling passions' sind einer Spielwelt gleichzuordnen, in der sich die Individualität entfaltet und einzig entfalten kann, die zugleich die Welt sein läßt wie und was sie ist.[38] Ein Aufklärer kann dem Spiel den Vorwurf machen, daß es (d.h. der spielende Mensch) sich nicht um die Verbesserung und Veränderung der Gesellschaft kümmert und sich einer solchen sogar verweigert. Aber dies Seinlassen des Spiels hat einen tieferen Sinn, der hier nur angedeutet werden soll: vielleicht

---

37 Lukács: Die Seele und die Formen, a.a.O., 189.
38 Zum Spielbegriff bei Iser, a.a.O., Kpt.III/2.

kann man die Welt gar nicht verbessern, wenn man nicht aus der Totschlägerreihe (auch der Tatbeobachtung) als ganzer herausspringt; das geschieht im Spiel (und derivativ in der Kunst), in dem man die Seinsdimension des Scheins betritt. Dieser ist weder falsch noch ohnmächtig. Das Problem des Scheins aber, das zugleich ein Problem der (künstlerischen) Form ist, die zurückgebunden wird an die alltägliche Lebenswelt, und als deren Wesensmoment erscheint, leitet uns über zur Betrachtung Jean Pauls. Es mag vielleicht in einer Zeit der Seelentechnologien wenig zeitgemäß erscheinen, daran zu erinnern, daß das Studium der 'Schriften der Alten' auch eine belehrende Funktion haben sollte, nämlich die Persönlichkeit zu bilden, und zu lehren, was *Weisheit* sei (ein Wort, das ganz aus der Mode gekommen ist), und daß leben auch eine Kunst sein könne. Diese kulminiert in der Apologie des Spiels und Scheins als Emanationen des 'humour' - vielleicht die höchste Weisheit der Lebens-Kunst. Zum Zeugen dafür können wir uns noch einmal auf Montaigne berufen, der fern von allem Biedersinn feststellt: "... gaigner, non pas des batailles et provinces, mais l'ordre et tranquillité à nostre conduit est nostre office."

Wäre das als allgemeiner Wertmaßstab der Gesellschaft anerkannt, so wäre dies in der Tat die größte Umwälzung und Revolution; nicht einmal Revolutionen hätten mehr einen Wert. Doch ist das eine Utopie; die Realität liegt im 'kleinen' Sein, einer 'kleinen Praxis'. Montaigne hat die beiden verschiedenen Welten, das 'große' Dasein und die 'kleine Praxis' gegenübergestellt:

"Deine Gesinnung an den Tag zu legen, nicht Bücher zutage zu fördern ist dir aufgetragen, und nicht, daß du Schlachten und Provinzen, sondern daß du die Ordnung und Ruhe deiner Lebensführung gewinnst. Unser großes und herrliches Meisterwerk ist: richtig leben. Alle anderen Dinge, Herrschen, Schätzesammeln, bauen, sind höchstens nur Anhängsel und Beiwerke. (...) Die Entspanntheit und Leichtigkeit ehrt, so scheint mir, über alle Maßen und kleidet trefflich eine starke und hochgemute Seele." (...) ... unter all den bewundernswerten Taten des Scipio Aemilianus, der seines Rufes, von den Göttern zu stammen, wohl würdig war, schmückt ihn nichts besser, als wie er in sorglosem und kindlichem Tändeln am Meeresstrand schöne Muscheln aufhob und sammelte und mit Laelius Blindekuh spielte, wie er bei schlechtem Wetter sich damit vergnügte und erheiterte, in Lustspielen das gemeinste und gewöhnlichste Treiben der Menschen darzustellen..."[39]

---

39 Lüthy, 875.

Es sind einige Ergebnisse zusammenzufassen. Was Wolfgang Iser für den >Tristram< herausstellt, gilt auch für den >Siebenkäs< und den >Ulysses<: vor allem geht es um die "Inszenierung von Subjektivität". Sie beruht auf der prinzipiellen Uneinholbarkeit des Lebens durch die Kunst. Das Erzählen des Unerzählbaren setzt das Bewußtsein dieser Differenz voraus. "Deshalb ist alles Erzählen für Sterne Inszenierung, nicht aber Mimesis." Das Leben nicht erzählen zu können, betrifft den Ursprung und die "Subjektivität des Subjekts". "Gleichwohl läßt Sterne jedoch auch erkennen, daß diejenigen Bereiche des Lebens, wovon es kein Wissen gibt, nur erzählt werden können...weil sie nur als Vorstellungen zu vergegenwärtigen sind."[40] Als solche Inszenierung ist der Roman wirklichkeitstreuer als alle Wissenschaften vom Menschen. (Der Roman ist das anthropologische Genre schlechthin.) Also doch wieder Mimesis, aber nicht als Abbildung von Wirklichkeit, der das Bewußtsein als letztlich undarstellbar gegenübersteht, sondern als Abbildung von Bewußtsein selbst. Wenn aber Bewußtsein ein Echo ist, "das in sich selbst ins Unendliche nachhallt" - um es mit den Worten Jean Pauls zu sagen -, oder ein sich spiegelnder Spiegel, dann ist der Roman ein Ausschnitt, eine Facette möglichen Bewußtseins: jeder Leser kann sich darin wiedererkennen. Der Roman wird zu einer leeren, spiegelnden Fläche für das eigene Bewußtsein, das den Text auflöst.

Das Lockesche System gibt einen Bezugspunkt und Ausgang für diese (post-) moderne Poetik. (Man sieht, daß nicht alles ordentlich der Zeitreihe nach verläuft. Locke kommt *nach* Hegel.) Das Prinzip der Ideenassoziation, das als wissenschaftliches Verfahren nicht anerkannt ist, erfaßt Bewußtsein, das nicht methodisch restringiert ist, und das im Alltag und in der Dichtung konstitutiv ist. Was wir das Individuelle nennen, scheint darauf zu beruhen, denn alle Methode leitet ja in ein Allgemeines über. Leidenschaften, Interessen und Zufälle lassen unterschiedliche Ideen zusammenschließen, die - angeregt von äußeren Wahrnehmungen - unwiederholbar sich zu einer einmaligen geistigen Konstellation von Sekunde zu Sekunde zusammenschließen. "Gewohnheiten sind dann Verfestigungen solcher bisweilen höchst individueller Motivation entsprungener Impulse."[41]

---

40 Iser, a.a.O., 23.
41 Ebd. 28.

Die Manifestationen einer 'unreinen Vernunft' lassen sich nur darstellen, nicht erklären, weil ihre Ursachen nicht rekonstruierbar sind. Wenn ich einen Grund für mein Handeln kenne (oder mehrere Gründe), so sind mir doch immer Gründe auch verborgen (daran ändert auch eine tiefenpsychologische Analyse nichts, selbst wenn ich sie für jeden Handlungsakt durchführen könnte - die Tiefenpsychologie erklärt eben auch nicht alles). Deshalb gilt: individuum est ineffabile. Diese Einzigartigkeit geht bis an die Grenze dessen, was von den allgemeinen Diskursen (das Gefängnis und die Klinik tauchen hier auf - auch bei Locke) als Ausgegrenztes und Auszugrenzendes betrachtet wird.[42] Permanente Grenzüberschreitungen werden zur Verrücktheit oder zur Manie erklärt. Da das Allgemeine stets Opfer fordert, ist nur das Individuum dort ganz bei sich, wo der Eigensinn seine Feste feiert. "Die Einzigartigkeit besteht nun geradezu darin, daß sich das Subjekt in selektiver Anverwandlung seiner Umwelt wohl in der Welt bewegt, aber doch so, daß es ständig ungeschieden bei sich selbst ist."[43]

Individualität, wo sie sich nicht ans Allgemeine angleicht, ist immer pathologisch. Sie bedarf der (Selbst-) Heilung. Sie geschieht durch das Spiel (Onkel Tobys Sandkastenspiele) oder durchs Schreiben. Wir wollen uns an diese zwei Arten halten. Im Blick auf den > Tristram < erkennt Iser drei Arten der Pathologie der Subjektivität: die manische, die melancholische und die exzentrische: "die manische Subjektivität heilt sich durch Spielen, die melancholische durch Schreiben und die exzentrische durch Pathos. Die Modalitäten entspringen der Eigenart des Risses, aus dem die Subjektivität ist. Die manische vermag den Riß nicht zu gewärtigen; deshalb wird Spiel ihre Realität. Die melancholische verspürt ihn als Differenz zwischen sich selbst und dem, was dieses sei; deshalb wird Schreiben zum Einholen des entzogenen Wissens. Die exzentrische schließlich kennt ihn als Spaltung ihrer selbst; deshalb wird Pathos zum Aushalten einander ausschließender Gemütszustände.

Daraus folgt, das Subjektivität nicht aus Vorgaben ableitbar ist; statt dessen entspringt sie einer oszillierenden Bewegung, die, von unterschiedlich situierten Differenzen angestoßen, auf deren Überbrückung zielt. Bringt die Oszillation bestimmte Manifestationen von Subjektivität hervor,

---

42 Ebd. 35.
43 Ebd. 37.

so individualisiert sie diese zugleich und wird damit Ursprung ihrer eigenen Singularität. Gesteuert wird diese Oszillation durch den *wit*, der ein Zusammenschließen dessen bewirkt, was sie wechselseitig ausschließt."[44] (Wir müssen deshalb hier so ausführlich Iser zitieren, weil es sich um Bausteine zu einer Theorie des Romans im allgemeinen handelt.)

Die dichterische Sprache ist deshalb eine offene; sie spielt mit den Worten oder verheddert sich in 'sinnlosen' Gesprächen und Selbstreflexionen. Die Erzählhaltung ist multiperspektiv. Und über die Sprache hinauszuweisen, wird ebenfalls ihr Geschäft sein. Bestimmend sind dabei die Gesten und die Körpersprache - Tränen zum Beispiel. Sprachlosigkeit greift auch auf so wichtige Bereiche wie die Moral über, die eigentlich der sprachlichen Verständigung verantwortet ist. Aber im >Tristram< reden die Körpergesten eindeutig eine moralische Sprache. "Die Moral vorsprachlich anzusiedeln und ihr durch den Körper die Natürlichkeit zu sichern, bedeutet darüber hinaus, der ideosynkratischen Subjektivität eine Qualität zuzusprechen, aus der heraus sie überhaupt Subjektivität sein kann: ein unmittelbares Vertrautsein mit sich selbst."[45] Darin zeigt sich eine andere Autonomie als die Bindung an allgemeine Postulate (sei's der Vernunft). Mag das Selbstdenken und Selbsterkennen nicht möglich sein, so ist es doch das Selbstfühlen, woraus ein Handeln zu begründen ist, das durchaus moralisch sein kann. Vielleicht ist die Mündigkeit des Menschen, der sich zu seinen Gefühlen bekennt, größer als die des Selbstbegründers aus rationalen Postulaten. (Denn wo ist da das Selbst?) Freilich erlauben diese Überlegungen nur ein alltäglich-privates wie dichterisches Wertfeld zu begründen. Das Allgemeine erfordert Opfer. Und so gibt es denn ein unentfremdetes Alltägliches, d.h. dichterisches Dasein inmitten aller Entfremdung und Verdinglichung. Es gibt ein wahres Leben im falschen. Es gibt ein Leben zu eigenen Bedingungen: das Steckenpferd ist dafür ein Beispiel. Darin liegt die Bedeutung des realen 'schönen Scheins'.

Man darf keine Angst vor den pathologischen Folgerungen haben, dem Abgleiten ins Phantasma, den Verlust der Realität (viel schlimmer als der Verlust der 'Mitte'), der Mythologie (wird nicht erst jüngst ihre Erneuerung gefordert?). Die Exzesse finden ja - mit Blick auf die Romane - nicht statt. Im Gegenteil: die kleinen Abweichungen gewinnen doch unsere

---

44 Ebd. 47.
45 Ebd. 62.

Sympathie - die des allgemein Menschlichen. Wie sympathisch und vertraut wird uns doch Mr. Leopold Bloom durch die Kartoffel oder das Stück Seife, das er den ganzen Tag mit sich herumschleppt. Oder seine Vorliebe für den leichten Uringeruch. Oder seine Klolektüre.

Das Hobby-Horse ist höchste Kunst und Mythos zugleich; und nur als solches zu rechtfertigen. Hier gewinnt sich Subjektivität unverstellt im realen schönen Schein. (Das Spiel ist die höchste Entfaltung dieses realen Scheins.)

In der Poetologie verschiebt sich auch die Bedeutung der Zeit-Ekstasen. Ihr vorzüglicher Modus ist die Gegenwart (das Jetzt, die Sekunde oder der Tag). In der Präsenz versammeln sich die Vergangenheiten. Aber Vorrang hat der gelebte Augenblick, das *Ereignis*, die Szene des Beisichseins. Dagegen greifen alle Sinnsysteme über das Jetzt hinaus. Das geht bis zu dem 'überzeitlichen' oder 'ewigen' Anspruch der Gültigkeit von Werten. Sie alle wollen zumindest länger als einen Tag gültig sein. Auch die Dichtung will das. Aber daraus entstehen die mannigfaltigsten Verfälschungen. Was im Namen und im Interesse einer Zukunft ist, verfälscht mein Jetztsein, kann es sogar zerstören. Kaum jemand ist bis jetzt aufgefallen, daß die Helden unserer Romane keine Option auf die Zukunft haben. Sie sind zwar belastet von der Vergangenheit, aber niemand vermag zu sagen, was Tristram oder Onkel Toby denn eigentlich im gesellschaftlichen Sinn wollen. Welche übergeordneten Ziele verfolgen sie? Alles wird offengehalten. Man kann auch Heldenaktionen ausschließen, die wir aus anderen Romanen kennen. Die letzte Seite des Buchs ist das letzte und einzige Sinnprinzip, das umfassende Bedeutung hat. "Zwar ist das Mittendrin nicht sinnlos; im Gegenteil, es läßt ungleich mehr Bedeutung erkennen als jede zielgerichtete Geschichte je sichtbar zu machen vermag. Doch gerade die Vielzahl von Bedeutungen ist nur möglich angesichts ihrer Diskontinuität, ihrer verschiedenen Reichweiten, ihrer Interessenorientierungen und nicht zuletzt der daraus resultierenden Konflikte, die alle zusammen erst eine Topographierung des Lebens verkörpern."[46]

Die Subjektivität - wenn wir sie auf dieser Folie begreifen - erzeugt ihre eigene Zeit; die Lesezeit, Schreibzeit. Oder Redezeit. In dieser Organisationsform ihres Bewußtseins objektiviert sie sich. Typographische Zeichen und graphische Anordnungen, auch die Digressionen, sind hiervon der

---

46 Ebd. 74 f.

Ausdruck, die die Dimensionen des Bewußtseins erweitern, das nicht in der Sprache aufgeht.

Individuelle Subjektivität ist nicht Identität. Nicht nur Tristram erscheint als eine Vielzahl von Individualitäten. Siebenkäs erscheint mindestens doppelt. Ulysses ist ein Doppelroman (Bloom/Stephen) - um nur Oberflächliches zu nennen. Sie ist exzentrisch und in gewisser Weise unernst. (Stephens Theorie über Shakespeare läßt sich wohl kaum zu einer Dissertation ausbauen, sie ist aber mit Onkel Tobys Sandkastenspielen vergleichbar: ein Fest des Eigensinns.) Zurecht ist der Humor hier eine erklärende Kategorie (über dessen Theorie ich nicht eigens handeln will). Sie handelt vom Scheitern der Ideale. Die Helden sind allesamt scheiternde Idealisten, die aber nicht tragisch enden: denn es ist der Humor, der das Scheitern schon im Ursprung kennt und dennoch nach den Sternen greifen läßt. Wo man auf die Vorgaben, die Welt-Sinn-Angebote verzichtet und versucht, selbst zu leben, entdeckt man den unzureichenden Grund seiner selbst. Die humoristische Subjektivität (soviel soll denn doch noch gesagt sein) ist "das Dementi der auf Selbstvervollkommnung angelegten Individualität".[47]

Natürlich geht es auch im traditionellen Roman um Individualität und (bürgerliche) Subjektivität; aber doch so, daß sie zumeist den geltenden Regeln, dem übergeordneten Sinn geopfert werden. Zu den Opfern gehören auch die Reden über Trivialitäten (des Geistes, des Körpers und der Sexualität). Wenn nun Sterne, Jean Paul, Joyce und Schmidt von Schnurrbärten, Knopflöchern, Seifen, Kartoffeln, Lichtscheren und sonstigen alltäglichen Dingen, meistens in zweideutiger Absicht, reden, so handelt es sich um Akte der Rettung und Befreiung. Zunächst einmal wird die Welt vom Kopf der idealisierten und/oder transzendenten Bedeutungen auf die Füße der materiellen und sinnlich wahrnehmbaren Welt gestellt. Sodann werden diese Dinge auch affirmativ gesetzt. Die sexualisierte Leiblichkeit ist nicht nur "ein Testfall für die moralische Integrität der Protagonisten".[48] Sondern diese wird erzählt im Sinne des 'Es geschieht'. Bei Sterne findet eine raffinierte Umschreibung statt oder die Auslassung durch die berühmten *** . Bei Joyce werden die Dinge ungleich direkter beim Namen genannt. Schmidt ist ein ganz raffinierter Fall, was die obszönen Re-

---

47 Ebd. 145.
48 Ebd. 105.

den angeht: er schreibt ganz direkt, die Dinge beim Namen nennend, und es sieht auf den ersten Blick doch wie eine Umschreibung aus. (Beispiele werden zu untersuchen sein.) Es ist "the hobbyhorse we all ride".

IV. SIEBENKÄS

1. "... gedenke, daß du ein Mensch bist"

Jean Paul hat nur wenige seiner Werke ohne Vorrede und Vorreden vor seine Leser entlassen. Er schrieb sogar eine Vorrede zu Vorreden (>Das heimliche Klaglied< 1801): "Sie hat nichts anzuzeigen als den literarischen Geschichtsforschern und Anzeigern die Schreib-Geschichte der nachstehenden *Stadtgeschichte*." (8/1083) Er unterläßt es nicht - mit Lessing - eine satirische Attacke auf die gelehrte Welt zu reiten, da für den Literaturgeschichtsforscher schon die Geschichte des Buchs das Buch selber sei. So habe er veranlaßt, daß die Vorrede auch abgerissen vom Buch verkauft werden könne, und es seien in "literarischen Städten" Leihbibliotheken von bloßen Vorreden errichtet worden. Auf sie stütze sich dann die Beurteilung der Gelehrten.

Nun ist die Schreibgeschichte einer Erzählung oder eines Romans nur eines, was zu sagen ist, das im Werk selbst nicht zur Sprache kommen mag. Ein anderes ist, daß der Autor sich selber ins Gespräch bringen, sich den Lesern förmlich aufdrängen und in Erinnerung bringen kann. An nichts liegt ihm so sehr wie an dem Geistergespräch mit dem Leser. Auch der Autor ist schließlich nur ein Mensch:

> "Daher wird die Vorrede - der historische Teil des Werks - als die Blüte, als die Kuppel des Buchs vom Verfasser ganz zuletzt, wenn er schon reifer ist (wie ich denn nachstehendes Buch in Weimar verfaßte, die Vorrede aber erst in Berlin), aufgesetzt; es ist der köstliche *Steiß* am gebratnen Kapaunen. Vorher, am ersten Tage - im Buche - wird *Licht* geschaffen, am letzten - in der Vorrede - der *Mensch*, der Autor; ... gedenke, daß du ein Mensch bist ..." (8/1085)

Ein Mensch und kein Gott, denn seine Schöpfung ist eine rein menschliche. Wenn das Werk aber nicht aus sich selbst heraus spricht, sondern der Fürsprache bedarf, wenn es gar so sehr mit der Autorschaft durchtränkt ist, wie dasjenige Jean Pauls, so erhebt sich leicht schon die Rede von einer Krise des Romans oder des Erzählens. Aber nicht alles, was wie eine Grille des Autors erscheint, ist auch schon eine Krise. Es handelt sich vielmehr um eine tiefgreifende Wandlung der Form, die weniger von der Individualität als von einem allgemeinen Gesetz bestimmt wird - eine Form, die fortan die *Reflexionsform des Romans* genannt werden soll. Das Erzählen und der Roman werden zu einer *Gattung des Selbstbewußtseins*.

>Die unsichtbare Loge< (1792) eröffnet den Reigen. Der Vorredner teilt seinen Lesern zunächst seine Befindlichkeiten mit, sodann die näheren Schreibumstände der Vorrede, um diese sogleich in verschiedene Klassen, nämlich neun, einzuteilen: "ich muß wenigstens reden mit Rezensenten - Weltleuten - Holländern - Fürsten - Buchbindern - mit dem Einbein (das ist er selber, P.) und der Stadt Hof - mit Kunstrichtern und mit schönen Seelen". (1/23)

Dieser >Vorredner< in Form einer Reise-Schreib-Beschreibung entdeckt auch etwas vom poetologischen Prinzip seines Dichtens, das - neben der Philosophie - Blüten und Früchte am Baume der *Erkenntnis* austreibt: "Es hängt zwischen Himmel und Erde ein großer Spiegel von Kristall, in welchen eine verborgne neue Welt ihre großen Bilder wirft; aber nur ein unbeflecktes Kindes-Auge nimmt sie wahr darin ..." (1/28) Jean Paul ist dieses Kind, und er will uns dieses Kindesauge einsetzen. Die poetisch sichtbar gewordene verborgene Spiegelwelt ist die des *Gegensatzes* von Himmel und Erde.

Der Leser- und Selbstbezug, der sich in den Vorreden zeigt, ist ein wesentlicher Bestandteil der Romanform; es handelt sich um eine Poetik in nuce. "Da stellt der Autor eine Fabel ... aus keinem anderen Fiktionsmaterial her als dem, das sich aus dem primären Faktum und Vorgang seiner Verfasserschaft, seines Schreibens und, komplementär dazu, des Gelesenwerdens, ergibt. (...) Der Realitäts- und Wahrheitsgrund alles dessen, was Jean Paul in seinen Schriften veröffentlicht hat, ist ja im letzten das Schreiben selbst."[1]

Jean Paul nennt seine Romane Biographien oder Lebensbeschreibungen. Das nennt nicht nur das Sujet: das endliche menschliche Dasein auf der Erde, sondern das bestimmt sogleich auch die Form: die Unabgeschlossenheit des Fragments, wenn das Ende des Buchs und des Lebens

---

1 Wölfel, a.a.O., 57.

nicht zusammenfallen, wenn der Erzähler die Vergangenheit erzählt hat, in der Gegenwart der erzählten Zeit angekommen und die Zukunft offen ist, wie zum Beispiel in der >Unsichtbaren Loge<, den >Flegeljahren< und dem >Komet<. Oder, wenn Abgeschlossenheit vorliegt, das Ende des Buchs mit dem Ende eines Lebens zusammenfallen müssen, wie im >Siebenkäs<. In beiden Fällen findet ein Bruch statt (idealerweise müßten die Romane Jean Pauls endlos sein - ich komme auf diese Probleme noch ausführlich zu sprechen): "Welches Leben in der Welt sehen wir denn nicht unterbrochen?" Und wenn wir klagen, "so tröste man sich damit, daß der Mensch rund herum in seiner Gegenwart nichts sieht als Knoten, - und erst hinter seinem Grabe liegen die Auflösungen;- und die ganze Weltgeschichte ist ihm ein unvollendeter Roman.-" (UL 1/13) Man solle daher - so empfiehlt er - keine Romane vor dem dreißigsten Lebensjahr schreiben, weil man sonst zu wenig erlebt hat und noch zu wenig vom Leben weiß. Gleichzeitig geht es ihm aber nicht um die Chronik der Ereignisse, sondern um die verborgene Spiegelwelt, die eine der Seele ist. Es handelt sich um Seelenbiographien, und dies bestimmt die Poetik und die Form des Romans:

> "Eine Biographie oder ein Roman ist bloß eine *psychologische* Geschichte, die am lackierten Blumenstab einer *äußern* emporwächset. (...) Der Dichter - das Widerspiel des Menschen - ändert die Form an der materiellen Welt mit *einem* Schlage seines eingetunkten Zauberstabs, aber die der geistigen nur mit tausend Meißelschlägen". (J 7/411)

Die materielle Welt läßt sich schnell verändern; die geistige Form wird nur mühsam Schritt für Schritt entwickelt. "Gleichwohl muß sich die moralische Ver- und Entwicklung hinter die materielle verhüllen ...: die innere Kausal-Kette laufe verdeckt unter der äußern fort, die Motive kleiden sich in Örter und Zeiten ein, und die Geschichte des Geistes in die des Zufalls." (J 7/412) Die Digressionen und der Aberwitz des Zufalls dementieren nicht die innere Folgerichtigkeit der Entwicklung. So findet sich im 7. Kapitel des >Siebenkäs< eine Digression als Gleichnis für Digressionen, das zeigt, wie ihnen im inneren Aufbau ein wohlbestimmter Platz zukommt. Ein Frauenzimmer lenkt den erzählten Autor im Vorwärtsschreiten ab (er mißt die Schritte mit dem Catelschen Schrittzähler); er geht in die Quere und Rückwärts und alles wird zum Umfang gerechnet. (Vgl. 3/221)

Die Lebensbeschreibung ist neben dem verschlungenen Erzählen des

Zwei-Schritte-vor-einen-zurück auch eine Inszenierung von Charakteren. "Eine idealtypische Kennzeichnung seiner Erzählwerke könnte versucht sein, die Bezeichnung des Romans als >Rennbahn der Charaktere< buchstäblich zu nehmen und den erzählerischen Progreß als das gemeinsame Rennen von Erzähler und Charakteren von einem szenisch vergegenwärtigten Erlebnisaugenblick pathetischer und enthusiastischer Erregtheit zum nächsten vorzustellen."[2]

Nimmt man den >Titan< aus, so sind die Charaktere seiner Romane zumeist 'kleine Helden': "-einige wenige harmlose, schuldlose, lichtlose, glanzlose Leute mit ähnlichen Schicksalen durchleben darin ihr Oktavbändchen - das Ganze ist ein stillendes Still-Leben -" (LF 11/367). Seine Schulmeisterlein und Käuze führen ein materiell armseliges Leben; es fällt auf sie jedoch ein höheres Licht, das eigentlich ein inneres Licht ist und ihren Leben doch einen Glanz verleiht. Sie finden weder Ruhm noch Geld, aber Glück und etwas vom himmlischen Frieden auf Erden. Das hängt unmittelbar mit dem poetologischen Blick- und Konstruktionspunkt Jean Pauls zusammen, wie er im >Billett an meine Freunde< (1795) dem >Leben des Quintus Fixlein< vorangestellt ist:

"Ich konnte nie mehr als drei Wege, glücklicher (nicht glücklich) zu werden, auskundschaften. Der erste, der in die Höhe geht, ist: so weit über das Gewölke des Lebens hinauszudringen, daß man die ganze äußere Welt mit ihren Wolfsgruben, Beinhäusern und Gewitterableitern von weitem unter seinen Füßen nur wie ein eingeschrumpftes Kindergärtchen liegen sieht.- Der zweite ist: -gerade herabzufallen ins Gärtchen und da sich so einheimisch in eine Furche einzunisten, daß, wenn man aus seinem warmen Lerchennest heraussieht, man ebenfalls keine Wolfsgruben, Beinhäuser und Stangen, sondern nur Ähren erblickt, deren jede für den Nestvogel ein Baum und ein Sonnen- und Regenschirm ist.- Der dritte endlich - den ich für den schwersten und klügsten halte - ist der, mit den beiden andern zu wechseln.-" (7/10)

Der Dichter bedarf des großen Entschlusses, der fixen Idee, der erhabenen Scheidung "vom Tisch und Bett der Erde" ebenso wie der umgekehrten Blickrichtung. Während jener Entschluß gleichsam den Fernrohr-Blick auf die Erde impliziert, so diese den mikroskopischen Blick. Es ist der seiner Fixlein und Wuze, die wissen, "daß man kleine sinnliche Freuden höher achten müsse als große" (7/11 f.), was auch die Schlafrockperspektive ein-

2 Ebd. 30.

schließt. Dies ist aber nur ein Teil der Wahrheit; wäre es die ganze, so wäre der Philister geboren, den die Romantiker verachteten und bekämpften. Es ist aber ein Teil der Wahrheit, die als ganze im Wechsel liegt, und dieser Wechsel enthüllt das, was ich das universelle (nämlich menschengültige) Gesetz der Alltäglichkeit nennen möchte, an das der Dichter und selbst der 'große' Held (z.B. der auf dem Schlachtfeld) unentrinnbar gebunden sind.

Dieses Gesetz der Alltäglichkeit ist ein poetologisches Prinzip. Kleine sinnliche Freuden höher zu achten als große: das ist nur dann keine Spießbürger-Maxime und Ausdruck unziemlicher Bescheidung, wenn jene groß erscheinen (und die Maxime sich als die eines großen Herzens enthüllt). Sie ist der Ausdruck von "mikroskopischen Belustigungen" (7/11), das ist: "ein zusammengesetztes Mikroskop zu nehmen und damit zu ersehen, daß ihr Tropfe Burgunder eigentlich ein rotes Meer, der Schmetterlingsstaub Pfauengefieder, der Schimmel ein blühendes Feld und der Sand ein Juwelenhaufe ist." (7/11)

Das Mikroskop hat sein Pendant im Fernrohr, wichtiges Requisit in der poetologischen Schrift >Über die natürliche Magie der Einbildungskraft<: "So zieht das Fernrohr der Phantasie einen bunten Diffusionsraum um die glücklichen Inseln der Vergangenheit, um das gelobte Land der Zukunft." (7/197) Hier handelt es sich um eine Metapher, die auf die poetische Verfahrensweise zielt: "Die Personen aller dramatischen Gedichte, selber die bösen, empfangen in ihrem Dunst- und Zauberkreise Reize, die ihnen alle im kahlen lichten gemeinen Leben abfallen würden, wenn sie darin erschienen." (Ebd.)

Die Verwendung der 'poetologischen' Metaphern Fernrohr und Mikroskop findet sich nicht erst bei Jean Paul, sondern kann auf eine Tradition über Milton, Glanvill bis zu Brockes und Novalis zurückgreifen.[3] An ihnen zeigt sich ein Paradigmenwechsel des Weltbildes der Neuzeit, der mit der realen Verwendung dieser Instrumente zusammenhängt. Nicht länger erschließt das natürliche Sehen mit den von Gott und/oder der Natur verliehenen Augen die Welt als einen sichtbaren, endlichen und abgeschlossenen Bereich und das Nicht-Sichtbare als das Jenseitige der Glaube. Son-

---

3 Vgl. hierzu im einzelnen Ulrich Stadler: Hardenbergs "poetische Theorie der Fernröhre", in: Behler/Hörisch (Hrsg.), Die Aktualität der Frühromantik, Paderborn 1987, 51-62, hier 53 ff.

dern das Endliche erweist sich durch eine einfache mechanische Ergänzung des Auges als erweiterbar und die Erweiterung der bloßen Imagination entrissen. Das hat weitreichende Folgen: Das Weltbild verändert sich, indem der 'natürliche' Mensch aus seiner Zentralstellung im Kosmos gerissen wird (die sich in der sittlichen Autonomie auf andere Weise dann wiederherstellt); der Mensch gerät in die "perspektivische Ungeduld und Unruhe der Zeitform des unendlichen Durchlaufens seiner Möglichkeiten" - mit anderen Worten: er entdeckt die Zukunft und die "Wahrheitsrelevanz der Zeit".[4] Die Realität wird zu einer unendlichen Größe, da sich immer neue Erkenntnisgegenstände herausbilden und die alten sich verändern. "D.h. der Objektbereich konstituiert sich zunehmend in Abhängigkeit vom jeweils gewählten subjektiven Zugriff auf ihn. / Das Moment der Zeitlichkeit und der subjektiven Willkür verstärkt sich noch durch den Charakter des Ausschnitthaften. Mehr noch, als das beim bloßen Auge der Fall ist, bietet das Teleskop (und genauso das Mikroskop, P.) dem Betrachter ein aus den Zusammenhängen gerissenes Detail dar; es blendet zu den Rändern hin aus und überläßt es mehr und mehr dem Betrachter, das Gesehene als Teil eines erst noch zu hypostasierenden Ganzen aufzufassen, bzw. dieses Ganze durch die eigene Arbeit der Phantasie bereitzustellen. Die - unbestreitbare - Zunahme an Genauigkeit bei der Wiedergabe der Details ist gekoppelt an eine verstärkte imaginative Tätigkeit."[5]

Das erklärt auch die Poetologie Jean Pauls, bei dem mikroskopischer und teleskopischer Blick zugleich der einer magischen Einbildungskraft ist. Insofern richtet er ihn entweder auf die Welt des Kleinen und Kleinsten und entdeckt dort eine >große< Welt, oder in die Unendlichkeit des Himmels. Die technischen Instrumente erweitern und verengen nicht den Spielraum der Imagination. Sie sind schon verwandelt, weil das Instrument die Metapher selbst ist. Schon bei Brockes erhöht das Teleskop das Erstaunen über Gottes Schöpfung. Bei Jean Paul (wie bei Novalis) wird es zum Instrument des inneren Blicks. Dem opponiert Goethe mit seiner Aversion gegen Ferngläser, ja sogar Brillen und alle technischen Errungenschaften, die die 'Natürlichkeit' des Menschen verändern, wie sie sich vornehmlich in den >Wanderjahren< ausspricht.

---

4 Ebd. 52.
5 Ebd.

Es kommt nun alles auf den Wechsel der Perspektiven an (und damit setze ich das Zitat aus dem >Billett< fort):

"Der dritte Himmelsweg ist der Wechsel mit dem ersten und zweiten. Der vorige *zweite* ist nicht gut genug für den Menschen, der hier auf der Erde nicht bloß den Obstbrecher, sondern auch die Pflugschar in die Hände nehmen soll. Der *erste* ist zu gut für ihn. Er hat nicht immer die Kraft, wie *Rugendas* mitten in einer Schlacht nichts zu machen als Schlachtstücke und wie *Bakhuisen* im Schiffbruche kein Brett zu ergreifen als ein Zeichenbrett, um ihn zu malen. Und dann halten seine *Schmerzen* so lange an als seine *Ermattungen*. Noch öfter fehlt der Spielraum der Kraft: nur der kleinste Teil des Lebens gibt einer arbeitenden Seele Alpen - Revolutionen - Rheinfälle - Wormser Reichstage - und Kriege mit Xerxes, und es ist so fürs Ganze auch besser; der längere Teil des Lebens ist ein wie eine Tenne platt geschlagener Anger ohne erhabene Gotthardsberge, oft ein langweiliges Eisfeld ohne einen einzigen Gletscher voll Morgenrot." (7/12)

Wie der 'große' Held muß der Autor den Weg des genialischen Glücks in den des häuslichen einbeugen - darin nicht unterschieden von den 'kleinen' Helden, die "die gebacknen Rosen und Holundertrauben" gemeinsam verzehren, während der Dichter alleine *schreibt*; darin unterscheiden sie sich, wenn auch seine 'kleinen' Helden gelegentlich schreiben - aber nicht genialisch!

Wie bewahrt Jean Paul die häusliche Idylle, die Alltäglichkeit seiner Helden vor der Banalität? Es geschieht durch das Grundmuster seiner Stilgebung, kurz und abgekürzt gesagt: durch die Zweiweltenlehre. Der Mensch ist "das doppelsinnige Geschöpf, das in einem Simultaneum zweier Welten lebt"; er "besteht aus zwei Teilen, aus Spaß und Ernst, - und seine Glückseligkeit besteht daher aus höhern und aus niedern Freuden. Er gleicht dem *zweiköpfigen* Adler der Fabel, der mit dem einen niedergebückten Kopfe verzehrt, indes er mit dem andern umherblickt und wacht." (KT 8,563) Die Dualität resultiert ebenso aus der Zeit: Entstehen und Vergehen, Geburt und Tod bilden nicht nur die thematische Spannweite sondern den Spannungsbogen selbst. Daher wird ihm der Hesperus, der Abend- und Morgenstern, zum Glanzsymbol. Für Jean Paul ist der Tod (auch der, der vor der Geburt bzw. Zeugung liegt) die Schreibfolie schlechthin und das Leben ein Spiel des Todes. (Davon wird noch ausführlich zu sprechen sein.) Die Poesie soll "das Leben auf den Tod malen". (1/20) Der Mensch gleicht dabei einer Spielkarte, die ausgespielt wird, und er ist wie diese in seiner mittleren Lage aus Makulatur gemacht; nur die zwei äußersten Lagen bestehen aus feinem Druckpapier. Das wiederum betrifft die Spannweite der Lebens-Zeit: "Denn gerade am *Morgen* und am *Abende* und noch mehr in der *Jugend* und im *Alter* richtet der Mensch sein erdiges Haupt voll Traum- und Sternbilder gegen den stillen Himmel auf und schauet ihn lange an und sehnet sich bewegt; hingegen in der schwülen Mitte des Lebens und des Tages bückt er die Stirn voll Schweißtropfen gegen die Erde und gegen ihre Trüffeln und Knollengewächse." (7/18) Daher verbindet sich die Poesie auf das Innigste mit Jugend und Alter, und sie ist gewebt aus Hoffnung und Erinnerung, ohne die die Wirklichkeit nicht zu ertragen wäre. "Denn wir genießen alle nur aus beiden, und gleich den Nachteulen sehen und fliegen und jagen und haschen wir nur in *beiden Dämmerungen*." (7/265 f.)

Die Organe der so bestimmten Poesie sind Einbildungskraft und Phantasie. Jene ist "nichts als eine potenzierte hellfarbige Erinnerung", diese ist das Totalisierungsvermögen, die "Welt-Seele der Seele". (Vorschule §6, §7) Diese Bestimmungen werden in der Schrift >Über die natürliche Magie der Einbildungskraft< näher ausgeführt. In Erinnerung und Phantasie vollzieht sich Dichtung. Daher hat Jean Paul beide mit phänomenologischer Genauigkeit beschrieben. Zeit und Raum sind nicht transzendentale Kategorien a priori der Anschauung wie bei Kant, sondern Produkte der Einbildungskraft; selbst in der Zeit schafft die Erinnerung auch erst konkrete Zeit (was er analysiert, ließe sich nahtlos auf die Romanpoetik von Proust übertragen):

> "Erinnerung ist nicht die bloße Wahrnehmung der *Identität* zweier Bilder, sondern sie ist die Wahrnehmung der *Verschiedenheit* des *räumlichen* und *zeitlichen* Verhältnisses *gleicher* Bilder. Folglich breitet sich die Erinnerung über die Verhältnisse der Zeit und des Orts und also über Reih und Folge aus; aber bloßes Ein- und Vorbilden stelle einen Gegenstand nur abgerissen dar." (7/195)

Die Wirklichkeit ist bloße (geistige) Anschauung; sie existiert nicht nur aus der Form der transzendentalen Vermögen; sie existiert auch als geformter Stoff, als Produziertes, als Ausdruck der Subjektivität. Dabei ist das Ich (der Subjektivität) der Stolperstein, der ihm von Fichte in den Weg gelegt wurde.

Jean Paul erkennt wie wohl kein anderer vor Proust die Bedeutung von Erinnerung, Traum und Phantasie für die Konstitution des Bewußtseins von Wirklichkeit (und eine andere Wirklichkeit gibt es für uns nicht). Die

Wahrnehmung und die Empfindung verbinden sich mit dem Gefühl und den Wünschen zu einer imaginär-realen Vorstellung im Bewußtsein, die sich im Schein der Kunst entäußert, aber so, daß man sagen muß, dieser enthüllt das einzig wahre menschliche Sein. Dichtung ist eine Frucht am Baume der Erkenntnis, und Jean Paul würde wohl sagen: wenn die Philosophie Wahres aussage, dann dichte sie nur. Der Unterschied der Kunst zu der Produktion unseres alltäglichen Bewußtseins liegt darin, daß der Künstler bewußt gestaltend träumt - aber auch dabei sind die Grenzen fließend:

"Wenn ich aus einem Traum, der mir ein Otaheite auf den schwarzen Grund der Nacht hinmalte, wieder erwache und das blumige Land zerflossen erblicke: so seufz' ich kaum und denke, es war nur geträumt. Wie, und wenn ich diese blühende Insel wirklich im Wachen besessen hätte und wenn sie durch ein Erdbeben eingesunken wäre: warum sag' ich nicht da: die Insel war nur ein Traum?" (3/200)

Zwischen tausend wirklichen und tausend möglichen Talern sei kein Unterschied - so lautete Kants berühmtes Beispiel für die Tatsache, daß 'sein' kein reales Prädikat sei.[6] Ohne hier den Kantischen Begriff der Realität und der Wahrnehmung (Anschauung) zu diskutieren, kann für Jean Paul festgestellt werden, daß für die Tatsachen des Bewußtseins zwischen Wahrgenommenem und Imaginiertem kein wesensmäßiger Unterschied besteht, d.h. wir können von daher nicht auf die Realität oder die Irrealität von Gegenständen schließen. Denn das, was einmal real war und nicht mehr ist, ist von dem, was nie gewesen ist, nicht unterscheidbar. (Das Kriterium der Realität müßte auf eine ganz andere Weise eingeführt werden.)

Ferner weiß Jean Paul (und hier ist er ein Seelenspezialist wie später Proust), daß die Vorstellungen mindestens ebensosehr aus den Wünschen und Affekten entstehen, wie aus Empfindungen von Gegenständen. Jede "Empfindung und jeder Affekt ist wahnsinnig und fordert oder bauet seine eigne Welt; ... Der Affekt will nicht nur seine eigne Welt, sein eigenes Ich, auch seine eigne Zeit. - Ich bitte jeden, einmal innerlich seine Affekte ganz ausreden zu lassen und sie abzuhören und auszufragen, was sie denn eigentlich wollen: er wird über das Ungeheure ihrer bisher nur halb gestammelten Wünsche erschrecken." (3/200) Proust hat gezeigt, welche

---

6 Vgl. Kritik der reinen Vernunft, B 627. Dazu auch Martin Heidegger: Grundprobleme der Phänomenologie, Gesamtausgabe Bd. 24, Frankfurt/M. 1975, 50 f.

Wahnwelt der Affekt der Eifersucht gebiert; dieser Affekt ist das künstlerische Ferment selbst, der Katalysator der Produktion.

Welche Macht dem Bewußtsein, genauer der Einbildungskraft, zukommt, erhellt daraus, daß sie eingebildete Krankheiten zu heilen vermag. Der Hysteriker Quintus, der glaubt, er müsse wie seine Vorfahren im zweiunddreißigsten Lebensjahre sterben, bildet sich einfach ein, er sei erst sechs oder neun. Damit nimmt Jean Paul in gewisser Weise die Kur der Psychoanalyse vorweg, da er sich bewußt in die Kindheit und Jugend zurückträumt. "Endlich sah er selber, er sei nicht recht gescheut, und wurde gesund". (7/184)

Der Zauberboden der Phantasie und die Träume, die jener nur verlängert, werden genährt durch das Begehren und die Wünsche. (Vgl. 7/197) Was der Mensch sich wünscht, das hat er nicht (ewige Jugend, Glück, Liebe). Daher sind die Wünsche und das Begehren stets dem Imaginären verschwistert. Andererseits gilt, *daß für uns nichts als das Imaginäre wirklich bedeutsam ist.* Das läßt sich an den Bemerkungen zur Liebe studieren, womit wir wieder an die Poetik Prousts erinnert werden:

"In der *Liebe* ist das Amalgama der Gegenwart mit der Phantasie noch inniger. Schaue die Gestalt an, die du einmal geliebt hattest und die nun mit allen ihren Reizen nicht einmal den idealistischen Zauber einer Bildsäule für dich hat! Warum sonst ist sie jetzt ein lackierter Blumenstab für dich, als bloß weil alle Rosen, die deine Phantasie an diesem Stabe hinaufgezogen, nun ausgerissen sind? ... Kurz eine geliebte Person hat den Nimbus einer abwesenden - einer gestorbenen - einer dramatischen.-" (7/198)

Unser Leben ist voller Poesie, weil wir es dichten. Das gilt für den 'kleinen' Helden im Alltagsleben ebenso wie für den 'großen' Dichter. Jean Paul kann beide zusammensehen, weil er weiß, daß ihr Abstand voneinander unermeßlich klein ist verglichen mit dem unendlich großen Abstand beider zu Gott. Dennoch gibt es die feinen Unterschiede. Beide produzieren ständig das Abwesende und Imaginäre als die (Bewußtseins-) Wirklichkeit; die einen schreibend, die andern lesend. "Belesene Mädchen, die im Sommer aufs Land gehen, machen aus den Landleuten wandelnde Geßnerische Idyllen-Ideale." (7/199) Freilich produzieren die Dichter noch etwas anders, nämlich metaphorischer:

"Wir denken das ganze Jahr weniger mit Bildern als mit Zeichen, d.h. zwar mit Bildern, aber nur mit dunklern, kleinern, mit Klängen und Lettern: der Dichter aber rücket nicht nur in unserem Kopfe alle Bilder und Farben zu einem einzigen Altarblatte zusammen, sondern er frischet uns auch jedes einzelne Bild und Farbenkorn durch folgenden Kunstgriff auf. Indem er durch die Metapher einen Körper zur Hülle von etwas Geistigen macht (z.B. Blüte einer Wissenschaft): so zwingt er uns, dieses Körperliche, also hier 'Blüte', heller zu sehen, als in einer Botanik geschähe. Und wieder umgekehrt gibt er, wie vermittelst der Metapher dem Körperlichen durch das Geistige, ebenso vermittelst der Personifikation dem Geistigen durch das Körperliche höhere Farben." (7/199)

So ist die Metapher ein Grundbaustein von Jean Pauls Poetik. Hierin bekundet sich zweierlei: 1. Die enge Verbindung zum natürlichen, alltäglichen Sprachgebrauch. 2. Die Beziehung des metaphorischen Prozesses auf das "Wesentliche in unserem Seelenleben", auf das, "wofür wir den neueren Ausdruck Gedankenassoziation haben."[7] Auf beides macht Mauthner, den wir hier zitieren, in seinen >Beiträgen zu einer Kritik der Sprache< aufmerksam, nicht ohne in dem Zusammenhang Jean Paul zu zitieren:

"Wie im Schreiben Bilderschrift früher war als Buchstabenschrift, so war im Sprechen die Metapher, insofern sie Verhältnisse und nicht Gegenstände bezeichnet, das frühere Wort, welches sich erst allmählich zum eigentlichen Ausdruck *entfärben* mußte. Das tropische Beseelen und Beleiben fiel noch in eins zusammen, weil noch Ich und Welt verschmolz. Daher ist jede Sprache in Rücksicht geistiger Beziehungen ein Wörterbuch erblaßter Metaphern."[8]

Unsere natürliche Sprache ist ohne die Metapher gar nicht zu denken. Die meisten bemerken wir gar nicht, z.B. ein 'Blatt Papier'. Mit Herder erörtert Mauthner die Metapher im Zusammenhang mit der Frage nach dem Ursprung der Sprache: dieser Ursprung ist ein metaphorisch-poetischer.[9] Die Entwicklung der Sprache vollzieht sich durch ein ewiges Umschreiben und Bildlichreden. "Unsere Sprache wächst durch Metaphern".[10]

Hierin liegt eine der Verbindungslinien, die von Sterne zu Jean Paul führen. Der tertium comparationis ist der 'Witz'. "So oder so ist der Witz der Vater alles metaphorischen Bedeutungswandels".[11] (11) "Jede Metapher ist witzig. Die gegenwärtig gesprochene Sprache eines Volkes ist die Summe von Millionen Witzen, ist die Pointensammlung von Millionen

---

7 Vgl. Fritz Mauthner: Beiträge zu einer Kritik der Sprache, 2. Band, Frankfurt/M, Berlin, Wien 1982, 456.
8 Ebd.
9 Vgl. ebd., 449 ff.
10 Ebd. 451.
11 Ebd. 467.

Anekdoten, deren Geschichte verlorengegangen ist. (...) Der Witz nimmt entfernte Ähnlichkeiten wahr."[12] 'Blatt' entfaltet seine Bedeutungsvielfalt über die oft sehr entfernten Ähnlichkeiten zu Papierblatt, Schulterblatt, Sägeblatt, usw.

Dies alles betrifft die natürliche, alltägliche Sprache 'des Volkes'. Der Dichter fügt nur einige kunstvolle Bildungen hinzu, wobei sich die Metaphorik zu längeren Vergleichen und schließlich zu Gleichnissen auswächst. Ein Beispiel aus dem > Siebenkäs <:

> "Wie ein guter Fürst oder auch ein guter englischer Minister sich zu nachts im Bette aufsetzt und den Kopf auf den Ellenbogen stützt und darin nachdenkt, an welche Artikel oder Stämme voll Birkensaft er den Weinbohrer einer neuen Abgabe ansetzen, oder wie er, in einer andern Metapher, den Torf der Taxen so stechen soll, daß neuer nachwächst: also Siebenkäs." (3/190)

So sehr auch die Dichtkunst verdichtet, das heißt Zeit-Räume in faßliche Einheiten komprimiert (Sinngebung ist Reduktion von Komplexität), so wenig ruht irgendein Endliches und Menschliches in sich. "Die Arme des Menschen strecken sich nach der Unendlichkeit aus: alle unsere Begierden sind nur Abteilungen *eines* großen unendlichen Wunsches." (QF 7/200) Man muß dies allgemein Menschliche zugleich als ein poetologisches Prinzip begreifen. Es kann keinen Abschluß unseres Wünschens geben; wir bleiben immer Wünschende. Auch der Sinn des Textes erfüllt sich nicht in einer wie auch immer gearteten Geschlossenheit, sondern greift darüber hinaus. Der große Seelenkundler unter den Dichtern erkannte darin die Funktion des 'Bildes der Kindheit' (wie sie später der psychoanalytischen Erfahrung im > Spiegelstadium < erschien[13]):

> "Die Kindheits-Erinnerungen können aber nicht als Erinnerungen, deren uns ja aus jedem Alter bleiben, so sehr laben: sondern es muß darum sein, weil ihre magische *Dunkelheit* und das Andenken an unsere damalige kindliche Erwartung eines unendlichen Genusses, mit der uns die vollen jungen Kräfte und die Unbekanntschaft mit dem Leben belogen, unserem Sinne des Grenzenlosen mehr schmeicheln." (QF 7/202)

Notwendig führt der 'Sinn für's Unendliche' auf den Begriff des Erhabenen. Das Erhabene ist das angeschaute Unendliche (vgl. QF 7/201). In ihm stoßen Sinnesempfindung und Phantasie zusammen.

---

12 Ebd. 487 f.

13 Vgl. Jacques Lacan: Das Spiegelstadium als Bildner der Ichfunktion ..., in: J.L., Schriften I, Frankfurt/M. 1975, 61-70.

Alles erhaben Große muß einfärbig sein, sagt Jean Paul. Bildnerisch gestaltet wird dies von C.D. Friedrich mit der großen dunklen Wand, vor der der >Mönch am Meer< steht, was zu der modernen monochromen Malerei führt und auf das >Erhabene und die Avantgarde<. Jean Paul nennt das mit Schiller das 'Idealische' in der Poesie: Es ist "nichts anders als diese vorgespiegelte Unendlichkeit ... die Teile müssen wirklich, aber das Ganze idealisch sein." (7/202)

Der § 27 der >Vorschule< führt die Theorie des Erhabenen näher aus. Sie ist bezeichnenderweise eingebettet in eine Untersuchung über das Lächerliche: die unendlich vielen krummen Lebenslinien, "Erbfeind des Erhabenen" (9/105). Hier grenzt er sich eindeutig von Kant und Schiller ab. Er geht zurück auf das unendlich Kleine, das Lächerliche. Nur bleibt er dabei nicht stehen und verknüpft das Lächerliche mit dem Gegensatz, dem unendlich Großen der Idee - diese Verknüpfung ist der Humor. (Insofern ist Humor auch Religion 'inkognito', wie Kierkegaard sagt.) Unter Abkürzung einiger Denkschritte halten wir für die Definition des Humors fest:

"Der Humor, als das *umgekehrte Erhabene*, vernichtet nicht das Einzelne, sondern das Endliche durch den Kontrast mit der Idee. Es gibt für ihn keine einzelne Torheit, keine Toren, sondern nur Torheit und eine tolle Welt; ... er erniedrigt das Große ..., um ihm das Kleine, und erhöhet das Kleine ..., um ihm das Große an die Seite zu setzen und so beide zu vernichten, weil vor der Unendlichkeit alles gleich ist und nichts." (9/125; Hervorhebung von mir.)

2. Die Groschengalerie

Der Roman > Siebenkäs < beginnt mit der Ankunft der Braut und der Hochzeit des Armenadvokaten Siebenkäs mit Lenette - wenn man die Handlung, den 'plot' betrachtet. Genauer beginnt er natürlich mit dem ersten Satz:

"Der Armenadvokat *Siebenkäs* im Reichsmarktflecken Kuhschnappel hatte den ganzen Montag im Dachfenster zugebracht und sich nach seiner Braut umgesehen; sie sollte aus Augsburg früh ein wenig vor der Wochenbetstunde ankommen, damit sie etwas Warmes trinken und einmal eintunken könnte, ehe die Betstunde und die Trauung angingen." (3/33)

Die Darstellung des Hochzeitlichen ist durchweg profan, wenn nicht gar banal. Es sind 'kleine' Leute, und der Autor kümmert sich wenigstens darum, daß seine Helden etwas zu trinken und zu essen bekommen. Der 'Inhalt' des Romans, wenn man ihn etwas platt auf einen Nenner bringen will, besteht in der 'Prosa des Lebens', dem Ehealltag und Ehekrieg. Sogleich sind Zänkereien an der Tagesordnung; doch die Ursachen hierfür liegen schon auf einer anderen Bedeutungsebene (soll man sie eine tiefere oder höhere nennen?) des Romans. Zwar sind es nur die kleinen Mißverständnisse, die den Alltag trüben, aber diese haben durchaus große Ursachen. Lenette putzt stets zur Unzeit, wenn er, Siebenkäs, seiner Leidenschaft und seinem Steckenpferd nachgeht, dem Bücherschreiben, genauer: dem Schreiben von Satiren (er schreibt die > Auswahl aus des Teufels Papieren <). Das Putzen ist ihre Leidenschaft, die sogar krankhafte, hysterische Züge annimmt; denn: "das Gegenteil (des Putz- und Waschzwangs, P.) stand durchaus nicht in ihrer Gewalt". (3/287)

Die Zwistigkeiten erkären sich zum einen dadurch, daß beide verschiedenen Ordnungen unterliegen: der der Haushaltsführung und der des Schreibens und der Gelehrsamkeit ("denn ein Gelehrter hält bloß Ordnung der Bücher und Papiere für eine..."). Schärfer gefaßt, handelt es sich um die Ordnung der Prosa des Lebens und die der Poesie der Begeisterung, die sich im Leben unversöhnlich, im Roman aber versöhnlich gegenüberstehen. Deutlich wird dies an der Stelle des Romans, die als Parallele zu dem coitus interruptus im > Tristram Shandy < angesehen werden kann, dem Steinchen in der Liebesmühle, das zum Zerbröckeln der Liebe beiträgt: "er konnte sie nie in einen lyrischen Enthusiasmus der Liebe versetzen, worin sie Himmel und Erde und alles vergessen hätte - sie konnte die Stadtuhr zählen unter seinen Küssen (wieder ist es die Uhr, P.) ... sie sang betend die in den andern Stuben schmetternden Sonntagslieder nach, und mitten in die Verse flocht sie die prosaische Frage ein: 'Was wärm'ich abends auf?'..." (3/290 f.)

Die Ehefrau kommt schlecht weg im > Siebenkäs <, sie wird nahezu mißhandelt, und es ist in mancher Hinsicht ein hoffnungsloses Buch, das einen untergründigen Nihilismus und die Nachtgedanken der > Rede des toten Christus < in sich birgt.

Siebenkäsens Wunsch nach einer Frau, "vor der er über die nötigsten Grundsätze und dictata der Geisterlehre und Sternkunde lesen kann", die seine geistigen Höhenflüge mitzufliegen vermag, die nicht kleinlich denkt und handelt, sondern groß und erhaben (aber am großen Geld, ja am Kleingeld fehlt es), scheitert an jener prosaischen Wirklichkeit, die aus der Verfassung der bürgerlichen Gesellschaft selbst resultiert, in der Siebenkäs zu leben gezwungen ist. Die Poesie bekommt bei ihm daher den Status des Utopischen und Phantastischen, der mit der Wirklichkeit unversöhnlich ist, und der als Flucht in ein 'anderes' Leben erscheint (der Fantaisie und Nataliens). Hingegen bleiben Lenette und ihr Geliebter und späterer (zweiter) Ehemann, der Schulrat Stiefel, "diese an bürgerliche Verhältnisse angestengelten Seelen" (3/293), ganz in der prosaischen Wirklichkeit. Aber wer ist Siebenkäs? Hier muß ein zweites Moment für das Scheitern der Ehe und der Liebe bedacht werden, das noch ausführlich zu entwickeln sein wird. Er ist derjenige mit dem doppelten Bewußtsein "des komischen Schauspielers und des Zuschauers" (3/292), ein hoffnungsloser Held des Absurden: "Grotesken Handlungen lief er aus höhern Gründen als aus eiteln nach. Es kitzelte ihn ... das Gefühl einer von allen Verhältnissen entfesselten freien Seele-" (3/292). Er ist ein poetischer Träumer, der in einer hoffnungslosen Utopie endet, die der grellen Wirklichkeit kaum opponiert. Der Roman selbst als 'Poesie in Prosa' fügt das Divergente zusammen.

Im vierten Kapitel geht einiges von der Saat auf, die im "Beet der ehelichen Samenschule", aus der kein Kind hervorgeht, gelegt wird, nämlich die Zankäpfel. Da werden die "geistigen Provinzialismen" seiner Lenette karikiert, und vor dem Vorwurf, hier würden die Frauen schlecht gemacht, schützt Jean Paul nur die Tatsache, daß die Männer noch schlechter davonkommen; sie sind charakterlos oder lächerlich in ihren komischen Verrenkungen, vor allem denen des Schreibens von geistigen Erzeugnissen. Unnachahmlich bleibt, wie Jean Paul stilistisch die sprachlichen Provinzialismen seiner Lenette bloßlegt:

> " 'Nun fleucht er (ihr Verehrer Rosa von Meyern, P.) also von mir? Dem Erlöser sei Dank! Er leugt und treugt ja auch überall', sagte Lenette. - 'So spricht man eigentlich nicht, ausgenommen schnitzerhaft, Frau Armenadvokatin, denn die unregelmäßigen Zeitwörter kriechen, lügen, gießen, riechen, ziehen, die als verba anomala im Imperfecto *kroch, trog, log* und so weiter haben, werden von guten deutschen Grammatikern im Praesens durchaus regelmäßig *gebeugt*, nämlich flektiert - nur die Dichter machen ihre Ausnahmen wie leider überall-, und jeder sagt daher vernünftig: man lügt, kriecht, trügt, nämlich in der *gegenwärtigen Zeit*.'" (3/118)

Es ist der Schulrat, der sie korrigiert. Siebenkäs bringt hier durchaus noch Verständnis für sie auf: "Lassen sie doch ... meiner guten Augsburgerin ihre lutherischen Beugungen ..." (Ebd.) Später wird er dieses Verständnis nicht mehr aufbringen, weil er selber betroffen ist.

Der wenig freuden- und sehr leidensreiche Ehealltag gerät Jean Paul nämlich zu einer feinsinnigen Studie über Projektionen.

Siebenkäs ist mit seinem Hobby-Horse, dem Schreiben der >Auswahl aus des Teufels Papieren< beschäftigt. Lenette putzt. Die Probleme, die er beim Schreiben hat, überträgt er auf seine Umgebung, genauer auf seine Frau und ihr Putzen, dem und der er die Schuld für seine Schreibhemmungen gibt. Sie kann laut oder leise putzen, er ist immer gestört, weil schon der Gedanke an das Putzen sich an die Stelle der eigenen setzt. Jean Paul findet in diesem Zusammenhang das schöne Oxymoron vom 'leisen Lärm': "aber einem leisen Lärm bin ich nicht gewachsen." (3/158) Die Giftstacheln stecken im Menschen selber; deshalb will er die Projektionsflächen auch nicht tilgen - so wie der Tisch immer erst verschoben wird, nachdem die Suppe aufgetragen ist, die jeden Tag überschwappt, eine Gewohnheit, die nicht verändert wird, weil sie Gelegenheit gibt, den inneren Ärger loszuwerden.

Ein Höhepunkt ist in diesem Zusammenhang der Streit ums Lichtschneuzen (nebenbei eine Abhandlung über die Assoziation der Gedanken), der Siebenkäs am Schreiben hindert und der fatale Auswirkungen für ihn hat (der nur für den anderen Autor, nämlich Jean Paul, der den >Siebenkäs< schreibt, von produktivem Einfluß ist - der andere schreibt ja die >Auswahl aus des Teufels Papieren<).

Siebenkäs und Lenette sitzen bei (üblichem) Kerzenlicht und arbeiten; er schreibt, sie stickt. Dabei muß der Docht mit einer Lichtschere von Zeit zu Zeit abgeknipst werden. Und darüber hebt der Streit an. Im patriarchalischen Geist des Schreibers befiehlt er das Lichtschneuzen, anfangs mit freundlichen Worten, dann - da Lenette es vergißt - immer schärfer und verzweifelter: "Schneuz'!" - "Lichte!" - Köpfe!" - "Kneip' ab!" - "Die Lichtputze, Putzmacherin!" Er fängt dabei zu dichten an, d.h. zu metaphorisieren: "Ein artiges Nachtlicht zu Nachtgedanken in einer artigen Correggios Nacht, inzwischen schneuz'!" (3/171) Man sieht, es wird mit dem Schreiben nichts werden, und er gibt Lenette die Schuld.

> " 'Du spaßest gewiß,' versetzte sie; 'meine Stiche sind viel feiner als deine Striche, und ich sah doch recht hübsch.'
> 'So will ich dir denn psychologisch und seelenlehrerisch beibringen,' fuhr er fort, 'daß es bei einem Schriftsteller und Denker gar nicht darauf ankommt, ob er mehr oder weniger sehen kann, aber die Lichtschere und Lichtschnuppe, die ihm immer im Kopfe steckt, stülpt sich gleichsam zwischen seine geistigen Beine wie einem Pferde der Klöppel und hindert den Gang.- Schon nachdem du kaum ordentlich geputzt hast, und ich im Lichte lebe, lauer' ich auf die Minute des neuen Scherens. Dieses Lauern nun kann in nichts bestehen, da es unsichtbar und unhörbar ist, als in einem Gedanken, jeder Gedanke aber macht, daß man statt seiner keinen andern hat - - und so gehen denn die sämtlichen bessern Gedanken eines Schreibers vor die Hunde.-" (3/172)

Dieser Streit enthüllt die Tragikomik des Geistes, der an den materiellen und gewöhnlichen Dingen des Lebens scheitert, was aber nur die eigene Schwäche verdeckt. Lenette ist wahrlich zu bedauern, da dieser Geist (das Schreiben) materiell nichts einbringt, und sie die Not nicht im Geistigen kompensieren kann. Die Leibeigenschaft des Geistes erfordert es, daß man zu essen hat, und dafür ist Geld nötig, an dem es zumeist fehlt. So enthüllt das Thema des Essens, das im Roman eine große Rolle spielt, auch stets einen geistigen Aspekt. War das Thema 'Glauben und Wissen' ein Kardinalthema der Aufklärung, das Jean Pauls 'kleinstädtisches Jahrhundert' beschäftigt, so ist es bei ihm das von 'Glauben und Essen'. Dieses wird in einer dialektischen Argumentation entfaltet angesichts des lutherischen Glaubensvogels schlechthin, der Martinsgans, für die es kein Kaufgeld gibt. Es ist die "entflogene Gans ihrer Konfession", und es gilt: keine

Gans, kein rechter Glaube. So schleicht der des Unglaubens bezichtigte Siebenkäs zum Juden und versetzt - heilige Ironie! - eine hebräische Duodezbibel; "und das Kapitolium des lutherischen Lehrbekenntnisses war, wie mich dünkt, leicht durch dieses Tier (das man über einem Autodafé gebraten) errettet worden." (3/208)

Jean Pauls Sympathien gelten den 'kleinen' Leuten. Ob satirisch im Stil oder moralisch in der Argumentation: seine Zielrichtung ist antifeudalistisch, wie exemplarisch die Adelssatire in den >Flegeljahren< zeigt. (Vgl. 4/796 ff.) Die Großen betrügen die Kleinen um ihren verdienten Lohn. Die Großen, das sind die Reichen und zumeist die Fürsten und Landesherren. Diese sitzen in der Loge, die anderen, das Volk, in der Groschengalerie. Nur in ökonomischen Geschäften werden sie zuweilen zusammengewirbelt (womit Jean Paul sehr genau die sozioökonomische Entwicklung seiner Zeit beobachtet). Er vergleicht die geteilte Gesellschaft mit dem Theater in seiner geschichtlichen Entwicklung:

"Einem Edelmann sollt' es meines Erachtens nie aus dem Kopfe kommen, daß er sich zum *Volke* verhalte, wie die *Schauspieler* jetzo zum *Chorus*. Zu Thespis' Zeiten sang der *Chorus* die ganze Tragödie handelnd ab, und ein einziger Schauspieler, der Protagonist hieß, fügte einige Reden ohne Gesang über die Tragödie hinzu - Äschylus führte einen zweiten ein, genannt Deuteragonist - Sophokles gar einen dritten, den Tritagonisten - Neuerer Zeiten blieben die Spieler stehen, und der Chorus wurde gar weggelassen, man müßt' ihn denn als beklatschend in Rechnung bringen. So ist nach und nach auf der Erde, dem Nationaltheater der Menschheit, der Chorus oder das Volk weggeschoben worden - nur mit mehr Vorteil als auf dem engern Theater - und aus Spielern, wozu man besser die Protagonisten (Fürsten), die Deuteragonisten (Minister) und die Tritagonisten (Große) angestellt, zu richtenden und klatschenden Zuschauern erhoben worden, und der *athenische* Chorus sitzt bequem auf dem Parterre neben dem Orchester und Theater unserer guten Haupt- und Staatsaktionen." (3/235)

Jean Pauls Dichtung ist nicht ganz zu Unrecht auch als 'Revolutionsdichtung' interpretierbar.[14] Aber das ist nur ein Unteraspekt. Der politische Gegensatz zwischen dem Volk (Chorus) und den Protagonisten des politischen Handelns wird von ihm hinübergespielt in einen anderen, metaphysischen. Er revolutioniert in einem anderen Sinn, als Revolutionsdichtung meint - die ja 'nur' aufklärerisch anklagend verfährt: Er verändert die Welt, indem er sie anders erzeugt. Jeder Mensch ist der Schöp-

---

14 Vgl. Wolfgang Harich: Jean Pauls Revolutionsdichtung, Reinbek 1974.

fer der Wirklichkeit des eigenen (Bewußtseins-)Lebens. Das bedeutet nicht, daß er der Erzeuger seiner nicht selbst gewählten Umstände, etwa der gesellschaftlichen Verhältnisse wäre; es ist vielmehr zu beziehen auf das poetische Leben und die Schöpferkraft des individuellen Ich, eine 'zweite Welt' hervorzubringen. Um menschlich Mensch zu sein, muß der Mensch sich ohnehin abschminken und aufhören, eine Rolle zu spielen. Das ist für diejenigen umso leichter, die ohnehin nicht auf der Bühne agieren, sondern zum Zuschauen in die Groschengalerie verbannt sind: die 'kleinen' Leute eben. Das ist nicht vorschnell als billige Idyllik abzuqualifizieren. Dem Parterre, um bei der Bühnenmetaphorik zu bleiben, gilt sein eigentliches Interesse (und dies ist auch romantechnisch relevant), das eines an der Alltäglichkeit ist, weil sie All-Täglichkeit ist, die das Größte und Kleinste zusammenbindet. Das All ist unendlich viel größer als das irdisch Große (die Fürsten), die der Nichtigkeit verfallen, während die Kleinen und das Kleinste in unmittelbarem Kontakt mit jenem stehen. Denn: "Die Großen und Größten werden entweder repräsentiert oder repräsentieren selber; aber sie *sind* selten etwas". (UL 1/199) Wer nichts ist, der kann keine Bedeutung im Sein haben. Sie habe keine Seele, welche das Glück finden könnte. Man muß aber von den verachteten Großen die Hohen oder Festtagsmenschen unterscheiden. Die hohen Menschen erheben sich über die Erde und sind gerade nicht in die Geringfügigkeiten der Politik verstrickt. Jean Paul nennt sie beim Namen: z.B. den seligen Hamann! Dem korrespondiert die Vorliebe für das Kleine und die häusliche Idylle. Das Glück ist nur dort zu finden: in dem heimlichen Nest, in einer Welt, die auf ein Fliegenhaus reduziert ist, das ihm aber ein Palast wird, weil in seiner Weltbegegnung die Einbildungskraft sofort mitdichtet. Die Idylle im Winkel seiner Wuz und Fixlein ist der eine Grundpfeiler seines Weltgebäudes; der andere ist die große, erhabene Natur, die Spitze des Montblanc zum Beispiel, auf der er ebenso gut schreiben könnte wie im Winkel - "denn nur das enge Menschliche kann ihm nicht klein genug, aber die weite Natur nicht zu ausgedehnt sein". (SL 12/1082) Damit führt er die Idylle und das Erhabene zusammen, womit er kühn die Kantische Ästhetik und die Schillersche Dichtungstheorie überschreitet. Das unendlich Große und das unendlich Kleine stehen nicht unendlich weit voneinander entfernt, sondern sie berühren sich, weil sie die extremen Gegenpole bezeichnen, zwischen denen der Mensch seine Stellung im Kosmos bezieht; und nur in ihm kommen sie zusammen.

"Niemand übrigens wundere sich über ein Idyllenreich und Schäferwelt-chen in einem kleinen Dörfchen und Pfarrhaus. Im schmalsten Beete ist ein Tulpenbaum zu ziehen, der seine Blütenzweige über den ganzen Garten ausdehnt; und die Lebenluft der Freude kann man aus einem Fenster so gut einatmen als im weiten Wald und Himmel. Ist denn nicht selber der Menschengeist (mit allen seinen unendlichen Himmelräu-men) eingepfählt in einen fünf Fuß hohen Körper mit Häuten und mal-pighischem Schleim und Haarröhren und hat nur fünf enge Weltfenster von fünf Sinnentreffern aufzumachen für das ungeheure rundaugige und rundsonnige All;-und doch sieht und wiedergebärt er ein All." (SL 12/1061 f.)

Der metaphysischen Situierung des Menschen im Kosmos entspricht der Stil. In einer ersten Auszeichnung der metaphorische Blümchenstil: "Indes Siebenkäsens Schmetterlingrüssel fand in jeder blauen Distelblüte des Schicksals offne Honiggefäße genug". (3/34) Auch der Witz entzündet sich vornehmlich am Winzigen, Unscheinbaren. So heißt es von Lenette witzig-ironisch: sie "war überhaupt nicht unbemittelt, da sie nicht wie pensionierte Hof-Soubretten von fremder Arbeit lebte, sondern von eigner; denn sie hatte die neuesten Kopf-Trachten früher als die reichsten Fräulein in den Händen (wiewohl in einem Formate, daß keine Ente den Putz aufsetzen konnte) und führte nach dem kleinen Baurisse die schönsten Hauben im großen aus, wenn sie einige Tage vorher bestellt waren." (3/33)

Glücklich scheint mir die Formulierung, Jean Paul schreibe "haarscharf am Rande des Realistischen und Phantastischen dahin, dort, wo gerade noch die allenthalben aufspürbare Alltagsrealität getroffen wird und wo gerade schon die von den Fesseln der Alltagskausalität befreite Wun-schwelt beginnt."[15] Doch bleibt die Wunschwelt der Alltagswelt verhaftet, sie verfängt sich in ihren Tücken. Damit schreibt er sich der Wahrheit zu! Das übersieht man leicht, und daher müssen hier wenige Beispiele betrach-tet werden; denn die Wahrheit des Schreibens ist einzig eine Angelegen-heit des Stils.

Vielleicht wünscht sich einer, ein Stoiker zu sein, wie Hoppedizel in der >Unsichtbaren Loge<. Von ihm heißt es:

---

15 Walter Höllerer: Nachwort, 4/1210 der hier zitierten Jean Paul-Ausgabe.

"Er war kein Mann, den Zorn oder irgend eine Leidenschaft fortrissen, sondern ein echter Stoiker war er und immer bei sich ... daraus lässet sich's erklären, warum er, da Epiktet und Seneca Stoikern den verbotenen innern Zorn durch den äußern Schein desselben zu ersetzen raten, um die Leute zu bändigen, sich sogar dieses zornigen Scheins befliß und gelassen seine Faust petrifizierte und diesen Knauf als eine *Leucht*kugel auf diejenigen Gliedmassen seiner Gattin warf, die ohne Licht in der Sache waren..." (1/369)

Im Alltagsleben werden die großen Weisheiten zuschanden, weil sie nicht in jeder Minute zu leben sind. Das Leben besteht in erster Linie aus Augenblicken und nicht aus übergreifenden Zusammenhängen. "Der Stoizismus hält oft die Keule der Stunde, aber nicht den Mückenstachel der Sekunde ab." (UL 1/370) Die Wahrheit des Stils liegt darin, daß er "dem Einmaligen, vielleicht Willkürlichen, dem unaufklärbar Halbbewußten, dem unentwirrbar Vielfachen" (Kommerell) Raum gibt, den Raum, in dem sich unser tägliches Leben wirklich vollzieht. Philosophische Weisheiten sind nicht in der Lage, darin Ordnung zu schaffen. Ebensowenig sind wir geneigt, unser Leben 'rein vernünftig' zu leben. Es gibt allerdings einen Ordner und Autor des Lebens mit unangefochtener Kompetenz; und von ihm her ist alles zu denken: "Der Tod ist der eigentliche Schauspieldirektor und Maschinenmeister der Erde. Er nimmt einen Menschen wie eine Ziffer aus der Zahlenreihe vorn, mitten, oder hinten heraus und siehe, die ganze Reihe rückt in eine andere Geltung zusammen." (SL 12/1086)

Auch die 'große' Politik bleibt an die kleine Dinge des Alltags gebunden und kommt in ihnen zum Vorschein - als Satire zumeist. (Jean Paul hat das Thema seiner frühen Schriften niemals vergessen und aufgegeben. Die >Grönländischen Prozesse< und die >Auswahl aus des Teufels Papieren< kehren nicht nur im direkten Zitat wieder.) Als Beispiel sei ein Sprachfeuerwerk zitiert, der erste Gang des Hochzeitsessens im >Siebenkäs<. Es wird aufgestellt:

"1.ins Zentrum den Suppen-Zuber oder Fleischbrüh-Weiher, worin man mit den Löffeln krebsen konnte, wiewohl die Krebse, wie die Biber, in diesem Wasser nicht mehr hatten als Robespierre damals im Konvent, nämlich nur den Schwanz- (...) 5.in die vierte <Ecke> das gebackne Hühnerhaus einer Pastete, worein das Geflügel, wie das Volk in einem Landtagsaal, seine besten Glieder abgeschickt hatte.--" (3/43)

Die Charakteristik des Stils, der hier nur in dem vorgestellt werden soll, wie er die Wahrheit der Alltäglichkeit enthüllt, wäre unvollständig, wenn

nicht wenigstens die (äußerst notwendigen und folgerichtigen) Abschwei-
fungen und die Enzyklopädistik erwähnt würden. Mit ihnen füllt er die Bücher mit dem Wissen ganzer Fakultäten, allerdings willkürlich und nach
Maßgabe seines Eigensinns. Enzyklopädistik und die Assoziation der Gedanken greifen dabei ineinander. Wenn er beispielsweise über dem Thema
Buch und Gelehrter zur Geisterlehre (Pneumatologie) kommt, fallen ihm
Engel ein, "von denen die Scholastiker ganze Gesellschaften zu einem
Hausball auf eine neue Nadelspitze invitieren, ja die sie paarweise gerade
in *einen* Ort einfädeln können" - und er macht dazu die gelehrte Anmerkung: "Die Scholastiker glauben, zwei Engel haben Platz an *einer* und derselben Stelle. Occam. I. qu.quaest. 4 u.a." (3/290)

3. Lohnt es sich, ein Mensch zu sein? - Adams Hochzeitsrede

Leibgeber stellt sich vor, er sei der erste Mensch und Stammvater des Menschengeschlechts, und Eva "die Bruthenne", der "Kabliau-Rögner, in welchem *Leuwenhoek* 9 1/2 Millionen Stockfisch-Eier zählt" (3/124): die Blutsverwandten aller Menschen, die sich auf einer niedersteigenden Linie befinden (bei Jean Paul findet sich nichts vom Fortschrittsoptimismus der Zeit). Adam, der als "der erste und letzte Universalmonarch" auf die ganze Erde Anspruch erheben könnte, dachte nicht daran, was die folgenden Generationen sogleich zu ihrem Begehren machten: die Machtausbreitung und Herrschaft über andere ("die ganze Erde als eine europäische Besitzung im Indien des Universums" - eine frühe poetisch-subtile Kritik an der Kolonisierungspolitik Europas!). Das Zwischenspiel der 'Hochzeitsrede' mündet in eine scharfe Religionskritik:

> "An solche Dinge mag wohl der Pabst als heiliger, wenn auch nicht erster Vater denken, oder er hat schon vor Jahrhunderten daran gedacht, da er sich als den Majorat- und Erbherrn aller der Erde einverleibten Länder aufstellte, ja sich nicht einmal schämte, auf seine Erdenkrone noch ein Paar, eine Himmel- und eine Höllenkrone zu türmen." (3/120)

Vor Adams Fall, im Stande der Unschuld, war er mit dem absoluten Wissen begabt; erst nach der Vertreibung aus dem Paradies mußte er sich Erkenntnisse verschaffen und arbeiten. Adam überlegt nun, ob es sich überhaupt lohne, das Gebot der Zeugung zu erfüllen, und als erste Eltern die anderen Eltern zu zeugen.

In Miltons >Paradies Lost<, Buch X, stellt Eva ähnliche Überlegungen an.

> "Wenn uns um unsere Nachkommenschaft
> Am meisten bangt, die ins gewisse Leiden
> Geboren werden soll, vom Tod zuletzt
> Verschlungen, und es elend ist, den Grund
> Für fremdes Elend, selbsterzeugt, zu legen,
> Aus unsern Lenden ein geplagt Geschlecht
> In diese Welt des Jammers zu erwecken,
> Nur, um nach einem Leben voller Gram
> Solch einem Ungetier zur Speis' zu dienen,
> So liegt's in deiner Macht, bevor es schon

Empfangen, dem unseligen Geschlecht
Noch vorzubeugen, das noch ungezeugt.
[...]
Machen wir's kurz und suchen wir den Tod,
Und ist er nicht zu finden, laßt uns dann
Sein Amt an uns mit eigner Hand verüben.
Was stehn wir länger schaudernd unter Ängsten,
Die keinen Ausweg zeigen als den Tod,
Da wir's vermögen, von den vielen Arten
Zu sterben uns die kürzeste zu wählen,
Vernichtung mit Vernichtung zu vernichten."[16]

Bei Milton fällt Adams ablehnende Rede nicht ganz überzeugend aus. ("Ich fürchte sehr, daß wir durch solchen Tod / Ihm (Gott) keineswegs ein Schnippchen schlagen könnten..."[17] - Mögen sich die Theologen darüber streiten, was davon zu halten sei.) Die Frage ist, ob sie überhaupt die Möglichkeit (d.h. die Freiheit) hatten, den Fluch sozusagen ins Leere laufen zu lassen. Diese Freiheit setzt schon den Gedanken zweckrationalen Handelns voraus, den sie erst nach der Vertreibung sich erarbeiten konnten und mußten. Solche Überlegungen betreffen auch die Theo- und Kosmologie des 16. bis 18. Jahrhunderts, nämlich die Frage, ob es einen Fortschritt (zum Glück?) zu einem höheren Zustand des Menschengeschlechts (durch Wissenschaft und Bildung) überhaupt gebe. Man kann ja den Gedanken als gegenwärtig aktuellen denken: Sollten nicht die Menschen einfach aufhören, Menschen zu zeugen, sozusagen das Menschengeschlecht beenden, weil es nichts taugt, und damit kommenden Generationen viel Trauer und Leid und den Tod ersparen? (Nur hätten Adam und Eva es viel einfacher gehabt, diesen Gedanken auszuführen.)

Was sind die "Zweifels- und die Entscheidgründe oder die rationes dubitandi und decidendi der Protoplasten" (3/121), entweder die Erde nicht zu besamen oder zu heiraten, wie Jean Paul das sehr naturmäßig und bürgerlich zugleich ausdrückt?

Der erste Teil, der die Vernunftgründe *gegen* die Gründung des Menschengeschlechts vorbringt, hat es leicht, das Elend und die Eitelkeit der Welt aufzuführen. "Beim Himmel! ich zittre und klage, wenn ich in die Jahrgänge der Jahrhunderte nur zwischen die Blätter hineingucke und nichts darin sehe als Blut-Kleckse und bunte Narren-Quodlibets..."(3/123)

---

16 John Milton: Das verlorene Paradies, übertragen von Hans Heinrich Meier, Stuttgart 1978, 328 f. (Verse 1246-1257 und 1272-1279)
17 Ebd. 330. (Verse 1300 ff.)

Es werden Namen genannt, die mit Abscheu erfüllen: Borgia, Pizarro, der heilige Dominikus, Potemkin. Adam heißt nach dem Urtext 'rote Erde': es ist die mit dem Schlachtenblut durchtränkte Erde.

Der Grund *für* die Fortpflanzung wird - man beachte es - *nicht aus Vernunftgründen gesponnen*, sondern aus dem Glauben an den Jüngsten Tag der Auferstehung. Die scheinbar kindliche Einfalt, mit der Jean Paul sich das Zusammentreffen mit den vier Gegennamen, Sokrates, Kato, Epiktet, Antonin und mit denen denkt, die noch gescheiter denken als der Protoplast selbst (Aristoteles, Platon, Shakespeare, Newton, Rousseau, Goethe, Kant, Leibniz), läßt die Beurteilung der Geschichte sehr deutlich werden und gleichzeitig ein Verstehen und eine Solidarität mit dem Menschengeschlecht erkennen. Die Affirmation des Menschengeschlechts betrifft die Stellung des Menschen vor Gott und dem Unendlichen.

Dieser kindliche Auferstehungsglaube klingt dann weniger naiv, wenn man die radikale Kritik an der Aufklärung darin erkennt, an einer optimistischen Aufklärung, die an die menschliche, irdische und endliche Vervollkommnung glaubt. Er stellt sich *gegen* - um nur wenige Namen zu nennen - Lessing in der >Erziehung des Menschengeschlechts<, gegen Kant in seiner >Idee zu einer allgemeinen Geschichte in weltbürgerlicher Absicht<, gegen Herder in den >Ideen zur Philosophie der Geschichte der Menschheit<, gegen Schiller in seiner Antrittsvorlesung von 1789 über das Studium der Universalgeschichte.[18] Er nimmt den Fluch und die Vertreibung aus dem Paradies ernst und glaubt nicht daran, daß man auf Erden ein Paradies wiedererschaffen könne. Hier, nicht in der Rede des toten Christus, zeigt er sich als der wahre Zweifler am Sinn der Schöpfung. In der >Selina< hat er das noch einmal deutlich zur Sprache gebracht:

"Nehmet einmal recht lebhaft an, daß wir alle nur Klangfiguren aus Streusand sind, die ein Ton auf dem zitternden Glase zusammenbauet und die nachher ein Lüftchen ohne Ton vom Glase wegbläset in den leeren Raum hinein: so lohnet es der Mühe und des Aufwandes von Leben nicht, daß es Völker und Jahrhunderte gibt und gab. Sie werden gebildet und begraben, höher gebildet und wieder verschüttet; aber was nützt es, daß mühsam gepflegt Kraut nach Unkraut, Blume nach Blatt erwächst? Über den untergepflügten Völkern liegt der Gottesacker; der Vergangenheit hilft die Gegenwart nichts; und der Gegenwart die Zukunft nicht. Ewig steigen die Wissenschaften, ewig fallen die Köpfe ab worin sie gewesen und höhlen sich unten von allem aus. Verleiht endlich

---

18 Vgl. Martin L. Davies: Die Authentizität der Erfahrung: Jean Pauls Gestalt Leibgeber-Schoppe, in: Aurora 42 (1982), 111-129.

irgendeinem Volke alles Höchste von Wissenschaft, Kunst und Tugend-
bildung, womit große späte Völker alle frühern überbieten und lasset
Jahrtausende ihre geistige Ernten und ihren Reichtum in die Men-
schenmenge von Klangfiguren niederlegen: in funfzig Jahren verfliegen
die Figuren und die Schätze und nichts ist mehr da als das Dagewe-
sensein. - Der Glanz der Schöpfung und der Geister ist erloschen; denn
es gibt keinen Fortschritt mehr; nur Schritte; es bleiben nichts als zer-
steuete lose Wesen übrig - höchstens die vergangnen mischt die Asche
zueinander-; und alles Höhere muß sich von neuem zusammenbauen.
Gott sieht seit Ewigkeiten nur unaufhörliche Anfänge hinter unaufhörli-
chen Enden; und seine Sonne wirft ein ewiges falbes welkes Abendrot,
das nie untergeht, auf den unabsehlichen Gottesacker, den Leichen
nach Leichen ausdehnen. Gott ist einsam; er lebt nur unter Sterbenden."(12/1115 f.)

In Adams Hochzeitsrede zitiert Jean Paul scharf und satirisch den wissenschaftlichen Fortschritt mit dem er argumentiert! *Es ist gerade die Rationalität der Aufklärung, die ihm diese Gedanken beschert.* Die Aufklärung
kann ihre eigene Existenz nicht rechtfertigen und damit nicht die Ansprü-
che eines Allgemeinen über das Einzelne, der Menschheit über das Individuum. Der Gedanke des Opfers des Einzelnen für die Allgemeinheit, und
wenn das Opfer auch dem Fortschritt wie etwa den Zielen der Französischen Revolution diente, ist ihm zuwider, weil er die Menschen liebt. *Und
lieben kann man nur den Einzelnen.* Wer die Menschheit zu lieben vorgibt,
ist ein Scharlatan. Jean Paul ist *auch* ein radikaler Denker. Er ist ebenso
groß im Glauben und im Zweifel. Daher gewinnt er mit dem zweiten Teil
der Rede, als Adam die Eva zur Hochzeit im Namen eines Einzelnen bittet, nämlich um der Zeugung Siebenkäs' willens, seine Glaubwürdigkeit:

*Weil er die Existenz Siebenkäsens bejaht (und damit sich selbst als dessen
Schöpfer), ist das Dasein der gesamten Menschheit gerechtfertigt.* Das Ja zum
menschlichen Leben auf der Erde überhaupt gründet in der eigenen imaginären Gestalt eines Romanhelden - auch wenn der Autor und die "übri-
gen 1.000.000.99 Menschen nichts sind als Gefüllsel von Widersprüchen,
von unheilbaren Nullitäten" (3/564).

4. Das Ich, die Schrift und der Tod. *Zur auto-biographisch testamentarischen Form des Romans*

Jean Pauls Schriften handeln vom Ich und seinem großen Widersacher, dem Tod.

Das Ich ist nichts einfaches, sondern ein dynamisches, multiples System.

Der erste Akt, in dem das Ich sich inszeniert (wir kommen auf die Szene sogleich zu sprechen) oder sich setzt (um mit Fichte zu sprechen - wir werden sehen, wie man die Romane auch als gedichtete Wissenschaftslehren ansehen kann), ist der einer Verdoppelung. 'Ich' ist immer auch ein Anderer/Anderes.

Es handelt sich genau genommen um eine Relation, die auf ein Drittes, ein absolutes Ich oder den Autor (das romantechnische Äquivalent Gottes) bezogen ist und von ihm her seine Gnade empfängt.

Das Ich mit seiner 'dissonierenden Hälfte' oder seinem Schatten verdoppelt sich nochmals, denn es tritt in dem endlichen Dasein als ein Körper oder Leib auf, der für das Ich-System als Nicht-Ich erscheint, mit dem es in einer Wechselbeziehung lebt. Das Ich und sein Anderes haben beide ihren differenten Körper.

Der Leib oder Körper erscheint ebenfalls doppelt: als Natur und als Kunst.

Im Roman, der ein Genre des Selbstbewußtseins ist, verkörpert sich das multiple Ich in ganz unterschiedlichen Namen (Siebenkäs/Leibgeber; Schoppe/Leibgeber; Richter/Van der Kabel usw.). Wenn man mich recht verstehen würde, könnte ich sagen: das Ich ist ein Schriftstück und ein Kunststück.

Da man das Ich mit Bewußtsein und Geist in Verbindung bringen muß, ergibt sich ein doppelter Naturgeist und ein doppelter Kunstgeist - ein vierpoliger, beliebig kombinierbarer Schaltkreis: das endliche Dasein des Menschen in der Welt. (Das liest sich hier abstrakt, läßt sich aber durch eine einfache Inhaltsangabe etwa des >Siebenkäs< oder der >Flegeljahre< ausfüllen und konkretisieren.)

Die Grenzen dieses Daseinskreises werden durch zwei Größen markiert: durch den Schöpfergott/ Autor und durch den Tod. Sie zeichnen die

Markierungsspur des Endlichen gegenüber dem Unendlichen. Aber nur das einzelne endliche Ich endet; das Endliche selbst endet nicht, sondern ist für andere 'Ichs' anschlußfähig (z.B. wenn ich eine Erbschaft übernehme). (Von daher erhält die Rede von der Unsterblichkeit ihren Sinn.)

Diese Bestimmung des Menschen und seine Stellung im Kosmos wird von Jean Paul in Romanen erzählt - weniger im Sinne des epischen 'Flusses' als im Sinne einer Inszenierung; wenn man so will: der metaphysische Schaltkreis wird in Szene gesetzt, was nichts anderes heißt, als daß Leben, wie es ist, erzählt wird. Es sind Spiele des Autors und des Todes - daher sind Jean Pauls Romane, wie zurecht gesagt wurde (von Kommerell, Michelsen, Wölfel), *allegorisch*.

A. "Ich"

Der Leibhaftige, die Vexiergestalt des Ich, erscheint zuerst in jener bedeutenden Lebensszene, die man Trauzeremonie nennt: er guckt hinter der Liedertafel der Chores herunter -

> "und wir sehen alle in der Kirche hinauf - Siebenkäsens Geist, wie der Pöbel sagt, d.h. sein Körper, wie er sagen sollte. Wenn der Bräutigam hinaufschauet: so kann er erblassen und denken, er sehe sich selber. - - Die Welt irrt; rot wurd' er bloß. Sein Freund *Leibgeber* stand droben, der schon seit vielen Jahren ihm geschworen hatte, auf seinen Hochzeitstag zu reisen, bloß um ihn zwölf Stunden lang auszulachen." (3/39)

Warum dieses Mißverständnis des Pöbels? Leibgeber ist - allegorischer Weise - die Schrift-Verkörperung Siebenkäsens; und Schriften hält der Pöbel für Geist. Es ist aber so, daß sich Siebenkäs nur als Leibgeber buchstabiert. (Beide sind aus neun Buchstaben.) Beide leben aus dem Geist des Autors und im Geist des Lesers; und jener möchte, daß auch wir etwas von ihm annehmen:

> "Dieselbe Verschmähung der geadelten Kinderpossen des Lebens, dieselbe Anfeindung des Kleinlichen bei aller Schonung des Kleinen, derselbe Ingrimm gegen den ehrlosen Eigennutz, dieselbe Lachlust in der schönen Irrenanstalt der Erde, dieselbe Taubheit gegen die Stimme der Leute, aber nicht der Ehre, dies waren weiter nichts als die ersten Ähnlichkeiten, die sie zu *einer* in zwei Körper eingepfarrten Seele machten." (3/39)

In der Körperlichkeit gibt es zwischen Siebenkäs und Leibgeber kleine

Differenzen: der eine hinkt, der andere besaß! ein Muttermal, das er sich hat wegätzen lassen - Teufelszeichen! Die seelische Einheit ist gleichsam doppelt gesichert: beide haben ihre Namen vertauscht. Das ist nicht nur ein Vexierspiel, sondern entspringt der Logik der Reflexion, die ja eine Spiegel-Logik ist.

So ist zunächst Leibgeber das alter ego Siebenkäsens in dem präzisen Sinn, wie er der Bestimmung des Selbstbewußtseins in der Relations-Gleichung 'Ich bin ein Ich' entspricht. Aus diesem Grunde sage ich, Jean Pauls Romane seien auch gedichtete Wissenschaftslehren (Fichtes). Sie entspringen einem Selbstbewußtsein, das sich *als solches* weiß und ins Spiel bringt. (Wir werden dies später mit dem (absoluten) Autor-Ich in Verbindung bringen, das mittels jenes schwebenden Mittelvermögens der Freiheit operiert, das auch bei Fichte Einbildungskraft genannt wird.)

Es stellt sich nun - um zur Trauzeremonie zurückzukommen - die Frage: wen heiratet Lenette nun eigentlich? Jean Paul erfindet eine kleine a-parte Szene, die darauf eine Antwort gibt, die die Schwierigkeiten, die in der Frage angezeigt sind, aber nicht löst: am Ende des Braut- und Hochzeitstages umarmen sich die beiden Freunde. "Im steigenden Taumel wollte der Gatte, um das hohe Bündnis zu erweitern, seine Geliebte in das Umfassen seines Geliebten ziehen; aber Braut und Freund blieben geschieden auseinander und umfaßten nur ihn allein." (3/49) Lenette vereinigt sich nur mit einem Teil(-Ich), worin schon der Keim für die spätere Scheidung liegt; gleichzeitig zeigt sich hier die Doppelung der Roman-Geschichte selbst: in die Ehestandsgeschichte und die Selber-Lebens- und Selber-Bewußtseins-Geschichte. In einem anderen Sinn zeigt diese kleine Szene auch, daß man nur ein Geschöpf und keinen Schöpfer heiraten kann, und daß in jeder Vereinigung ein Rest von Einsamkeit bleibt.

Die Darstellung des Selbstbewußtseins bei Jean Paul erschöpft sich nicht in einem Nach-Spiel der aporetischen Gleichung 'Ich bin ein Ich'. Vielmehr faßt er es so, daß diese Aporien gerade vermieden werden.

Das Ich findet zu sich zunächst über die Person des Anderen. Dieser besteht in der Summe der Eigenschaften, die ich an ihm wahrnehme oder ihm andichte. Hassen wir ihn, so verwandeln wir sein ganzes Ich in die Summe der hassenswerten Eigenschaften; lieben wir ihn, so trennen wir seine schlechten Eigenschaften offensichtlich von ihm ab. (Liebe macht bekanntlich blind.) Nun müssen wir beim Menschen zwischen seinen Eigenschaften, der Erscheinung und seinem wesentlichen Ich unterscheiden, und zwar aus keinem Grund einer metaphysischen oder transzendentalen Logik, sondern aus einem moralisch-religiösen Grund: da es kein rein-böses menschliches Wesen gibt, kann das Ich eines Menschen, der nur schlechte Eigenschaften hat, nicht in diesen allein bestehen. Um es auf einen kurzen Nenner zu bringen: Das Ich besteht aus der Seele und den Rollen, die der Mensch spielt. (Die Leibeigenschaft des Geistes ist ein anderes Problem, das für Jean Paul ebenso bedeutsam ist, das aber hier übergangen werden soll.) "Vergebet mir", schreibt er im Postkript zum >Leben des Quintus Fixlein<, "wenn ich, da an den Wagen meiner Psyche so verschiedene Pferde angeschirret sind, Engländer, Polacken, Rosinanten, sogar Steckenpferde, wenn ich im Bündel so vieler Zügel für einen ganzen Marstall zuweilen fehlgreife oder ermatte." (7/259) Die Rollen gehören zum Opern-, Theater- und Machinenwesen des Menschen - hier können auch die diskontinuitätsstiftenden Mechanismen der Vernunft in den Betrieb eingreifen -, zur Seele gehören die Wünsche, die Leiden und Freuden, die durchaus der Zeit unterworfen sind, womit sich das Problem der Unsterblichkeit der Seele umso schärfer stellt.

Bekannt ist die Epiphanie des "Ich bin ein Ich", wie sie in der >Selberlebensbeschreibung< als Kindheitserinnerung geschildert wird. Die Geburt des Selbstbewußtseins ist ebenso entscheidend wie die leibliche:

> "An einem Vormittag stand ich als ein sehr junges Kind unter der Haustüre und sah links nach der Holzlege, als auf einmal das innere Gesicht 'ich bin ein Ich' wie ein Blitzstrahl vom Himmel vor mich fuhr und seitdem leuchtend stehen blieb: da hatte mein Ich zum ersten Male sich selber gesehen und auf ewig." (12/1061)

Die Leuchtkraft war so groß, daß die unscheinbaren Nebenumstände gleich mit angestrahlt wurden. "Sah links..." - das ist schon eine merkwürdig genaue Erinnerung, die in die früheste Kindheit fallen soll. Wir vermögen hier noch nicht den Ausdruck eines Schreckens erkennen, den Kommerell in dieser Szene sieht[19]. Gleichwohl wird er fortan beherrscht vom Prinzip des doppelten Selbst: der eine Teil heiratet, der andere schreibt.

Im >Siebenkäs< offenbart sich ihm die Unterwelt der Seele zur Zeit

---

19 Max Kommerell: Jean Paul, Frankfurt/M. 1977 (5), 11.

der Tag- und Nachtgleiche am 21. März zwischen 1 und 2 Uhr als Erinnerung seiner Geburtstunde vor 32 Jahren: "es leuchtete auf einmal der Blitz der Erinnerung über mein ganzes dunkles Wesen". Als ein Lichtpunkt wird fortan der seelische Kern des Ich, von der Rolle entkleidet, vorgestellt, der am Tage zwischen der Nacht des Todes und des pränatalen Seins leuchtet.

"Es gibt schauerliche Dämmeraugenblicke in uns, wo uns ist, als schieden sich Tag und Nacht - als würden wir gerade geschaffen oder gerade vernichtet - das Theater des Lebens und die Zuschauer fliehen zurück, unsre Rolle ist vorbei, wir stehen weit im Finstern allein, aber wir tragen noch die Theaterkleidung, und wir sehen uns darin an und fragen uns: 'Was bist du jetzo, Ich?' - Wenn wir so fragen: so gibt es außer uns nichts Großes oder Festes für uns mehr - alles wird eine unendliche nächtliche Wolke, in der es zuweilen schimmert, die sich aber immer tiefer und tropfenschwerer senkt - und nur hoch über der Wolke gibt es einen Glanz, und der ist Gott, und tief unter ihr ist ein lichter Punkt, und der ist ein Menschen-Ich.-" (3/437)

Das Wesen des Menschen - und man muß bei diesem spekulativen Dualismus von Wesen und Erscheinung bleiben - ist ein lichter Punkt. (Bestimmt nicht später Heidegger des Wesen des Menschen als Ek-sistenz, als Herausstehen "in der Lichtung des Seins"? Im Da des Da-seins ist er die Lichtung des Seins. Jean Paul hat das nur viel schöner gesagt.) Es sind Augenblicke des hellsten Bewußtseins, die in der Form des inneren Monologs geschildert werden, die unausweichlich den Gedanken des Todes evozieren: "...was mögen die unzähligen Brüder denken, die mit dir vor 32 Jahren in diese Dunstkugel mit verbundnen Augen stiegen? Vielleicht erdrückt ein großer Schmerz den Gedanken an ihren Anfang - vielleicht schlafen sie tief jetzo, wie ich sonst - oder noch *tiefer*, tiefer. ... Und nun sanken alle meine jüngern und ältern Freunde, die schon tiefer schlafen, recht schwer auf die gebrochne Brust ..." (3/439)

Diese erleuchteten Momente sind an die Plötzlichkeit einer Einsicht gebunden, die der Art und Weise, wie wir unser Ich in Erinnerungs- und Entäußerungsakten zusammensetzen, nicht entspricht. Das, was wir gewesen sein werden, ist vielmehr das biographische Ich, das aus dem Zettelkasten unserer Erinnerungen zusammengestückelt wird. (Ein Beispiel sind die Zettelkästen des Quintus Fixlein.) Das Dauer-Ich, das wir zu sein wähnen (der Schein von Identität) ist aus den vielen kleinen Sekunden-, Minuten- und Stunden-Ichs, die alle nacheinander sterben, zusammengesetzt. Das Bücherschreiben als Selber-Lebensbeschreibung rettet Jean Paul vor der Leere einer unendlichen Reflexion des bloßen Spiegel-Ichs des 'Ich bin ein Ich'. (Dessen Gefährlichkeit er an mehreren Stellen seines Werkes aufzeigt.) Man kann auf diese Art nicht zu sich selbst gelangen wie der Herrnhuter Wirt, "der auf sein Schild nichts weiter malen lassen als wieder ein Wirtshausschild mit einem ähnlichen Schild, auf dem wieder das gleiche stand". (F 4/653) Dieser philosophische Wirt hat zuviel Fichte gelesen. Jean Paul macht die leer laufende Reflexion lächerlich. Das ist ein mißverstandener und popularisierter Fichte. Er verdankt ihm aber zu viel, als daß das Wirtshausschild sein letztes Wort sein könnte; schließlich wären seine Doppelgänger wie Walt und Vult ohne Fichte nicht am Leben, der (als Doppelgänger Walt/Vult) "mit einem angeketteten Schiefer-Stift auf den Schiefer mit Schiefer" schreibt, "so wie unser Fichtesches Ich zugleich Schreiber, Papier, Feder, Dinte, Buchstaben und Leser ist". (4/656) Wir schaffen uns durchaus ein Bild von unserem Ich, das aus mehr besteht als aus dem bloßen Reflex eines Spiegelbildes: "und diesen Schieferabdruck unsers Ichs lieben wir". Dieser Schieferabdruck (Schattenriß oder Papierabdruck, d.h. das Figurenportrait im Roman) hat aber nur die Qualität einer Eigenschaft; Substanz kommt allein dem Liebenden selbst zu, dem Schreiber, der seine alter egos im Roman liebt. Daher kann es auch keine Selbstliebe geben. "Ich müßte zweimal dasein, damit das liebende Ich nicht ins geliebte zerflösse. Da Liebe nur gegen Liebe entbrennt: so müßte die Selbstliebe sich lieben, eh' sie sich liebte, und die Wirkung brächte die Ursache hervor, welches so viel wäre, als sähe das Auge sein Sehen." (7/221)

Diese ebenso luzide wie sorgsame Fichte-Kritik im Medium der Poesie (die Stelle findet sich im 'Quintus Fixlein') zeigt, daß im zweiten Ich der Gleichung 'Ich bin ein Ich' immer etwas von uns verloren ist, das wir niemals einholen können. Unser Ich als Substanz ist nur ein lichter Punkt oder eine unsterbliche Stimme. Daß aber der Schieferabdruck kein leeres Zeichen bleibt, dafür sorgt das Erzählen, der biographische Roman, der eigentlich immer ein autobiographischer ist, denn alles Erzählen ist im Grunde Sich-selber-erzählen. (Die Grenzen lassen sich schwer ziehen; denn wenn ich mich selbst erzähle, erzähle ich mich als einen anderen.)

Die Formel des 'Ich bin ein Ich' ist ebenso leer wie die bekannte Formel der Aufklärung "Habe den Mut, dich deines eigenen Verstandes zu bedienen". Denn was ist das *Eigene* des Verstandes? Man muß, um diese Formeln mit Leben zu erfüllen, eine Wechselbeziehung mit etwas anderem

einführen (einem Nicht-Ich, das nicht nur reines Ding-Objekt ist) oder -
mit Luhmann zu sprechen - eine Interdependenzunterbrechung installie-
ren. Die Anthropologie des 16. und 17. Jahrhunderts hatte - besonders in
Frankreich - das Problem der Selbstreferenz durch die Instanz des Freun-
des gelöst. Der Freund als der vertraute Andere vermag derart als alter
ego zu dienen, daß die ansonsten leere Selbstbeziehung unterbrochen und
Differenzen sichtbar werden. Nur im Freund kann man die eigenen Fehler
erkennen. Derart verhindert man, daß sich leere, tautologische Identität
herstellt.

In der Tradition dieses anthropologischen Erbes steht Jean Paul, wenn
er ideale Freundespaare erfindet (Siebenkäs/Leibgeber, Vult und Walt),
die sich ebenso gleich wie ungleich sind. Die Verwechslungskomödie der
Doppelgängerei wird auf die Spitze getrieben, gleichzeitig kommt es auf
die feinen, aber charakteristischen Unterschiede an.

Die andere romantechnische Möglichkeit der Interdependenzunterbrechung resultiert aus der Tatsache, daß das Ich ja in der Zeit ist. Die (auto-)
biographisch erinnerte Lebenszeit rekonstruiert das Ich als einen Anderen,
der man gewesen ist. Hier legt das Ich sich selber aus - im wörtlichen und
übertragenen Sinn, d.h. es äußert, entfaltet und deutet sich, und Identität
ist nur eine Markierung des Nicht-Identischen, da niemand sein Leben so
erzählen kann, wie es 'wirklich' gewesen ist, und man dennoch behaupten
kann: das war mein Leben. Das liegt schon in dem Vorgang, daß das Ich
ganz an die Sprache entäußert wird.

Das in den >Siebenkäs< eingelegte erste Fruchtstück zitiert eine Gestalt aus dem >Hesperus<, womit der innere Zusammenhang aller seiner
Romane erahnbar wird. Es handelt sich um einen Brief des Doktors Viktor
an Kato den Älteren "Über die Verwandlung des Ich ins Du, Er, Ihr und
Sie" - womit das Leitthema intoniert ist: das Ich und seine zeitlichen Metamorphosen und Metempsychosen. Diese Verwandlungen unterliegen der
Zeit: "Der Mensch, die Eintagfliege über *einer* Welle Zeit, braucht überall
Uhren und Datumzeiger zu Abmarkungen am Ufer des Zeitenstroms; er
muß, obgleich jeder Tag ein Geburt- und Neujahrtag ist, doch einen eignen
dazu münzen". (3/419) Die Zeit fließt ohne Einschnitte dahin, der Mensch
ist als Naturwesen ein Teil dieser kontinuierlich fließenden Zeit, aber als
Vernunftwesen spaltet er sie in Segmente auf, womit er sich selbst aus der
Kontinuität herausnimmt: es gibt keinen kontinuierlichen Ich- oder Be-

wußtseinsstrom, sondern nur Sprünge, Neuanfänge, Brüche. Die Fragmentierung zeigt sich in der 'Zeit' des Erzählens, den Digressionen und Reflexionen, den unterschiedlichen Zeitmarkierungen. Die Bewußtseinstätigkeit des Ich wäre also - um nochmals einen Ausdruck von Luhmann zu gebrauchen - "unwirksame Kontinuitätsunterbrechung". Die wirksamste Kontinuitätsunterbrechung im Leben eines Menschen ist der Tod. Er erst schließt das Leben eines Individuums zu einem Sinnganzen ab, weil es erst dann überschaubar und geschlossen ist, aber nicht mehr für es selbst. An dieser Stelle wird die Funktion des Autors deutlich. Er ist der, der einfach länger lebt. Er resümiert ein Leben als ein zustandesgekommenes Ganzes, wenn der Held am Ende stirbt, oder wenn das Buch einfach zuende ist - im >Siebenkäs<: "das Ende des Elendes und des Buchs". (3/564) Nur auf diese Weise ist überhaupt ein ganzheitlicher Sinn zu haben. Solange man lebt, ist Selbstzweck ein endloses Prinzip ohne die Möglichkeit einer wie immer gearteten Vollendung; es kann also keine Teleo-Logik geben, solange es keine Funktion des Beendens gibt, keine Endabschaltung, wenn ich mich einmal so technisch ausdrücken darf. Auch die anderen Sinnsysteme sind, wenn es diesen Endabschalter nicht gibt, prinzipiell offen: die Gesellschaft, die Geschichte, vor allem die Autobiographie, solange der Schreiber noch lebt: >Tristram Shandy< - das klassische Beispiel - kann mit seiner Selbstbiographie nie fertig werden, weil er sich selbst nicht einholen und zuende schreiben kann. "Und zwar deshalb nicht, weil ihm ein unabhängig von seinem Leben und Meinen, seinen transactions and descriptions *feststehendes* Prinzip der Selektion fehlt: 'And for what reason', fragt er sich, 'should they be cut short'."[20] Wenn es dennoch geschlossene Autobiographien gibt, so sind dafür zwei Bedingungen notwendig: der Tod des Autors und die Existenz eines Herausgebers, der nicht mit dem Autor identisch ist, so wie jedes Testament einen Testamentsvollstrecker benötigt. Daher entwickelt Jean Paul die Form seines Romans nicht nur als eine auto-biographische, sondern auch als eine testamentarische. Bevor wir darauf zu sprechen kommen, bedarf es der Aufklärung der Fragen nach der Schrift selbst und nach der Autorschaft.

---

20 Niklas Luhmann: Selbstreferenz und Teleologie in gesellschaftstheoretischer Perspektive, in: N.L., Gesellschaftsstruktur und Semantik, Band 2, Frankfurt/M. 1981, 9-44, hier 21.

Ein Schriftsteller erschafft keine Menschen aus Fleisch und Blut, sondern aus Papier und Tinte oder Druckerschwärze. Nur selten wird das Bewußtsein davon Teil der Darstellung im Roman selbst. Es handelt sich hierbei um die wirklich materielle Basis des Schreibens (die Buchstaben sind nicht in dieser Weise materiell), wozu auch noch die Setz- und Druckmaschinen und die Buchhändlermesse gehören. Bei Jean Paul ist das Bewußtsein davon im Roman gegenwärtig. Die 'Schreibmaschinen' arbeiten am Schicksal seiner Helden mit, so daß der Autor nicht die volle Verfügungsgewalt über ihn hat:

"-Lieber Held! - Bleib aber einer! - Das Schicksal will, wie ich immer deutlicher merke, allmählich die einzelnen Stücke zu einer guten Drill-Maschine, um den Diamanten deines Stoizismus zu durchbohren, ineinander fügen, oder auch aus Dürftigkeit, häuslichem Verdruß, Prozessen und Eifersucht nach und nach britische Scher- und Seng-Maschinen geschickt zusammenbauen, um wie am feinsten englischen Tuche jede kleine falsche Faser wegzuscheren und wegzusengen. Wenn dergleichen geschieht, so komme nur als ein so herrlicher englischer Zeug aus der Presse, als je einer auf die Leibziger Tuch- und Buchhändlermesse geliefert worden, und du wirst glänzen." (3/111)

Der Akt des Schreibens tritt noch auf andere Weise ins Bewußtsein, d.h. zunächst in die Schrift selbst ein. Ein allegorisches Abbild des Schreibers und des Schreibens stellt Leibgeber selbst und seine Lieblingsbeschäftigung, das Schattenreißen, dar: als erstes schneidet er das Gesicht der Braut aus Papier aus (er stellt einen Schattenriß her, was in jener Zeit eine beliebte Art der Abbildung war - vor der Fotographie). Jean Paul weiß, daß dies ein Akt der Mortifikation ist, der aber durch die Sprache selbst, im Akt phonetischer Verlebendigung, wieder verwandelt werden kann. Diese Verwandlung - wenn man so will: der Akt des Lesens - gleicht einer sakralen Handlung. Unnachahmlich (man verzeihe mir das Pathos) spricht Jean Paul das aus, wenn er über Leibgebers Schneiden (Schattenbilden) - Allegorie des Schreibens - sagt:

"fallen doch schon vom Beschneiden für den Buchbinder, den Briefsteller, den Advokaten Brotschnitte mit den weißen Papierschnitzeln ab; mit schwarzen aber, es sei von Schattenrissen oder von weißen Trauerbriefen mit schwarzen Rändern, falle noch mehr ab, und verstehe man vollends die freie Kunst, seinen Nebenchristen vermittelst mehrer Glieder schwarz abzubilden, z.B. vermittelst der Zunge, was er ein wenig könne, so läute die Fortuna - diese wahre babylonische Hure - sich an der Eßglocke und dem Wandelglöckchen eines solchen Mannes halb lahm." (3/41)

Dieser Künstler - darauf verweist das Wandelglöckchen - verwandelt Brot und Wein in Fleisch und Blut und entzieht zugleich den Menschen dem launischen Schicksal. Das heißt - da hier nur vergleichsweise gesprochen wird - er bringt Papier mit Hilfe der Sprache (Zunge = lingua) zum Sprechen und erschafft eine zweite Welt. Leibgeber - so können wir folgern - gibt den Leib durch seine Kunst, das Schattenreißen und Schreiben, und vermittelst einer konsubstantiellen Verwandlung entsteht Siebenkäs aus 'Fleisch und Blut', d.h. aus Buchstaben und Geist. Damit ist der Prozeß des dichterischen Schreibens selbst charakterisiert - was Jean Paul locker in das Handlungsgefüge einbaut. (Wir werden etwas später sehen, wie dies auch als Schrift- und Wiedergeburt, als eine Art von Auferstehung aufgefaßt werden muß.)

Nun hat diese reflexive Verdoppelung, die sich im Namenstausch von Siebenkäs und Leibgeber bekundet, im Leben fatale Auswirkungen - wie denn weniger die Ehestreitigkeiten für den Bruch Siebenkäsens mit Lenette verantwortlich sind, als vielmehr der schon bei der Trauung dazwischentretende Leibgeber. Zunächst wird versucht, den Namenstausch vor Lenette geheimzuhalten, im dritten Kapitel wird er ihr aber entdeckt. Hinzu kommt, daß Siebenkäs auch seine Erbschaft nicht antreten kann, da er keine feste Identität besitzt und nicht nachweisen kann, wer er ist. Und wie kann eine Frau einen Mann heiraten, wenn sie nicht weiß, wen sie heiratet, oder wen sie geheiratet hat: "Da fing die geplünderte Frau bitterlich an zu weinen, nicht über die Einbuße der Erbschaft, sondern über das lange Schweigen ihres Mannes und am meisten über die Zweifelhaftigkeit ihres jetzigen - *Namens*, da sie nicht wisse, sei sie an einen Siebenkäs oder an einen Leibgeber verheiratet..." (3/106)

Die Reflexivität eignet sich nicht für die Dinge des täglichen Lebens, sie behindert sie und führt sogar ins Elend. Die Eheleute müssen den Hausrat versetzen, da der Geist nichts einbringt (das Schreiben Siebenkäsens nichts, der ja die >Auswahl aus des Teufels Papieren< verfaßt). Im alltäglichen Scheitern kommt auch eine Tragik des Selbstbewußtseins zum Ausdruck, die Tragik jeder Selbst-Überhebung, die darin liegt, daß der Held (was Kommerell von Jean Paul sagt) "in entsetzlicher Weise bei sich selbst nicht zu Hause" war.[21] Wie der Name als etwas Fremdes, Vertauschbares erfahren wird, so auch der Leib; dieser bleibt auf entsetzliche Weise ebenfalls etwas Fremdes - sowohl der des anderen wie der eigene. Die Metapher vom Gitter hat hierin seinen Ursprung. So sagt Ottomar in der >Unsichtbaren Loge<: "- wir selber sind nicht beisammen - Fleisch- und Beingitter stehen zwischen den Menschen-Seelen, und doch kann der Mensch wähnen, es gebe auf der Erde eine Umarmung, da nur Gitter zusammenstoßen und hinter ihnen die eine Seele die andre nur *denkt*?" (1/321) Es ist das Sprachgitter, das zwischen Siebenkäs und Leibgeber steht, das die Einheit der Person destruiert, so daß er nicht einmal zur Namenseinheit einer juristischen Person gelangt (wer: er? der Name changiert). Hier öffnet sich die Unendlichkeit. Man versteht das, wenn man sich den Einsatz der Sprachgitter-Metapher genau anschaut. Sie wird selbst nur als ein Vergleich eingeführt für die hohen Berge, die Siebenkäs in Kuhschnappel von dem in der weiten Welt reisenden Leibgeber trennt, der am Schluß auf eine unendliche Reise gehen wird:

"Wie schön ist es ..., daß mich von Leibgeber keine breite platte Ebene mit bloßen Hügel-Verkröpfungen scheidet, sondern eine tüchtige hohe Bergmauer, hinter der er mir wie hinter einem Sprachgitter steht." (3/298) Die heiligen Berge und das Sprachgitter, das freilich durchlässig ist, scheiden unser profanes, leibliches und endliches Dasein vom Reich der Phantasie, das den Garten Eden ebenso imaginiert wie die unendliche Wüste des Alls. Nur von dieser Ambivalenz her rechtfertigt sich bei Jean Paul der Rückzug in die Idylle des kleinen, häuslichen Kreises. Alle unsere Träume und alle unsere Leiden haben *einen* Ursprung in der Leibeigenschaft des Geistes und in der Geldeigenschaft des Glücks. Im "Klostergitter der Brust" ist die Seele eingepfarrt wie die Gedanken in der Sprache (den Buchstaben); aber eine Sehnsucht, ein Begehren treibt sie hinaus. So wie aus der Liebe in der Ehe - "aus guten *metallischen* und *physiologischen* Gründen" (3/303) - Ernst wird und eine Sehnsucht bleibt, die zum Ehebruch führen kann. Es ist ebenso erstaunlich wie bezeichnend, daß an dieser Bruchstelle Lenette nicht zum Hausdrachen, sondern zum Engel wird

---

21 Kommerell, a.a.O., 302.

(ich zitiere diese Stelle ausführlich, weil man ansonsten den Eindruck haben kann, daß die Frau im Roman schlecht wegkommt):

"War nun Lenette schon im Freien ein weicher weißer Schmetterling und Buttervogel, der still über den blühenden Steigen des Pelzstiefels schwebte und flatterte: so wurde sie gar in der eignen Stube, in welche der Rat sie begleitete, eine griechische Psyche, und ich muß es, so parteiisch ich auch für Lenette bin, allerdings in dieses Protokoll aufnehmen - sonst wird mir alles andere nicht geglaubt -, daß sie leider an jenem Abende nichts zu sein schien als eine geflügelte, mit den durchsichtigen Schwingen vom klebrigen Körper losgemachte Seele, die mit dem Schulrate - als sie den Körper noch umhatte - vorher in Liebebriefwechsel gestanden, die aber jetzo mit waagrechten Flügeln um ihn schwebe, die ihn mit dem flatternden Gefieder anwehe, die endlich, des Schwebens müde, einer beleibten Sitzstange von Körper zusinke, und die - es ist weiter kein anderer weiblicher bei der Hand - in Lenettens ihren mit angeschmiegten Schwingen niederfalle." (3/302)

Wir erkennen, daß die Seele etwas Überindividuelles, Namenloses ist, daß sich nur zufällig verkörpert. In dem Spätwerk >Selina< wird Jean Paul diese Betrachtung fortführen und steigern in eine Apotheose der Unsterblichkeit der Seele und des Geistes. Hier jedoch geht es noch um die endliche Existenz, wozu der Körper und der Sprachleib unentbehrlich sind. Das ist gleichsam ein Existenzial seiner Dichtung, das Kommerell kommentiert: "Das im-Leib-sein, und vollends das im-Ich-sein ist ihm keine bloß aufzulösende Chiffre, kein Versteckspiel des Absoluten vor sich selbst, sondern die Urtatsache des Seins, und also der Tod die mit letztem Schauer empfundene Urtatsache der Vernichtung."[22]

Die Berge und das Sprachgitter markieren auch eine Grenze, die einen weiteren Dualismus kennzeichnen, der der Spaltung des Ich korrespondiert und aus dieser Spaltung entsteht: es ist die von realer und imaginärer Welt, von Kunst und Natur. Auch diese Duale sind wieder in sich gespalten und werden wechselseitig ineinander gespiegelt. Auf der Ebene des Realen spaltet sich die Welt in die der Begrenztheit (die Kuhschnappelsche Idylle, den Alltag: Kuh-Mästung und Kirmes) und die der Unbegrenztheit (die 'Weite' der Natur, ein Seelenraum auch zu therapeutischen Zwecken). Beides spiegelt sich im Imaginären, aber verwandelt. Zumeist ist es eine klare Grenzmarkierung, die die beiden Bereiche voneinander trennt - ein Stadttor, ein Grenzstein, der Galgenhügel. Die unbegrenzte Natur wird

---

22 Ebd. 326.

zum Imaginationsraum und Spiegel der Seele, die sie versteht, weil sie selbst auch Natur ist. "Mancher Stern half sich heraus in die Dämmerung und wurde eine Flug-Maschine der Seele." (F 4/669) Diese freie, unendliche Natur ist in romantischer Tradition und Bildlichkeit 'Kirche', Ort des Andenkens - der 'stumme, dunkle Dom' der Natur.

Die 'Flug-Maschine der Seele', der Sternenhimmel, ist selbst als Natur dem Verfall anheimgegeben. Die Zweifel, ob es eine jenseitige Heimat gebe, die in der >Rede des toten Christus< ihren Höhepunkt finden, durchziehen das Werk Jean Paul von Anfang an. So heißt es in Ottomars Brief nach der Erfahrung des Scheintodes in der >Unsichtbaren Loge<:

> "Ich schauete gerade zum Sternenhimmel auf; aber er erhellet meine Seele nicht mehr wie sonst: seine Sonnen und Erden verwittern ja ebenso wie die, worein ich zerfalle. (...) O mein Geist begehrt etwas anders als eine aufgewärmte, neu aufgelegte Erde, eine andre Sättigung, als auf irgendeinem Kot- oder Feuer-Klumpen des Himmels wächset, ein längeres Leben, als ein zerbröckelnder Wandelstern trägt; aber ich begreife nichts davon ..." (1/309)

Wenn die Natur als ein Imaginationsraum erscheint, nähert sie sich der Funktion der Kunst, nur daß ihr Raum nicht (künstlich) produziert wird, sondern vorhanden ist. Wenn das Ich in diese Imaginationsräume hinübertritt, so beginnt es zu schweben und sich zu verwandeln; der kleinbürgerliche Anteil vermindert sich, und die Seele erweitert sich, strömt aus. Siebenkäs, der vom tobenden Marktplatz in die stille Natur hinausgeht, entdeckt in ihr den Gegenstand seiner Wünsche:

> " - so jagten nun nur frühere Mailüfte dem flatternden Laube nach und wehten unsern Freund mit hebenden Wogen an und stiegen mit ihm auf und hielten ihn empor über den Herbst und über die Berge und er konnte über die Berge und Länder wegschauen und siehe, er sah alle Frühlinge seines Lebens, die für ihn noch in Knospen lagen, wie Gärten nebeneinander stehen und in jedem Frühlinge stand sein Freund!-" (3/108)

Die Natur wird zum Raum der Poesie selbst. Damit wird sie aber selbst zur Kunst - mit allen Konsequenzen. Den kleinen Grenzübertritten aus der Stadt in die Natur während seines Kuhschnappelschen Daseins korrespondiert und folgt der eine große Grenzübertritt, der den Armenadvokaten aus dem Ehealltag und den Nöten seines Daseins in ein anderes Sein führt (12. Kap.), ins Sein der Poesie und der Kunst. Kunst aber ist künstlich.

Was zuvor sich in den Spaziergängen andeutet, wird jetzt zur Reise gesteigert, und die 'andere Welt' unumkehrbar totalisiert. (Reisen ist eine verstärkte Form von Spazierengehen.) Ein Brief von Leibgeber ruft Firmian Siebenkäs nach Baireuth. Erneuerung und Wiedergeburt kündigen sich an, es wird Frühling in seiner Seele. "Das Schicksal pflückte aus Firmians Seele, wie Gärtner im Frühling aus Blumen, die meisten alten, gelben, welken Blätter aus. (...) In der Seele stieg eine überirdische Sonne mit der zweiten am Himmel." (3/358)

Übrigens hat das Motiv des Reisens bei Jean Paul auch eine soziale, aufklärerische Komponente: "Jede Reise verwandelt das Spießbürgerliche und Kleinstädische in unserer Brust in etwas Weltbürgerliches und Göttlichstädisches (Stadt Gottes)." (3/360) Das Weltbürgerliche verkörpert Leibgeber, aber dieser ist ja selbst nur ein Teil. Das Göttlichstädtische verkörpern nur beide als eine Seele. (Jean Paul ist auch ein romantischer Aufklärer und Idealist.) Für dieses weltbürgerlich Göttlichstädtische steht bei ihm wie bei Eichendorff und anderen Romantikern ein Name: Italien. Nun aber, um zur entscheidenden Reise Siebenkäsens zurückzukommen, führt ihn sein Weg in die *Fantaisie* - wohin auch sonst? Dieser Phantasieort ist zugleich Wirklichkeit (ein Lustschloß vor den Toren Bayreuths mit einem großen Naturpark): manchmal dichtet eben die Wirklichkeit.

C. "Roman"

Im Roman tritt Siebenkäs in eine romantische Kunstwelt ein; er erlebt einen Roman im Roman, ein romantisches Abenteuer. Die Figuren sind unlebendig, die Natur ist zum Stilleben erstarrt - nature morte -; da steht eine ganz in Schwarz gekleidete weibliche Gestalt mit einem verwelkten Blumenstrauß in der Hand inmitten einer Scheinwelt aus Trümmern. Da ist ein in "einem Vexier-Einsturz begriffener Tempel" (3/364 f.), da sind Spiegel und ein "weiblicher Kopf, der vom Halse des vatikanischen Apollo abgesägt ... wie ein Marmorkopf" aussah. Es dominieren die Attribute des Mechanischen. Quicklebendig ist dagegen das Wiedersehen mit Leibgeber: "Ein Treppensturmlaufen - ein Einbrechen der Jubelpforte - ein Fall ans geliebte Herz ... alles war eins." (3/367) Leibgeber entdeckt ihm, daß die geheimnisvolle Unbekannte Natalie Aquiliana heißt, die - nun ganz unromantisch - den Kuhschnappelschen Venner Rosa von Meyern heiraten soll. Es ist dies eine harte Fügung, eine äußerst künstliche Konstruktion. Leibgeber ist mit diesem Mädchen aufs engste befreundet (er hat sie erfunden) und beschließt, die nahende Ehe mit dem Venner zu blockieren und sie Firmian zuzuführen. Sie gehört aber zu den Wesen, die nicht einmal im Roman lebendig sind, eine Puppe und ein Ideal zugleich. Sie liest Bücher.

"Leibgeber sagte zum Advokaten, er könne ihn sogleich zu ihr bringen, da sie, wie gewöhnlich, oben im Tempel sitzen werde, wo sie die Zauberaussichten über die Kunstwäldchen hinüber nach den Stadttürmen und Abendbergen unter der scheidenden Abendsonne genieße. (...) Beide fanden Natalie oben im offenen Tempelchen mit einigen Papieren in der Hand. 'Hier bring'ich', sagte Leibgeber, 'unsern Verfasser der Auswahl aus des Teufels Papieren - die Sie ja gerade, wie ich sehe, lesen - ...'." (3/375)

Die Ironie ist deutlich: im Gegensatz zur lebendigen Lenette mit ihren Fehlern begegnen wir hier einer idealen Person, der Leserin der Schriften des Verfassers, die in einer Kunst-Welt lebt. Nur der Humor mildert die harte Fügung der Konstruktion, ja macht sie erst recht verständlich und notwendig. Die Welt, in der sich der Autor und der Leser (die Leserin vor allem) begegnen, ist eine verzauberte - "im Zaubertale voll Zauberflöten, Zauberzithern und Zauberspiegel". Hier ist nicht die warme Welt des häuslichen Daseins mit allen Plagen und Nöten aber auch der Wärme der Liebe; "in und um Natalien war jene höhere, *kalte*, stille Heiterkeit, deren Gleichnis auf den höchsten Bergen ist, unter denen das Gewölke und der Sturm liegt, und um welche eine dünnere, kühlere Luft, aber auch ein dunkleres Blau und eine bleichere Sonne ruhen." (3/399) Es ist die Welt der Kunst und der Dichtung, die wir mit Siebenkäs betreten haben. Jene andere Welt, die Kuhschnappels, ist zwar auch eine gedichtete, aber als ebenso realistisch wie empfindsam geschilderte, verfiele sie dem Verdikt, das Jean Paul über das Schreiben des Venner Rosa von Meyern fällt: "Ein geistiger Hämling wie Rosa kann nichts erzeugen, als was er erlebt, und seine poetischen Fötus sind nur seine Adoptiv-Kinder der Wirklichkeit." (3/400) Sein eigenes Schreiben verfiele diesem Verdikt, wenn nicht in Form jener satirisch-humoristischen Eskapaden der realistische Ansatz stets aufgehoben würde. In der Welt der Fantaisie regieren die Zeichen des Todes, eingedenk der Einsicht, daß das Ich, das Schreiben und der Tod eine Einheit bilden. Das wird sogleich näher auszuführen sein.

Es besteht eine Seelen- und Wahlverwandtschaft zwischen Siebenkäs, Leibgeber und Natalie, die im Realen nicht bestehen kann, d.h. nicht in

Kuhschnappel. Bezeichnenderweise nimmt Leibgeber einen Band des >Tristram Shandy< aus dem Regal, und Siebenkäs wird als sein Yorick bezeichnet (er wird alsbald des Scheintodes sterben). Natalie hat - natürlich - eine Vorliebe für "gedruckte und ungedruckte Britinnen und Briten" (3/405) - nicht nur für Jean Paul also. Ferner hegt sie eine Leidenschaft für Ornat und Schmuck: "der Pfau ist ja der Vogel der alten Ritter und Dichter". (3/406) Die symbiotische Einheit der Drei wird dann nochmals in einer allegorischen Szene bekräftigt, deren Sinnbildlichkeit hochgradig durchtrieben zu nennen ist. Wir müssen sie uns genauer anschauen, liegt hierin doch ein Schlüssel zum näheren Verständnis des gesamten Romans.

Ein Kind droht in der Fantaisie in einen Teich zu fallen und wird von Natalie vorm Ertrinken gerettet. Das Kind überreicht Natalie zum Dank einen Blumenstrauß von Vergißmeinnicht, weißen und roten Rosen, unter die drei seidene Nachbilder von Blumen, also Kunstblumen, gesteckt sind. Natalie zieht aus diesem Strauß eine weiße Seidenrose, "Leibgebern trug sie die rote an - der sie aber ausschlug und dafür eine vernünftige natürliche verlangte und solche sofort in den Mund steckte - und dem Advokaten reichte sie das seidne Vergißmeinnicht und noch ein paar lebendige duftende dazu, gleichsam als Seelen der Kunstblumen." (3/409) Diese Szene ist von geradezu spitzfindiger Sinnbildlichkeit. Sie enthüllt - in der Zuschreibung durch die Blumensprache -, daß Natalie die Kunstblume im Roman ist, ohne Fleisch und Blut (die Geliebte des Autors: die ideale Leserin); Leibgeber gibt den natürlichen Leib; er lehnt die Kunstblume ab und die natürliche frißt er gleich auf; Siebenkäs ist die Doppelgestalt, einerseits künstlich, insofern er der Geist Leibgebers ist, andererseits natürlich, als dieser Geist lebt und Leib ist. (Mag diese Deutung selbst etwas künstlich sein - man muß sich bei der Szene auf jeden Fall etwas denken.) Das, was an dieser Konstellation aber künstlich ist, ist des Todes. Am "erleuchteten Grabe der Nacht" stehen Firmian und Natalie vereint, und auf seine Frage, ob sie glücklich sei wie er, antwortet sie:

" 'Nein, das bin ich nicht - denn auf eine solche Nacht müßte kein Tag kommen, sondern etwas viel Schöneres, etwas viel Reicheres, was das durstige Herz befriedigt und das blutende verschließt.' - 'Und was ist das?' fragt' er. - 'Der Tod!' sagte sie leise. Sie hob ihre strömenden Augen auf zu ihm und wiederholte: 'Edler Freund, nicht wahr, für mich der Tod?' - 'Nein,' sagte Firmian, 'höchstens für mich'." (3/411)

Ihre 'Liebe zum Tode' erheischt ein zweifaches Todesopfer: Firmian

Siebenkäs opfert seinen Namen und damit seine Ehe und bürgerliche Stellung und wird schließlich sterben als Leibgeber, der er ja 'in Wirklichkeit' ist; Natalie wird auf dem Altar der Schrift selbst geopfert. Sie wird dem Venner Rosa entwendet (und also der Ehe und bürgerlichen Realität entzogen) und in die Kunst (Dichtung) verbannt. Sie nimmt Abschied vom Leben. "Firmian, der es sah, daß sie noch einmal durch das Opfertor ins Opfermesser gehe, endigte die Opfermusik und suchte sie von diesem Altar wegzuführen. (...) Natalie brach einen grün- und weichdornigen Zweig mit zwei anfangenden Rosenknöspchen und sagte: 'Ihr brecht niemals auf', ..." (3/410 u. 412)

Jean Paul konterkariert diese Szene durch eine harte Fügung in Form einer humoristisch-satirischen Entladung. Es ist Leibgeber, der sie noch einmal auf die grüne Erde zurückholt. "Unten an der heiligen Stätte ihrer ersten Erscheinung, am steinernen Wasserbecken, suchten beide noch Worte für ihr Herz: da stieg jemand aus dem trocknen Becken heraus." (3/412) Das ist Leibgeber mit einer Weinflasche in der Hand und drei Gläsern, mit denen sie anstoßen. Das ist von einer etwas derben Komik. Es handelt sich aber nur um ein Intermezzo. Natalie muß sterben, das erfordert die 'Logik' der Dichtung. Als ein Wesen nicht aus Fleisch und Blut gleicht sie den Engeln, mit denen sie verglichen wird. "Sie war die edelste ihres Geschlechts", von der es heißt: sie "ruhte dort in dem weißen krystallenen Schimmer, wie ein Engel auf dem Grabe eines Säuglings....." (3/414) Sie verabschieden sich mit einem "Todes-Kuß". (3/415)

Die Orte Kuhschnappel und die Baireuther Fantaisie bezeichnen zwei Lebensbereiche und Lebenformen, die prosaische und die poetische. Dieses ist das Reich der Träume und der Illusionen. Jenes ist das des Alltags, in dem wir alle unser Kreuz zu tragen haben. Was hier in eine Poetik des Raumes gekleidet ist, sind aber eigentlich nur verschiedene seelische Zustände des Menschen, der auch - und, wenn wir Hölderlin folgen, vor allem - dichterisch lebt, wofür 'Reisen' ein Sinnbild ist. "Aus der alten papiernen Rumpelkammer der Akten und Bücher auf einmal den Schritt in die frischgrüne blumenvolle Schäferwelt der Liebe zu tun ... dies war Seligkeit ..." (3/448) Doch Engel kann man nicht lieben; oder genauer: man kann sie nur um den Preis der Abwesenheit lieben. Das Erscheinen und das Verschwinden Nataliens folgen ganz den Prinzipien einer Logik des Imaginären, d.h. der Logik einer Sprache der Liebe und der Poesie. Zwischen

Natalie und einer Figur aus dem Reiche der Dichtung ist denn auch kein Unterschied:

> "In Lenetten hatt' er keine Natalie geliebt, wie in dieser keine Lenette; seine eheliche Liebe war ein prosaischer Sommertag der Ernte und Schwüle, und die jetzige eine poetische Lenznacht mit Blüten und Sternen, und seine neue Welt war dem Namen ihrer Schöpfung-Stätte, der Fantaisie, ähnlich. Er verbarg sich nicht, daß er ... in ihr ja nur eine Abgeschiedene liebe als ein Abgeschiedener; ja als ein noch Lebender eigentlich nur eine für ihn schon verklärte Vergangene - und er tat frei die Frage an sich, ob er nicht diese in die Vergangenheit gerückte Natalie so gut und so feurig lieben dürfe als irgendeine längst in eine noch fernere Vergangenheit geflogene, die Heloise eines Abälards oder eines St. Preux oder eine Dichters Laura oder Werthers Lotte, für welche er nicht einmal so im Ernste starb wie Werther." (3/448)

Jean Paul weiß sehr wohl, daß Poesie und Prosa, Vergangenheit und Gegenwart, Natalie und Lenette, daß beide und beides nur im Roman vorkommen.

Firmian Siebenkäs wird noch einmal in die Prosa der Lebensverhältnisse zurückgeholt, bevor er zum Schein stirbt. Der Autor errichtet ein Verbot, die Fantaisie je wieder zu betreten. Der Roman wird nicht in die Lebensprosa einmünden; dem Helden steht eine letzte Verwandlung bevor, er wird die Rolle Leibgebers übernehmen müssen, die "ihm zustirbt". Das heißt auch, daß die Autor-Rolle ihm zustirbt; er nimmt schon Privatstunden im Silhouetten-Schneiden.

Firmian Siebenkäs kehrt noch einmal ins Alltags- und Eheleben zurück, d.h. von der poetischen Fantaisie in die Prosa Kuhschnappels. Und wenn der Roman nach Herder Poesie in Prosa ist, so kehrt er in den Roman zurück: es "trug jeder Schritt nach der Heimat die Dichtkunst seines bisherigen Lebens in poetische Prose über." (3/465) Wenn Jean Paul einmal - anläßlich des Spektakels des Scheintodes Siebenkäsens, auf das wir noch zu sprechen kommen - betont, er sei ein bloßer Geschichts- und kein Romanschreiber, so ist das zwar einerseits ironisch zu verstehen, da er dies gerade an der Stelle versichert, an der die Handlung ins Phantastische wieder einmal umschlägt; auch ist die Bedeutung, die er der Erfindung und der Einbildungskraft als dem dichterischen Organ zumißt, offenkundig. Andererseits spielt er aber auf die Form des Romans an: es handelt sich nicht nur um einen Doppelgänger-Roman, sondern der Roman selbst ist ein Doppelgänger, in dem die beiden Hälften der Fiktionalität und der Realität oder besser: Poesie und Prosa zusammengefügt werden. Man kann sich diese Zusammenfügung an einem einfachen Beispiel klarmachen. Wenn ein Gewitter ein "Beilager des Himmels mit der Erde" genannt wird, so wird aus einer prosaischen Naturerscheinung eine poetische Vorstellung (durch die Arbeit der Metaphorik). Auf diese Art und Weise - vielleicht nur nicht ganz so schön - poetisieren wir unser alltägliches Leben aber ständig. Wir nehmen Reales nicht in nüchterner Gegenständlichkeit wahr, sondern so, wie es unsere Leidenschaften, Wünsche und Empfindungen 'erfinden' (das muß nicht immer zum Besseren hin sein). Auf der anderen Seite sind die Ereignisse in der Fantaisie mit - oft derb-komischen - Realismen durchdrungen. So stellt sich Lenette die Fantaisie nach Maßgabe ihrer Eifersucht vor (wozu sie allen Grund hat), sie blickt mit Augen "wie Voltas elektrischer Verdichter":

> "Himmel, welche Doppelsinnigkeiten an allen Ecken! Denn wie trefflich hätte Siebenkäs den Irrtum der Verwechslung der Phantasie mit Fantaisie widerlegen können, wenn er bloß gezeigt hätte, daß von der dichterischen wenig in der markgräflichen zu finden sei und daß die Natur schöne romantische Täler und Berge gedichtet, welche der französische Geschmack mit seinen rhetorischen Blumen- und Periodenbauten und Antithesen behangen und ausstaffiert ..." (3/486)

Wir sehen, wie Natur und Kunst ineinandergreifen. Deshalb ist es schwierig, sie immer auseinanderzuhalten. Die Natur dichtet selbst und wird dann noch mit der Kunstsprache (Rhetorik) verschönt, so daß sie (im Fall der Fantaisie) mit einem Kunstwerk verwechselt werden kann. Diese Vermischung gilt aber schon für jede Art der menschlichen Wahrnehmung; denn "man genieße an der Natur nicht, was man sieht (sonst genösse der Förster und der Dichter draußen einerlei), sondern was man ans Gesehene andichtet, und das Gefühl für die Natur ist im Grunde die Phantasie für dieselbe." (UL 1/396) Wir können die Natur nicht gefühllos betrachten, da wir Menschen sind; insofern gibt es für uns kein reines Sehen. Der Dichter baut eigentlich nur die 'dichtende' Tätigkeit der Natur aus und erweitert sie, wenn er zum Beispiel das Natur- mit dem Ehegewitter korreliert, und den Ehestreit sich mit Blitz und Donner austoben läßt.

D. "Autor"

Jean Pauls Autorschaft beruht auf den zwei Pfeilern, die herausgestellt wurden: die empirische und transzendentale Erfahrung des Ich und die des Todes. Über beide Erfahrungsbereiche kann man sich nur in Paradoxien äußern. Ist das (Roman-) Schreiben des Alltags eine Art Konfusionsbewältigung, so gerät die Artikulation der Konstituenten des alltäglichen Lebens, die der subjektzentrischen Ichheit als sein Fokus und die des Todes als sein begrenzender Horizont zum Paradox. Diese Grundkonstellation ist - wie sollte es anders sein, da es um die Dichtung geht? - eine buchstabierte. Das Dasein und der Sinn vollziehen sich im Medium der Schrift. Die gesamte Thematik muß von ihr aus gesehen und dargestellt werden. Das ist nur scheinbar eine Wiederholung; vielmehr handelt es sich um die Voraussetzungen des Schreibens von 'Leben'.

Das >Ende der Vorrede und des ersten Bändchens< des >Siebenkäs< reflektiert das Schreiben als das Verhältnis von Ich und Buchstaben. Wenn wir, was wir immer schon tun beim Schreiben und Lesen, mit 'Sinn' handeln oder das 'Geistige' zu erfassen versuchen, haben wir das Ich als solches und den Buchstaben als solchen schon vergessen. Wie kommen beide zum Bewußtsein? Wann drängen sie sich vor und werden unabweislich?

Die Philosophen, insbesondere die transzendentale Phänomenologie, haben ausführlich untersucht, durch welchen besonderen Akt unseres Bewußtseins wir das Ich explizit ergreifen, wie die Zurückbeugung auf das eigene Ich, das reflexiv reflektierte Bewußtsein funktioniert. Auch der Dichter Jean Paul hat hierzu etwas zu sagen, indem er die Akte der gekünstelten Zurückbeugung des Reflexions-Ichs denunziert und an unser Gefühl appeliert; denn gefühlsmäßig werden wir unseres 'Ichs' gewahr: "Wenn man einen Menschen in eine unabsehliche leere Sarawüste laufen ließe - und ihn nachher wieder in die engste Ecke drückte: so würde ihn dasselbe sonderbare Gefühl seines Ich anfallen ..." (3/138) Das Bewußtsein des Ich erwacht in alltäglichen Situationen, obschon herausgehobenen:

"Aber draußen unter dem schimmernden Himmel und auf einem Schneeberge, um den eine gestirnte weite starre Fläche glimmte, riß sich das Ich von seinen Gegenständen ab, an denen es nur eine Eigenschaft war, und wurde eine Person, und ich sah mich selber. Alle Zeit-Absätze, alle Neujahr- und Geburttage heben den Menschen hoch über die Wogen um ihn heraus, er wischt die Augen ab und blicket im Freien herum und denkt: 'Wie trieb mich dieser Strom und übertäubte mein

Gehör und überflutete mein Gesicht! - Jene Fluten drunten haben mich gezogen! Und diese oben, wenn ich wieder untertauche, wirbeln mich dahin!'
Ohne dieses helle Bewußtsein des Ich gibt es keine Freiheit und keine Gleichmütigkeit gegen den Andrang der Welt." (3/138 f.)

Das ist um die Jahreswende 1794/95 geschrieben; Fichte hatte erst den ersten Teil seiner >Wissenschaftslehre< veröffentlicht. Jean Paul erfaßt Selbstbewußtsein in erster Linie praktisch (obschon er sich dann mit den theoretischen Implikationen auseinandersetzt) im Zusammenhang mit der Seinsweise der Person; es manifestiert sich in der Freiheit, der Gleichmütigkeit (dem Stoizismus), der Freundschaft. Das Ich schreibt sich aus, wie es sich erlebt, und (er)findet sich als den Doppelgänger-Freund. Insbesondere die Motive des Doppelgängers und der Ich-Verwandlungen ins Du, Er, Sie und ihre Wiederkehr in verschiedenen Romanen erlauben es, von gedichteten 'Wissenschaftslehren' zu sprechen.

Das Ich nun hat mit den Buchstaben gemeinsam, daß sie immer schon vergessen oder übersehen werden. "Nichts wird überhaupt öfter vergessen als das, was vergisset, das Ich. (...) Nichts ist schwerer, als einen Gegenstand der Betrachtung, den wir allzeit *außer uns* rücken und vom innern Auge weit entfernen, um es darauf zu richten, zu einem Gegenstande der Empfindung zu machen und zu fühlen, daß das Objekt das Auge selber sei." (3/138) Das gilt auch für die Buchstaben: "Ich habe oft ganze Bücher über das Ich und ganze Bücher über die Buchdruckerkunst durchgelesen, eh' ich zuletzt mit Erstaunen ersah, daß das Ich und die Buchstaben ja eben vor mir sitzen." (3/138)

In den Buchstaben I c h schlägt die Seele und der Geist förmlich zu Buche. Die (nichtidentische) Person ist in und aus der Differenz: Siebenkäs ist der buchstäbliche Leibgeber, nämlich sein 'Geist'; da sie den Namen, d.h. die Buchstaben vertauscht haben, gilt das auch umgekehrt. Sie sind diese Differenz, die sich in den Buchstaben selbst ausdrückt - was freilich ein Kunstgriff des Autors ist; das ist im Leben nicht so. Das Autor-Ich findet zu sich im alter ego der Schriftperson. Es ist klar, daß diese einen anderen Namen trägt. Die Buchstaben geben dem Autor den Leib, das Buch für seine Seele. Das Buch ist etwas dauerhafter als der körperliche Leib. Daher schreibt er. So will Siebenkäs sein Tagebuch, das 'Abendblatt', ebenso wie seine 'Teufels-Papiere' in Leibgebers Hände geben, "welche ja doch lieber, dacht' er, nach seiner Seele - die eben in den

Papieren wohnte - greifen würden als nach seinem dürren Leibe, den ja Leibgeber selber in zweiter unabänderlicher Auflage, gleichsam Männchen auf Männchen, an sich trug und mithin jede Minute haben könnte." (3/351) Man sieht, wie sich beide buchstabieren: Männchen auf Männchen. Jean Paul weiß um die Buchstabeneigenschaft seiner Figuren und daß er ein (Falsch-) Münzer seiner Namen ist. Die Sprach-Zeichen sind dabei kein totes Material, sondern sie haben selbst Charakter: "Die Seele des Kunstrates war jetzt nicht wie die nachgestochene im orbis pictus aus *Punkten* zusammengesetzt, sondern aus *Ausrufungzeichen*; andere Seelen bestehen aus Parenthesen, aus Gänsefüßen, die meinige aus Gedankenstrichen." (7/21) Eine Seele aus Gedankenstrichen: auch das hat er mit Laurence Sterne gemeinsam.

Kehren wir noch einmal zu der Selbstbespiegelung Leibgebers zurück, die - wie alle Selbstbespiegelungen - das Ich vor einen Abgrund führt: "Das Ich ist der fremde Geist, vor dem es schauert, der Abgrund, vor dem es zu stehen glaubt..." (Vorschule, 45) Siebenkäs kennt die Gefahr und warnt ihn: "ich fürchte es schadet dir. Ist doch Gott selber nicht einsam, sondern sieht sein All." Die Antwort von Leibgeber ist nun deshalb bedeutsam, weil sie seine Vexiergestalt in einer Form erkennbar werden läßt, die zwar immer schon in ihm angelegt war, die sich aber nun erst deutlich abzeichnet, nämlich seine Gestalt als die Konfiguration von Autor und Buchstaben. Er antwortet: "Ich kann in der größten Einsamkeit immer zu Dritt sein, das All nicht einmal gerechnet". (3/531) Nun folgt eine merkwürdige Szene: Er tritt vor einen Spiegel "und drückte mit dem Zeigfinger den Augapfel seitwärts, so daß er in jenem sein Bild zweimal sehen mußte - 'aber du kannst freilich die dritte Person darin nicht sehen.' " (3/531 f.) Wenn man diese Szene als Demonstration von Autorschaft versteht, dann müßte man den Spiegel als das Papier ansehen, den Zeigefinger mit dem Federhalter oder dem Schreibgerät in Verbindung bringen, und das Ganze als ein Selbstportrait des Autors deuten, der sich als Doppelgestalt Siebenkäs/Leibgeber sieht, d.h. schreibt, wobei er selbst unsichtbar bleibt. Daß diese Deutung stichhaltig ist, zeigt sich im Kontext. Leibgeber weist auf eine Gasse: "ich nehme meinen Schreib- und Zeigfinger, und ein lebendiges Fac-simile ist auf der Stelle gezeugt." (3/532) Als Autor ist er mit einem phallischen Zeugungsinstrument ausgerüstet: "ich trage meine plastische Natur, meinen Staubfaden, meinen Bossiergriffel bei mir, den Finger." (3/532) Als

Abbildner von Wirklichkeit verdoppelt er die Welt, aber so, daß nicht zu unterscheiden ist, was das Original und was das Abbild ist. "Ein Dritter hätte in dieser Stunde sich vor ihrer Ähnlichkeit gefürchtet, da jeder der Gipsabdruck des andern war, aber die Liebe machte beiden ihre Gesichter unähnlich; jeder sah im andern nur das, was er außer sich liebte". (3/532) Jeder Autor (Künstler) wiederholt die Schöpfung als Schöpfer, weil er die andere liebt. Er erschafft sie gemäß seiner Natur als eine zweite in der ersten; nur so erschafft er sich auch selbst. Er wirft einen 'heiligen Blick' auf die Schöpfung:

> "... es gibt Menschen, die nicht bloß ein artistisches, sondern ein heiliges Auge auf die Schöpfung fallen lassen - die in diese blühende Welt die zweite verpflanzen und unter die Geschöpfe den Schöpfer - die unter dem Rauschen und Brausen des tausendzweigigen, dicht eingelaubten Lebensbaums niederknien und mit dem darin wehenden Genius reden wollen, da sie selber nur geregte Blätter daran sind-" (UL, 1/404)

Leibgeber muß verschwinden: zum einen, weil die Gesellschaft einen wie ihn, eine Doppelausgabe und Nichtidentität, nicht gebrauchen kann (die soziale Doppelexistenz erlaubt es nicht, daß die Erbschaft ausgezahlt werden kann; auch würde er die Auszahlung der Witwenkasse an Lenette gefährden). Zum andern muß er aber auch als Autor verschwinden - um nämlich einen neuen Roman schreiben zu können. Er muß sich zurücknehmen aus der Rolle, die er sich auf den Leib geschrieben hat. Wie vom Mond heruntergefallen, sei Jean Paul ihm vorgekommen, sagte Schiller einmal. Das sagt Jean Paul auch von Leibgeber. "Auch tuts mir wohl, mich so unbekannt, abgerissen, ungefesselt, als ein Naturspiel, als ein diabolus ex machina ... unter die Menschen und auf die Erde zu stürzen vom Mond herunter." (3/533) Er verschwindet ins Unbenannte, um mit dem nächsten Schriftstück wiederzukommen.

Das Ende ist wiederum von allegorischer Verkleidung: Siebenkäs und Leibgeber wechseln ihre Kleider. Das "hereingeworfne Hemd wurde dem Advokaten auf einmal der Zeichendeuter Leibgebers". (3/534) Es wird ein letzter Rollentausch vorbereitet. Drei Finger legt er symbolisch auf Firmians Stirn, "was das größte Zeichen seiner Liebe war". Das Kleider-Beerben wird zur magischen Handlung, in der Siebenkäs in die Hülle des Autors schlüpft. Es handelt sich um das "wechselseitige Umbinden ihrer zwei Foliobände" (3/535) - Leibgeber wird zum Autor der Satiren >Auswahl aus des Teufels Papieren<, Siebenkäs wird zum Autor von >Siebenkäs<!

Jean Paul schlägt dann noch eine Volte auf seine Autorschaft, wenn er sich auf den vierten Band des >Siebenkäs< bezieht, in dem eben dieser Tausch geschrieben steht, "der erst gegenwärtig in Baireuth und nicht einmal unter der Presse ist!" (3/535) Hier wird deutlich, wie sehr Autorschaft ein Spiel nicht nur mit sich selbst ist, sondern auch vor allem ein Spiel mit der Zeit.

Ein Autor-Mensch gewinnt seine Identität vom Buch her; diese Identität ist begrenzt wie das Buch durch die Deckel. Wenn er nicht auch sonst noch das Interesse der Leser auf sich zieht, so vermag er allenfalls im nächsten Buch, gewandelt, wiederaufzuerstehen, und das Spiel mit der begrenzten Identität setzt sich fort. (Ein anderer Fall ist Goethe, dessen Person über seine Bücher hinaus Interesse erweckt. Daher werden die Romane über sein Leben erfunden, die man Biographien nennt.) Der Autor der >Auswahl aus des Teufels Papieren< ist derselbe und ein anderer als der Autor des >Siebenkäs<. Jener ist Siebenkäs und dieser ist Leibgeber und beide sind Jean Paul als Autor. (Darüber hinaus ist er natürlich noch Privatperson, Familienvater usw., aber das interessiert hier nicht.)

Man erkennt hier die Ähnlichkeit mit Formeln wie: Identität sei die Einheit von Identität und Differenz. Ebenso kann man die Ähnlichkeit mit Fichtes Triptychon von absolutem Ich, endlichem Ich und endlichem Nicht-Ich (Fichte spricht auch vom teilbaren Ich und teilbaren Nicht-Ich) erkennen. Dem Autor-Ich kommt die absolute Freiheit der Setzung zu, in der Wirklichkeit aber (auf dem Buchdeckel) ist er dieser oder jener, der dem Nicht-Ich der Sprache und 'tausend' Widerständen begegnet. Die Beziehung zu Fichte stellt Jean Paul selbst her: im komischen (sic!) Anhang zum >Titan< findet sich der >Clavis Fichtiana seu Leibgeberiana<, auch ein Schlüssel für das Werk Jean Pauls.

Das absolute/Autor-Ich ist - wie bei Fichte - in das endliche und das unendliche Ich gespalten: "es selber (das absolute Ich, P.) bleibt doch, was es ist, denn als Leibgeber bin ich endlich, und nur als Schöpfer dieses Leibgebers bin ich unendlich". (6/1035) Für Jean Paul ist nur das endliche Ich ein Problem. Ganz läßt sich jedoch das andrängende Problem des Absoluten nicht abweisen. Zumindest erweist es sich als denknotwendig. Das absolute Ich birgt die Gefahr des Mißverstehens: daß man es für lebendig (empirisch) halten könnte, und es als Phantasma oder Phantom anfängt zu spuken. Zudem gilt, daß die reine Selbstbeziehung des Ich=Ich leer und nichtig ist, wenn es keine 'dritte Hand' gibt, die die Selbstbeziehung unterbricht. Dies demonstriert Jean Paul in einer glänzenden Passage poetischer Philosophie im 136. Zykel des >Titan<, in dem Schoppe seine Scheinidentität in seinem 'wahren' Namen enthüllt: "ß oder S-s" (6/784). Hier fehlen die Buchstaben *iebenkä*, ohne die es kein (endliches) Leben des Romanhelden gibt; so muß die Relation 'Ich bin ... Ich' mit Nicht-Ich angereichert werden, damit Ich *sein* kann. Dies könnte als eine Kritik der Fichteschen >Wissenschaftslehre< gelten, wenn man diese nur von ihrem ersten, dem theoretischen Teil her liest, und nicht vom zweiten, dem praktischen her, der für Fichte Vorrang hat. (Diesen Fehler haben die meisten Zeitgenossen begangen, vor allem die Frühromantiker, deren Kritik an Fichtes Aporien des absoluten Ich ohne diesen Lesefehler gar nicht möglich gewesen wäre. Es war freilich ein produktives Mißverständnis.) Für Jean Paul gilt nicht einmal für Gott, was für das absolute Ich, das Ich=Ich, gelten soll: "Aber Gott gebe nur, daß Gott selber niemals zu sich sagt: Ich! Das Universum zitterte auseinander, glaub' ich, denn Gott findet keine dritte Hand." (6/784)

Gott ist kein Ich sondern die Differenz, wie die Mystiker wußten, wenn sie in Gott als dem Urgrund den Ungrund und den setzenden Grund unterschieden. (Jean Paul steht in der Tradition der Mystik - worauf seit Kommerell immer wieder hingewiesen wurde.) Schöpfung (auch die des Autors) ist Scheidung. Wie Schelling in der mystisch inspirierten >Freiheitsschrift< von 180 zwischen Gott als dem Wesen, sofern es existiert, und dem Wesen, sofern es bloß Grund von Existenz ist, unterscheidet, so Jean Paul das Autor-Ich, das in gewisser Weise die Miniaturausgabe und Nachbildung des Schöpfer-Gottes ist. Beide vereinigt eine 'Metaphysik' des Grundes. Der Grund, sagt Schelling, "ist die *Natur* - in Gott; ein von ihm zwar unabtrennbares, aber doch unterschiedenes Wesen."[23] Die Struktur Gottes wie des Autors ist zwar zirkulär, aber nicht rein selbstbezüglich als Ich=Ich. "Gott hat in sich einen innern Grund seiner Existenz, der insofern ihm als Existirendem vorangeht; aber ebenso ist Gott wieder das **Prius** des Grundes, indem der Grund, auch als solcher, nicht seyn könnte, wenn Gott nicht **actu** existirte."[24]

Die Vertauschung der Namen demonstriert die schwankende und wan-

---

23 Joseph von Schellings sämmtliche Werke, Stuttgart und Augsburg 1856/57, I/7, 358.
24 Ebd.

kende Identität. Die reine Selbstbeziehung ist leer oder tautologisch, wenn nicht eine 'dritte Hand' die Relation abstützt und dem Ich einen Halt verleiht.

Das autonome Ich, der Stolz der Aufklärung, bleibt für Jean Paul eine ambivalente, fragwürdige Erscheinung.

Bei Kant ist die nähere Bestimmung des Ich als transzendentale Apperzeption eine leere Vorstellung, ein x, wovon wir abgesondert von den Gedanken "niemals den mindesten Begriff haben können" (KrV, B 404). Die Gedanken aber, woher kommen die?

Diese Frage stellt sich umso dringlicher, wenn der Gedanke der (absoluten) Freiheit mit dem 'Ich denke' verknüpft wird. Jean Paul sieht das Problem praktisch, d.h. politisch-moralisch, und man sieht, woher die Gedanken kommen:

"In der Tat seh' ich hier aus meinem Zentrum an 360 Weg-Radien laufen und weiß kaum zu wählen, so daß man lieber das Zentrum zum Umkreis auszuplätten oder diesen zu jenem einzuziehen versuchen möchte, um nur fortzustehen." (6/693) Das bedenkt die (Fichtesche) Wechselbeziehung von Ich und Nicht-Ich (oder System und Umwelt, wie man heute sagt). Die politischen Folgerungen daraus werden von ihm mit einem Heineschen Ton recht spöttisch dargestellt, womit er den Zeitgeist karikiert:

"Freilich sitzen im Frank- und Deutschreich überall junge Autoren und Musensöhne, die sich über ihren schnellen Selbst-Gehalt verwundern und erklären, nur verflucht erstaunt, daß sie nicht früher ihr Freiheitsgefühl gefühlt ... Die jetzigen zynischen, naiven, freien Naturmenschen - Franzosen und Deutsche - gleichen fast den nackten Honoratioren, die ich in der Pleiße, Spree und Saale sich baden sah: sie waren, wie gesagt, sehr nackt, weiß und natürlich und Wilde, aber der schwarze Haarzopf der Kultur lag doch auffallend auf den weißen Rücken." (6/693 f.)

Freiheit ist für Jean Paul eine angeborene Eigenschaft (vgl. T, 6/693) - daher ist sie nicht nur eine Angelegenheit der Ethik und Politik sondern auch der Metaphysik. Die moralisch-praktische Freiheit, sagt er in dem >Clavis<, ist nicht die unsere, "sondern der Grund der unsrigen." (6/1015) Es ist die Freiheit, die erst Freiheit und Unfreiheit im gesellschaftlichen Leben ermöglicht. Der Unterschied markiert die Differenz zwischen Endlichkeit und Absolutheit: "Unglaublich schwer zu fassen ist dieser Kampf des Absoluten ohne Existenz gegen die Existenz, da zwischen beiden gar kein Verhältnis denkbar ist." (6/1015) Damit trifft Jean Paul einen Kernpunkt der >Wissenschaftslehre<, der auch Schiller in den >Ästhetischen Briefen< im Begriff der 'Form einer Form' zum Problem ward.[25]

Nicht erst mit dem >Clavis< sondern auch mit seinen Romanen greift Jean Paul in die Diskussion einer philosophischen Frage- und Problemstellung ein. Kommerell bemerkt: "Jean Paul war der erste, der ein philosophisches Erlebnis als Dichter erzählt hat."[26] Es muß an anderer Stelle untersucht werden, inwiefern eine narrative Darstellung (eine Erzählung) mit einer kritischen oder systemphilosophischen konkurrieren, vielleicht sogar sie überbieten kann. Er versucht, das "nackte Eis dieses Montblanc" zu erwärmen - damit sind die Philosophien Kants, Fichtes und des frühen Schelling gemeint -, indem er die transzendentalphilosophische Sprache in eine des Daseins und der Seele verwandelt. Für den Dichter gehen die Menschen auf den Füßen, tragen den Kopf oben und recken ihn gelegentlich zum Himmel empor. Den reinen philosophischen Gedanken fehlt das Erlebnis der Verkörperung. "Für den Philosophen ist das im-Leib-stecken kein Schicksal, sondern ein Schein, und durch den freien Bewußtseinsakt des sich selbst anschauenden Geistes ist er sogleich, ohne Schmerz und ohne Scherz, bei 'sich'. Beides ist sich im Humoristen nah: die furchtbare Erfahrung des Leibs und die befreiende Erfahrung der geistigen Allmacht, und somit lacht er. Hätte da etwa der Humorist als lachender Philosoph den tieferen Welternst von beiden"?[27]

Sein Held Schoppe liest irgendwann auf der Wanderschaft seines Lebens Fichtes >Wissenschaftslehre<. Er beginnt, die Rede von den philosophischen Ichs auf sich zu beziehen und für die Wahrheit seiner Person zu nehmen - mit den bekannten katastrophalen Auswirkungen. Der Mensch aber ist kein reines Ich sondern ein lebendiges Individuum. In dem Zusammenhang zitiert Jean Paul zustimmend Jacobi: "Nur von der Seite der Individuation, sagt Jacobi, ist in den Spinozismus einzubrechen; das gilt auch von der Wissenschaftslehre und von jeder Philosophie, insofern sie rein oder absolut wäre." (6/1014) Damit trifft er den Nagel auf den Kopf,

---

25 Vgl. hierzu Hans-Georg Pott: Die Schöne Freiheit. Eine Interpretation zu Schillers Schrift >Briefe über die ästhetische Erziehung des Menschen<, München 1980.
26 Kommerell, a.a.O., 356.
27 Ebd. 345.

und daraus folgt seine Kritik der >Wissenschaftslehre<. Zunächst faßt er ihre Quintessenz zusammen:

"Die zur Erklärung des Bewußtseins *ertrotzte* Ob-Subjektivität des Ichs wird durch ein tertium comparationis, durch eine absolute Frei- oder Ichheit begründet und gesetzt, der man als dem Grund des Denkens die Denkbarkeit, als dem Grund der Akzidenzen, Substanzen und Kräfte alles dieses, als dem Grund der Existenz die Existenz (die sich zum absoluten Handeln verhält wie die Zeit zur Ewigkeit, Dasein zur Allgegenwart) allgemein abspricht. Ja ich würde dieser absoluten Ichheit - da es hier gar nicht mehr auf das Denkbare ankommt, weil wir schon die Kategorie der Kategorien, die höchste Gattung, das Sein, verlassen haben - dieser Ichheit würd' ich, *insofern* sie der Grund ihres Grundes ist, auch diesen ableugnen; so daß zuletzt nicht sowohl *nichts* übrig bliebe - das wäre zu viel und schon *bestimmt*, weil nichts schon das *Alles* ausschließet - als *unendlich* weniger als nichts und *unendlich* mehr als alles, kurz die Grundlosigkeit der Grundlosigkeit." (6/1014 f.)

Hier wird das Problem des absoluten Ich polemisch auf die Spitze getrieben; aber es wird doch in aller Schärfe gesehen. Das Entscheidende ist, wie absolutes und empirisches Ich miteinander in Beziehung treten können, da sie doch durch einen unendlichen Abgrund getrennt sind. Wie verhält sich das reine zum empirischen Selbstbewußtsein? Das läßt sich vielleicht nicht mehr diskursiv verstehen, ist nur einer mystischen Intuition zugänglich. "Fichte hat hier die Jacob Böhmische Entrückung zu Gott in die philosophische Sprache des Idealismus übersetzt. Dieser sagt an hundert Orten seiner Morgenröte, daß sein animalischer (=seelischer) Geist mit der Gottheit inqualiere. Was aber ist die intellektuelle Anschauung anderes als jenes Einfahren des mystischen Ich aus der tierischen und siderischen Geburt in die innerste?"[28]

Wir gelangen hier an Grenzen der Spekulation. Alle großen, letzten Gedanken der Philosophie und Dichtung scheinen letzten Endes in den Kernschatten der Mystik einzurücken. Jean Paul schreckte der Gedanke eines Absoluten als der Grundlosigkeit des Grundes, weil er mit dem Verlust des konkreten Daseins bezahlt wird; "von da aus wird aber der letzte philosophische Gedanke zur letzten philosophischen Angst des Humoristen".[29]

Jean Paul will die Individualität retten. Dazu destruiert er die Subjektivität, die aus der Logik der Identität begriffen wird, wie sie sich aus den

---

28 Ebd. 347.
29 Ebd. 348.

Philosophien von Kant, Fichte und Schelling, Fichtes "Generalvikar und Gehirndiener" (6/766), ergibt. Sein Einspruch beruft sich auf den Leib und die Zeit, von denen er ausgeht und auf die er alles 'Gesetzte' zurückbezieht. Er sieht, daß das Subjekt ihnen als seinen Bedingungen gerade unterliegt. Derart geht Schoppe/Leibgeber im >Titan< unter, um wiederaufzuerstehen als ihre Wahrheit: das ist der Armenadvokat und Ehemann Siebenkäs.

Der Gedanke des absoluten Ich läßt sich für Jean Paul übersetzen und transformieren in den Gedanken, was Autorschaft sei. Sie realisiert nicht eine lebendige Ich-Du-Beziehung zu den Figuren, die ein Autor erfindet. Seine Personen im Roman haben nichts zu sagen, und ihr Leben ist vollständig in des Autors Hand. (Aussagen von Autoren zum Eigenleben der von ihnen erfundenen Personen, auch wenn sie diese Personen - autobiographisch - selber sind, können nur als Tendenzen verstanden werden, nicht willkürlich zu schalten und walten. Man denke etwa an Uwe Johnsons Gesine Cresspahl.) Zunächst einmal ist das gedichtete alter ego, das geliebte oder gehaßte Gegenüber, der gedichtete Mitmensch eine Wachsfigur, ein Schattenriß, ein Buchstabenmännchen. Es handelt sich um eine totalisierende Mechanik, in die der Autor sich mit einspielt, wenn er als eine der geringsten unter seinen Figuren mit ihnen zusammen auftritt. Nur weil Jean Paul den so bestimmten allmächtigen Autor im Blick hat, kann er die - für Fichte gänzlich unmögliche - Frage stellen: "wie ist es nun diesem absoluten Ich zumut"?

Das absolute Ich wird hier anthropomorphisiert und als ein Bestandteil des Menschen gesehen. In der Gestalt Schoppes hat Jean Paul die Abgründe dieser 'Metapsychologie' in einer totgeweihten Seelenlandschaft gestaltet. Am Schluß des >Clavis< schreibt er:

"Alle meine Metaphysik ... besteht bloß im alten Grundsatz: erkenne dich selber (...) Rund um mich eine weite versteinerte Menschheit - In der finstern unbewohnten Stille glüht keine Liebe, keine Bewunderung, kein Gebet, keine Hoffnung, kein Ziel - Ich so ganz allein, nirgends ein Pulsschlag, kein Leben, nichts um mich und ohne mich nichts als nichts - Mir nur bewußt meines höhern Nicht-Bewußtseins - In mir den stumm, blind, verhüllt fortarbeitenden Dämogorgon, und ich bin er selber - So komm' ich aus der Ewigkeit, so geh' ich in die Ewigkeit -- Und wer hört die Klage und kennt mich jetzt? - Ich. - Wer hört sie, und wer kennt mich nach Ewigkeit? - Ich.-" (6/1056)

Die Einsamkeit des Ich ist tödlich. Wo der Andere als Mitmensch nicht mehr begegnet, sondern das Ich nur noch sich selber, entsteht der Wahn. Die Selberbegegnung Schoppes im Spiegelzimmer inszeniert die Metaphysik der absoluten Selbstbegegnung als ein grauenvolles Erlebnis: Der Dämogorgon kommt. "Bewußtseinsfrevel ist die Sache, zu der Jean Paul in Schoppe die Gestalt erfand."[30] Die Szene spielt im Spiegelzimmer im 139. Zyklus des >Titan<; der "alte Ich" steckt in der Nähe. Die Uhr schlägt zwölf; die Geisterstunde naht. "Aus den Spiegeln der Spiegel sah er ein Ichs-Volk blicken." (6/796) Zuvor begegnet Schoppe einem künstlichen Menschen weiblichen Geschlechts, eine Art Schreibautomat, der "mechanischen Selbstmord" begeht. Ein alter Kopf aus Wachs erscheint, der - wie die Spiegel - tödlichen Schrecken erzeugt. Eine Wachsfigur stellt einen Körper ohne Geist und Seele vor. Weil sie belebt scheint, verursacht sie Schrecken. Das Spiegelbild stellt hingegen ein Ich vor, dessen Körperlichkeit ein Schein ist. Sollte es die Wirklichkeit des Ich zeigen?

Kommerell weist auf den Unterschied von Wachsfigur und Statue hin: "Die Wachsfigur ist das Gegenteil der Statue: Nachäffung gegen Verewigung."[31] Die Statue ist eine 'lebende Gestalt', wie Schiller sagt. Unser Abbild als eine Statue würde uns nicht erschrecken; wohl aber würden wir erschrecken, begegneten wir uns unverhofft bei Mme Tussaud's. Künstlerische Bildnisse haben nur dann einen Wert, wenn sie eine Differenzqualität aufweisen. Das genaue Abbild ist leblos und sinnlos, und kann zu Tode erschrecken, weil man in ihm dem eigenen Tod und der eigenen Nichtigkeit begegnet.

Schoppe muß es erleben. Der "böse Geist" spricht: "Du bist der alte Ich - nur her mit deinem Gesicht an meins und mache das dumme Sein kalt". " 'Ich bin Siebenkäs', sagte das Ebenbild zärtlich und trat ganz nahe. - 'Ich auch, Ich gleich Ich', sagt er noch leise, aber dann brach der überwältigte Mensch zusammen". (6/800)

Schoppe begegnet sich selber und stirbt. Es ist aber Siebenkäs, den er mit sich verwechselt. Dieser ist zwar ein alter ego Schoppes, aber eben auch ein anderer. Für Schoppe ist der Doppelgänger ohne Differenzqualität, und dadurch wirkt er tödlich. Siebenkäs hingegen hat eine Geschichte (die Zeit ist ein wichtiger Differenzmarkierer und Interdependenzunterbrecher), die als seine Namensgeschichte im darauffolgenden 140. Zykel

---

30 Ebd. 351.
31 Ebd.

enthüllt wird: Seven-Kees. Auch Leibgeber ist von Siebenkäs immer auch unterschieden. Todbringend ist nur die maschinelle, künstliche Identität - im Leben gibt es keine letzte Identität einer Person, so daß niemand zu sich 'Ich bin Ich' sagen kann. Es gibt keine vollkommene Identität des Lebendigen. Schoppe hingegen stirbt mit den Worten 'Ich gleich Ich'. Es ist die "Todesluft des Idealismus", die er atmet. Wir aber atmen die "Lebensluft des Realismus" (6/1021), sofern wir lebendige Menschen sind.

Und die Vernunft? Auch die Vernunft holt Jean Paul aus idealistisch spekulativen Höhen zurück auf den Realismus der Erde: "so sei uns die Vernunft oder das lichte Ich keine selbstschaffene ziehende Sonne, sondern nur eine lichte Ritze und Fuge am irdischen Klostergewölbe, durch welche der ferne ausgebreitete Feuerhimmel in einem sanften und vollendeten Kreise bricht und brennt." (6/1031) Wir erinnern uns an das 'sanfte Gesetz', von dem Stifter spricht.

Wir sind somit wieder beim >Siebenkäs< angelangt. Zum Abschluß nehmen der Armenadvokat und Heinrich Leibgeber voneinander Abschied, ein Abschied, der dem gleicht, den wir von den Toten nehmen. Für einen Moment, d.h. für wenige Zeilen, läßt der Autor die Maske fallen und spricht vom Gegenüber, dem alter ego als dem (biographisch realen) Jugendfreund Christian Otto - ein Bruch der Fiktion (aber ist nicht auch das Reale eine Fiktion?). Weil das Buch, der Roman zuende geht, neigt sich auch das Leben des Doppelhelden dem Ende entgegen. Da er sich selber schreibt, "so werde er an seinem Bildnis umkommen." (3/554) Am Schluß hat er Sehnsucht nach seinem eigenen Grabstein in Kuhschnappel, den es schon gibt, weil das Buch so gut wie fertig ist (das Buch: der Grabstein). Der Doppelgänger tritt von seiner Bühne ab, nicht ohne vorhergehenden Kleidertausch, und Leibgeber tritt "als der Pseudo-Selige" Siebenkäs noch einmal in die Stube: der "ihm in der Zukunft von nichts als dem Erzähler selber recht viel erzählen konnte." (3/563) Der Autor überlebt, d.h. er wird ein weiteres Buch schreiben.

Das "Ende des Elendes und des Buchs": Handlungslogisch stirbt Siebenkäs völlig phantastisch und unmotiviert. Er geht auf den Gottesacker, wo inzwischen auch Lenette mit ihrem und des Schulrats Kind begraben liegt, trifft dort die Kunstfigur Natalie und stirbt auf seinem Grab, das schon da ist. Romantechnisch ist das jedoch ein logisches und notwendiges Ende, bemerkt der Autor doch eingangs des letzten Kapitels: "ich und der Leser haben bisher auf nichts hingearbeitet als auf das Beschließen des Buchs". (3/564)

Das ist das Ende: die Tinte ist alle, kein Papier mehr, keine Buchstaben mehr zu setzen.

E. "Tod und Auferstehung"

So individuell die poetische Gestaltung des Todes bei Jean Paul erscheint, so ist sie doch auch bestimmt durch die allgemeine Auffassung des Todes und seiner bildlichen Darstellung, wie sie für das Ende des 18. und den Anfang des 19. Jahrhunderts charakteristisch sind. Die Geschichte des Todes hat Philippe Ariès untersucht, und hier zeigt sich nun, daß der Tod auf der anderen Seite - was wir schon immer wußten - der große Widersacher des Ich ist. Als Tatsache des Bewußtseins weist er die herausgestellten Affinitäten mit dem Selbstbewußtsein auf; als ein Ereignis der Natur weist er Affinitäten mit der Gegeninstanz des Ich auf: mit der Sexualität.

In der Auseinandersetzung des Menschen mit der Natur, im Kampf um das Überleben, der durch die Jahrhunderte hindurch das Leben selbst war und vielleicht auch heute noch ist, gegen die der Mensch den großen Schutzwall der Vernunft als Naturbeherrschungsstrategie errichtet hat, gibt es zwei schwache Punkte: die Liebe (als Sexualität) und den Tod. Hier ist die Allmacht der Natur noch ungebrochen, wenn sie auch sublimiert, verschleiert oder verdrängt wird. Ariès zeigt nun, daß sich beide Bereiche bis zum Ende des Mittelalters einander fremd gegenüberstanden. Seit dem 16. Jahrhundert vollzieht sich ihre Annäherung, "bis sie Ende des achtzehnten Jahrhunderts ein wirkliches Korpus makabrer Erotik bildeten."[32] Dafür sind die bis an die Grenzen der Geschmacklosigkeit gehenden Friedhofszenen im >Siebenkäs< der beredte Ausdruck, in denen sich Liebe und Tod begegnen. Auf den Höhepunkt eines Festes, das Firmian Siebenkäs als Schützenkönig feiert, als gegen Abend die Freude und das Liebesverlangen überschwenglich wird, findet einer jener wundersamen Umschwünge statt, die unmittelbar den Tod evozieren - die Schattenfigur der Liebe und Freude. "Alle diese Umstände wehten ihm einen sonderbaren Einfall in den Kopf." (3/262) Er beabsichtigt, verpfändete seidene Blumen

---

32 Philippe Ariès: Geschichte des Todes, München 1982, 500.

auszulösen und auf ein Grab zu stecken, zu dem er Lenette noch in der Nacht führen will. Das soll ein Scherz sein, über den - man ahnt es - niemand lachen kann, am wenigsten Lenette. Da die künstlichen Blumen schon von seinem Nebenbuhler Rosa von Meyern eingelöst sind, beschafft er sich natürliche und pflanzt diese auf ein Grab, "einen frisch aufgeworfnen Grenzhügel des beschlossenen Lebens"(3/264), in dem gerade eine Mutter mit ihrem Neugeborenen beerdigt ist. Zu diesem führt er Lenette mit dem Schulrat Stiefel, der einzig beim Fest zurückgeblieben ist. Das läßt sich nicht so makaber an, wie es enden wird; es ist ein Gang in den Tempel der Natur. "Jedes Stubenfest sollte man schließen und heiligen mit dem Kirchgang in den kühlen weiten Tempel, auf dessen Kirchengewölbe die Sternen-Musaik das ausgebreitete Heiligenbild des Allerheiligsten zusammensetzt."(3/265)

Der Gang endet auf dem Kirchhof, wo Firmian einen Totenschädel findet und die Hamlet-Szene nachahmt, freilich in Jean Paulscher Manier. Ein Totenschädel ist ein im Freien schlafender Kopf, den er ins Rollen bringt. Er hebt ihn auf, sieht "in die leeren Fensteröffnungen des zerstörten Lustschlosses" und beginnt seinen Monolog:

"Um Mitternacht sollte man sich auf die Kanzel drinnen stellen und diese skalpierte Maske des Ich auf das Kanzelpult statt der Sanduhr und Bibel legen und darüber predigen vor den andern noch in ihre Häute eingepackten Köpfen."(3/267)

Es ist eine Memento-mori-Rede; unmittelbar auf dieses Kapitel folgt die >Rede des toten Christus<.

Die Szene verkehrt sich aber in einen makabren und fast ordinären Klamauk. Siebenkäs führt Lenette und den Schulrat an das Grab, zu dem Totenkranz von eingesteckten Blumen, "das blühende Miniatur-Eden".

> " 'Was blüht denn da?' sagte der Rat. 'Ei!' (rief Firmian) - 'wahrhaftig, weiß und rote Rosen und Vergißmeinnicht, Frau!' Sie blickte zitternd, zweifelnd, forschend auf diese mit einem Strauße bestreute Ruhebank des Herzens, auf den Altar, *unter* dem das Opfer liegt. 'Es ist schon gut, Firmian,' sagte sie, 'ich kann nichts dafür, aber du hättest es nicht tun sollen - willst du mich denn immerfort quälen?'"(3/268)

Da Lenette keine Hoffnung hat, ein Kind zu bekommen, handelt es sich um einen üblen Scherz, sie an das Grab einer jungen Mutter zu führen, auf das er frische Blumen gepflanzt hat. Man sollte das dem warmherzigen Siebenkäs gar nicht zutrauen, wenn er nicht noch eine andere Seele in seiner Brust hätte, eben die Leibgebersche. Der abrupte Umschlag von erhabener, empfindsamer oder nachdenklicher Stimmung in desillusionierende Satire, was ich eine harte Fügung nennen möchte, kommt auch in der anschließenden Friedensrede des Schulrats zum Ausdruck: "er führte an, die zu ihren Füßen verwesende Mutter mit dem Säugling im Arm, deren ältestem Sohn er nach Schellers Prinzipien das Lateinische beibringe, mahne sie gleichsam ..." (3/269) Die harte Fügung bringt das traurig Erhabene mit dem alltäglich Banalen zusammen; die "satirisch-humoristische Entladung" (K. Wölfel) bewahrt ihn vor dem sentimentalen und erhabenen Kitsch. Doch die Frauen schont Jean Paul nicht.

Gleichzeitig - und das versöhnt uns dann wieder mit dem Autor - zeichnet er das Nichts des Todes als den metaphysischen Hintergrund, vor dem die irdische Liebe (als Ausdruck der Sexualität wie der Idealität) ihre Wahrheit empfängt (dies zeigen u.a. die zwei in den >Siebenkäs< eingefügten Blumenstücke über den Tod und die Liebe.) Die menschliche Gesellschaft (mit ihrer Moral, Religion, Ökonomie, usw.) ist dieser Schutzwall gegen die Natur, und also auch gegen Liebe und Tod, die zwar integriert werden, die aber Schwachstellen bleiben. Die Gesellschaft hat getan, was sie konnte, um die Heftigkeit der Sexualität zur Liebe zu mildern und in der Institution der Ehe einzufangen; und sie hat getan, was sie konnte, um die Agressivität des Todes abzuschwächen, indem sie wenigstens seinen Anblick zu mildern versucht.[33] (Der makabre Endpunkt scheint mir die Hospitalisierung und Medikamentalisierung des Todes heute zu sein, der hinter die Mauern der Kliniken verbannt wird.) Die Gesellschaft hat die Sexualität mit einem ganzen System von Verboten umgeben, und versucht, die Abweichungen zu unterbinden (das ist, wie Foucault gezeigt hat, keine Erfindung der christlich-bürgerlichen Gesellschaft, sondern zumindest der abendländischen seit der Antike[34]). Sie hat den Tod abgeschwächt, indem sie ihn ritualisierte, und "aus ihm einen Übergang unter anderen Übergängen gemacht"[35], die es in jedem Leben gibt.

Nun haben sich die Sexualität und der Tod nicht wirklich beherrschen lassen. Sie markieren die Grenzen der technischen Besitzergreifung und der rationalen Organisation. Es sind vor allem die Zeugnisse der Dich-

---

33 Vgl. ebd.
34 Vgl. insbesondere den 2. Band der >Histoire de la Sexualité< von Michel Foucault; dt. Der Gebrauch der Lüste, Sexualität und Wahrheit 2, Frankfurt/Main 1989.
35 Ariès, a.a.O., 502.

tung, die, indem sie von Liebe und Tod handeln, ihren fortwährenden Einbruch in die Welt der Vernunft, der Arbeit und der Disziplinen vor Augen führen. Sie bezeugen auch die Angst vor diesen beiden Naturmächten.

Der Scheintod, der übrigens seit der Mitte des 18. Jahrhunderts auch ein Problem für den ärztlichen Blick wird[36], kann bei Jean Paul als der Versuch gewertet werden, die Tabuisierungen, mit denen man den Tod belegt hat, zu durchbrechen, und ihn in einem fast magisch zu nennenden Ritual zu bannen (was ja eine Angst-Bewältigungsstrategie ist). Der Scheintod des Siebenkäs wird als ein großer Jux inszeniert. Und wer über den Tod lachen kann, der hat die große Angst - jedenfalls für den Moment - gebannt.

Der Gedanke des Todes und der des Ichs sind eines Ursprungs. Die Gleichheit des Ursprungs läßt sich erläutern am Motiv des Scheintodes, das Jean Paul obsessiv verwendet (wozu auch das Lebendigbegrabensein gehört) - am makabersten vielleicht im >Siebenkäs<. Die Bedeutung und die romantechnische Funktion dieses Motivs liegt im gemeinsamen Problem der Erkenntnis des Ichs und des Todes: wir können weder unser Ich noch unseren Tod unmittelbar anschauen. Den Tod können wir nur als den Tod des Anderen anschauen, er zeigt sich uns nur im Objekt, im toten Ding, der Leiche. Wenn ich denke oder anschaue, bin ich nicht tot. Ich kann zwar meinen eigenen Tod denken oder vorstellen, aber dann ist das gedachte Ich etwas anderes als Ich, ein Objekt-Ich, das für mich niemals ein reales sein noch werden kann. Gerade diese relationale Wandlung ist ja auch das Problem des Selbstbewußtseins. Das Subjekt-Ich, das sich denkt, muß sich in ein Objekt-Ich, das gedacht wird, verwandeln. Das Objekt-Ich ist etwas anderes als das Subjekt-Ich und damit beginnen die Probleme der relationalen Selbstbezüglichkeit. Die Bedeutung des Scheintodes läge dann darin, daß er den eigenen Tod erlebbar werden läßt, was aber eben Schein ist und gar kein Tod, so wie möglicherweise das Erlebnis des Ich in der intellektuellen Anschauung - als eine von der Vergegenständlichung des Relations-Ichs freien Form des Selbstbewußtseins - auch nur Schein, d.h. gar keine Anschauung ist. Das Ich imaginiert sich als totes Ich in der Anschauung des Totenschädel oder einer Maske, in einem Ob-

---

36 Vgl. ebd.

jekt also, da es sich nicht tot sehen kann. Das ist aber eine Art Spiegelfechterei. Eine solche finden wir notiert am Sylvesterabend 1790:

"Ich vergesse den 15. November nie. Ich empfand, daß es einen Tod gebe. An einem Abend ging ich vor mein künftiges Sterbebette durch 30 Jahre hindurch, sah mich mit der hängenden Totenhand, mit dem eingestürzten Krankengesicht, mit dem Marmorauge - ich hörte meine kämpfenden Phantasien in der letzten Nacht - du kommst ja, du letzte Traumnacht, und da das so gewiß ist, und da ein verflossener Tag und 30 verflossene Jahre eines sind, so nehme ich jetzt von der Erde Abschied."[37]

Als Vorstellende sind wir nicht tot und als Tote nicht vorstellend. Dennoch nimmt jede Vergegenständlichung des Ich in gewisser Weise seinen Tod schon vorweg. Man muß aber zwischen dem Ich und der Seele unterscheiden, die allein unsterblich ist. Damit beschäftigt sich vor allem Jean Pauls Spätwerk >Selina<, das den Gedanken ausführt, daß es unmöglich sei, etwas Absolut-Totes zu denken. Der Tod und die Geburt sind Konstanten einer immerwährenden Verwandlung. Walts Traum in den >Flegeljahren< enthüllt die Verschränkung von Geburt und Tod: "... unten aus dem Meeresgrund stiegen aus unzähligen Bergwerken traurige Menschen wie Tote auf und wurden geboren." Jean Paul hat seine düsteren Visionen mit dem Index des Traumes versehen; sie bleiben eingebunden in die andere Weltsicht, die des Humors. Kommerell hat diesen 'Blick' auf die Welt in ein schönes Bild gefaßt: "Die Urgedanken Jean Pauls: Liebe, Traum, Tod, Musik, wie er sie denkt, sind Speichen und stecken in der Nabe des ich-bedingten Geistes, des leibbedingten Ichs, und die Drehung dieser Nabe um einen Punkt, der wohl in der Nabe, aber nicht die Nabe ist, sondern wie jener Punkt, nur als Begriff besteht, heißt Humor."[38]

Jean Paul hat das Problem und die Paradoxie des Todes in zwei großen Motiven versammelt: in dem des Lebendigbegrabenseins und dem korrespondierenden des Scheintodes. Damit hängen auf das engste die Gedanken der Wiedergeburt und der Auferstehung zusammen. Die Vision des Lebendigbegrabenseins findet sich bereits in der >Unsichtbaren Loge< und zwar in doppelter Form: als das Leben in der unterirdischen Höhle mit der zweiten Geburt und als der Scheintod Ottomars und dessen Auferstehung aus dem Sarg. Das Kind Gustav wird in einem unterirdischen Päd-

37 Zit. bei Käte Hamburger: Das Todesproblem bei Jean Paul, in: DVjS 7 (1929), 446-474, hier 450.
38 Kommerell, a.a.O., 309.

156

agogium unter der Erde acht Jahre lang erzogen und verborgen, "um dasselbe nicht gegen die Schönheiten der Natur und die Verzerrungen der Menschen zugleich abzuhärten." (1/53) Im fünften Sektor erfolgt dann die Auferstehung. Ergreifend ist die Schilderung, wie Gustav die Sonne anruft: "Gott steht dort". Erst diese zweite Geburt spaltet den Menschen in das Ich=Ich (d.h. das Ich und sein anderes). Das alter ego in Form seines Genius verläßt nun Gustav. Der Vorgang der Trennung geschieht, indem ein Symbolon hinterlassen wird:

> "sein Genius war während des Tumultes im Garten mit einem sprachlosen Kusse von dem Liebling fortgezogen und hatte nichts zurückgelassen als der Mutter ein Blättchen. Er hatte nämlich ein Notenblatt in zwei Hälften zerschnitten; die eine enthielt die Dissonanzen der Melodie und die Fragen des Textes dazu, auf der andern standen die Auflösungen und die Antworten. Die dissonierende Hälfte sollte sein Gustav bekommen; die andere behielt er: 'Ich und mein Freund', sagt' er, 'erkennen einmal in der wüsten Welt einander daran, daß er Fragen hat, zu denen ich Antworten habe.'"(1/64)

Todeszeichen begleiten in der anderen Szene den Besuch auf dem Schloß Ottomars. Grotesk und gruslig ist sein Wachsfigurenkabinett: alles, was ihm im Leben Liebe und Freude gab, ward in Wachs modelliert, und wer gestorben ist, erhält schwarze Blumen in die Hand gedrückt. "Auch *die* (Wachsfiguren, P.) reden ewig nimmer" (sagt' er mit zerdrückter Stimme) - "sie sind nicht einmal bei uns - wir selber sind nicht beisammen - Fleisch- und Beingitter stehen zwischen den Menschen-Seelen". (1/321) Die Gitter-Metapher finden wir im >Siebenkäs< im 'Sprachgitter' wieder. Es ist das Anorganische im Menschen, das Gerippe, das bleibt und vom Tode nicht ergriffen wird, weil es selbst das Tote ist. Ebenso steckt in der Sprache ein Totengerüst: die reine Materialität der Zeichen. Ein Zeichen des Lebendigseins sind hingegen die Töne. Mehrfach finden wir im Werk Jean Pauls eine große Apotheose des Hörens von Tönen, die das Bewußtsein erleuchten und in und aus denen die Seele spricht. Wir ahnen, warum der Gedanke des Todes Jean Paul so empfindsam treffen mußte: weil für ihn das Licht des Bewußtseins so stark leuchtet. Dieses 'zeitigt' sich in der Präsenz des Gehörs und der Stimme. Wenn Montaigne sagt: "Den Tod nicht zu verneinen, steht deshalb eigentlich nur denen wohl an, die das Leben bejahen." - so müßte man bei Jean Paul statt 'Leben' 'Bewußtseinsleben' setzen. Der Vorrang des Bewußtseins führt nicht zu einer hypertrophen Verkennung der Macht des Bewußtseins über Leben und Tod. Das Gegenteil ist der Fall: der Tod ist der Schauspieldirektor und Maschinenmeister und von ihm her wird die Bestimmung des Menschen gedacht: "Wandelndes Skelett mit dem Saitenbezug von Nerven in der Knochenhand - du spielest dich nicht ... du wirst gespielet. Ich töne und spiele zugleich - ich werde gedacht und ich denke ... Überall drängt sich Leben und Kraft; der Grabhügel, der modernde Leib ist eine Welt voll arbeitender Kräfte ..." (3/481)

Dem opponiert die Apotheose der Töne und - was nahezu dasselbe ist - der Poesie. Urbild der Poesie, bevor alle Autorschaft sich ihrer bemächtigt, ist das Pfeifen von Tönen. So hebt Leibgeber, als die beiden Freunde auf der Landstraße gehen, sein "Reisepfeifen an, frohe und trübe Melodien des Volkes". (3/536) Das Pfeifen ist seine Lieblingsbeschäftigung: "ich pfeife das Leben aus, das Welttheater..." Siebenkäs pfeift die gleiche Melodie, nur eine Oktave, Quinte oder Quarte anders. Unwillkürliche Töne sind die Freuden- und Schmerzenlaute, die den "Sinn des Unendlichen" 'auslauten': die Unsterblichkeit.

Der Scheintod im >Siebenkäs< exaltiert ins Phantastische und Groteske. Leibgeber tritt als Poltergeist auf, er erschreckt die Hausbewohner, während der Armenadvokat leichenblaß unter dem Dachstuhl den Sterbenden und Toten spielt. Leibgeber führt dabei die Leichen-Regie. Er steckt einen Totenkopf unter die Decke, unter der Siebenkäs noch durchaus lebendig liegt, womit er den Haarkräusler abschreckt, der die Haare des Verstorbenen kräuseln will - mit den Toten werden noch Geschäfte gemacht. Ebenso wimmelt Leibgeber die Besucher ab, "denn man beklatschet die Menschen und die Schauspieler bloß im *Weggehen* und findet den Toten moralisch". (3/515) Er stülpt dem scheingestorbenen Siebenkäs eine Maske über (er liebt nichts so sehr wie zu lügen - wenn auch aus Satire und Humor): "Eine solche Maske legt der Tod über alle unsere Gesichter". (3/513) Dieser Scheintod besteht nicht nur aus Scherz, Satire und Ironie, sondern auch aus tieferer Bedeutung. Käte Hamburger weist in ihrem Aufsatz über das Todesproblem bei Jean Paul auf einen Gedanken Herders in der Abhandlung >Wie die Alten den Tod gebildet< hin: "Das Geripppe im Grabe ist sowenig der Tod als mein fühlendes Ich dies Geripppe ist. Es ist die abgebrochene, zerstörte Maske, die nichts mehr fühlt."[39] Für Jean Paul ist unser 'wirklicher' Tod nur ein Scheintod, der nur die Leibeigenschaft des Geistes aufhebt (Leibgeber wird fortan verschwunden sein). Die Seele

---

39 Zit. bei K. Hamburger, a.a.O., 452.

ist unsterblich. Für Lenette und die Kuhschnappler stirbt Siebenkäs; und wenn er sich heimlich fortschleicht und Leibgeber nur den leeren, beschwerten Sarg begräbt, so kann man unter dem Fortschleichenden auch die Seele und unter dem Block zur Beschwerung des Sarges die sterblichen Überreste versinnbildlicht sehen. Auf Erden überlebt ohnehin nur das Tote, das - bleiben wir bei dem Gedanken Herders - nicht der Tod ist: das Gerippe und das Sprachgitter des Namens. Dieser bildet die Grabinschrift, der - auf Erden - unsterbliche Rest: "Stan. Firmian Siebenkäs ging 1786 den 24. August ..." (3/523): "Dieser Name war sonst Heinrichs seiner gewesen, und sein jetziger 'Leibgeber' stand unten auf der Kehrseite des Monuments." (Ebd.) Dieser Schrift des Todes wohnen magische Kräfte inne, "gleich als wären sie Phosphor-Schrift" (7/149), die zu brennen beginnt, wenn man die Leichensteine durchblättert. (Vgl. 7/162) Das Tote beginnt zu leuchten, wenn es wieder in ein Bewußtsein eintritt. Die in Schrift bewahrten Erinnerungen an die verlorene Kindheit sind die "Brand- und Schädelstätte einer himmlischen Zeit".

Der Tod konnte aber erst in diesem Sinne und in dieser Weise in die Dichtung aufgenommen und ausgesprochen werden, als das Selbstbewußtsein und die Individualität des Menschen auf die Weise entwickelt waren, wie das seit etwa der Mitte des 18. Jahrhunderts der Fall war, d.h. in dem Maße, wie der Mensch sich nicht mehr nur als Teil eines kollektiven Ganzen (des Standes oder der Ahnenreihe) begriff. Auch mußten ganz bestimmte Formen des Eigentums mit dem individuellen Ich verknüpft werden und über dieses Eigentum über den Tod des Einzelnen hinaus verfügt werden können. Dies geschieht im Testament und in denjenigen juristischen Verträgen, die z.B. Autorenrechte sichern.

Jean Pauls >Siebenkäs< handelt - wie der Titel es verkündet - von Ehestand, Tod und Hochzeit des Armenadvokaten. Die Hochzeit, nicht der Tod ist hier das letzte Wort. Der erzählerische Anfang des Romans, die Hochzeit, markiert im Titel das Ende. Die Umstellung im Titel verweist auf den Gedanken der Wiedergeburt, der Auferstehung und des Fortlebens nach dem Tode. Ich möchte vorschlagen, die Thematik der Unsterblichkeit radikal zu säkularisieren, und sie an den Modus der Schriften zu binden, die ein Leben über den Tod hinaus in gewisser Weise bewahren.

Da es für das bewußte Ich keine Identität in der Zeit gibt, sterben wir schon zu Lebzeiten "tausend Tode", und wir werden jeden Tag neu geboren (Proust wird das später immer wieder betonen). Im *Siebenkäs* kulminiert im phantastischen Spektakel des Scheintodes das Spiel mit der Identität bis in die Auslöschung des Namens. Siebenkäs der eigentlich Leibgeber ist, stirbt, um an Leibgebers Stelle (der verschwindet) eine Stelle beim Inspektor in Vaduz anzutreten, um zu enthüllen, daß er der Leibgeber ist, für den Leibgeber zuvor gehalten wurde. Das ist schwer zu verstehen, und gewinnt Sinn nur dann, wenn man davon ausgeht, daß Jean Paul die Illusion der einen und einzigen personalen Identität zerstören wollte, um dem Gedanken der Unsterblichkeit und der Wiederauferstehung Raum zu geben. Das Weiterleben wird geregelt durch den Roman selbst, d.h. durch die Schrift und das Buch, durch das Erzählen und seine Form, die ich biographisch-testamentarisch nenne, und die radikal selbstbezüglich wird.

Man könnte diese Thematik zum einen an der Auferstehung Siebenkäsens aus dem Sarge und seinen Eingang in die Baireuther Fantaisie, ein ebenso realer wie imaginärer Ort, verfolgen: "Ihm war, als durchwandle er als Abgeschiedner von den Sterblichen eine zweite verklärte Welt". (3/526) Wir müßten zeigen, daß diese zweite Welt die Kunst- und Schriftwelt des Romans selbst ist, genauer des Romans im Roman, der darin selbstbezüglich wird.

Zum andern wird das Weiterlebens gesichert und geregelt im Testament. Wir haben dargestellt, wie sich der Roman Jean Pauls aus den Problemen einer fiktiven Selbstbiographie entwickelt, und vom Gedanken des Todes und des Selbstbewußtseins bestimmt wird. In dieser Konstellation kommt auch eine ganz bestimmte geschichtliche Entwicklung zum Ausdruck. In dem Maße, wie der Mensch sich geschichtlich unter dem Gesetz der personalen Identität begreifen muß, und der Gesichtspunkt der Individualität vor dem des kollektiven Schicksals (des Standes, der Gattung oder Klasse) die Oberhand gewinnt, wie er also Selbstbewußtsein entwickelt und das Selbstsein auch als geschichtlich-soziale Qualität begreift (der Begriff des Weltbürgers ist dafür im 18. Jahrhundert der Ausdruck), tritt eben die Geschichte seines Selbstbewußtseins, seines eigenen und eigentlichen Ich in den Vordergrund und bestimmt die Form des Romans. Alle Romane werden im Grunde Selberlebensbeschreibungen, wobei der 'Selber' in verschiedenen Masken auftreten kann. Diese Romanform regelt nun die Beziehungen zum Jenseits und zum Fortleben nach dem Tode bei Lebzeiten durch die einzige Form, in der der eigene Tod - in der Schrift - als zukünftiges Faktum antizipiert werden kann: im Testament. Das Testament ist somit ein logischer Bestandteil der Romanpoetologie Jean Pauls. Es erlaubt, die unabgeschlossene Bilanz des Lebens als abgeschlossen zu imaginieren (obschon rein formal) und über das Fortleben (im bilanztechnischen Sinn) zu verfügen. Im Testament reicht der Eigenwille über die Todesstunde hinaus, und die Beziehung zu den Mitmenschen bekommt erst ihre volle Bedeutung, die in der Herrschaft des letzten Willens liegt: dieser muß wenigstens respektiert werden (wie wenig der einzelne auch sonst im Leben Beachtung gefunden haben mag). Dieser Wille kommt wie die Erbschaft erst nach dem Tode, der die Leibeigenschaft des Geistes aufhebt, zur Auszahlung. Beides ist im >Siebenkäs< der Fall: seine Erbschaft wird erst nach seinem Tod ausgezahlt, "widrigensfalls wolle Testator als Gespenst auftreten" (3/554), und er regelt in seinem Testament die sozialen Beziehungen, über die er im Leben keine Verfügungsgewalt hatte. So regelt auch in den >Flegeljahren< das Van der Kabelsche Testament den gesamten Handlungsablauf des Romans. Die Eröffnung vollzieht sich als ein Akt der Öffentlichkeit in dem Rathaus, woran auch wir als Leser und Bewohner der Gelehrtenrepublik partizipieren.

Nun hat Van der Kabel selbst schon die Erbschaft, die er vermacht, vom Adoptivvater Van der Kabel angetreten, indem er seinen Namen, nämlich Friedrich Richter, dafür hergab, und er will diesen Namen weiter vererben: "Harnisch soll sie wieder erben (die zwei Worte: Friedrich Richter, P.), wenn er mein Leben, wie folgt, wieder nach- und durchlebt." (3/588) Gleich zu Beginn der >Flegeljahre< wird der Roman selbstbezüglich ad absurdum geführt (nämlich der Roman als eine mögliche geschlossene Sinn-Einheit): das Testament fordert die eigene Lebensbeschreibung als Existenzvollzug, den der "etwas elastische Poet" Walt Harnisch als das Leben des anderen - nur kürzer - durchleben soll. Van der Kabel alias Friedrich Richter beerbt sich also selber. Für diese ganze Geschichte muß nun ein Schriftsteller gewonnen werden, der somit die Aufgabe hat, eine doppellagige (Auto-)Biographie zu verfassen. Dieser Verfasser ist natürlich J.P.F. Richter, dessen erster Schreibakt es ist, eine Testaments-Kopie, nämlich das erste Kapitel des Romans zu liefern. Diese auf die Spitze getriebene Selbstbezüglichkeit wird gesteuert und erhält seinen Sinn einzig von der Verschiebung des Namens Friedrich Richter, der changiert und wie eine Spielmarke eingesetzt wird (von Van der Kabel I zu Van der Kabel II zu Walt/Vult zu dem Autor). Jean Paul benutzt in dem Zusammenhang die Schachspiel-Metaphorik und sieht die Biographik als ein Spiel: "Spaßhaft, sagt' ich in der vorigen (Klausel, P.), wird ihm das vorkommen (nämlich das Leben nachzuleben, P.), besonders da ich ihm verstatte, meine Lebens-Rollen zu versetzen und z.B. früher die Schulstube als die Messe zu beziehen - bloß mit dem Pfarrer muß er schließen-" (3/589) Das dichterische Leben ist nur freier als das wirkliche; in jenem können die Fehler dieses vermieden werden.

Das Testament sichert so eine Kontinuität zwischen Diesseits und Jenseits für den jeweiligen Eigensinn. Ohne Testament und Erbschaft wären aber alle *des* Todes, der kein Nachleben kennt, eines nihilistischen Todes, und aller Eigensinn, in dem sich ein Ich-selbst im Laufe eines Lebens ausprägt, wäre unwiderruflich verloren. Insofern sind die Romane Jean Pauls auch selbst Testamente: sichern sie ihm doch die Liebe seiner Leser als seine Universalerben weit über den Tod hinaus. Sie sind Stiftungen und Investitionen für sein Nachleben und Erbschaften für uns. Wir müssen nur das Spiegelglas seiner Werke in Brillen umschleifen, die uns neu sehen lehren, "weil jedes Werk der Darstellung so gut aus einem *Spiegel* in eine *Brille* muß umzuschleifen sein". (3/596) Derjenige, der sich seinem Willen verweigert, den wird er "nicht gerichtlich, sondern geistig, verfolgen und erschrecken". Und er droht: "es sein nun, daß ich ihm als der Teufel erscheine oder als ein langer weißer Mann oder bloß mit meiner Stimme, wie es mir etwa meine Umstände nach dem Tode verstatten." (3/504) Daher lassen sie mich mit einer letzten Zitat-Mahnung schließen: "Habt also Einsichten, Universalerbe(n)!"

V. ULYSSES

1. Welt-All-Tag[1]

"Ulysses ist der Bericht eines einzigen Tages, des 16.Juni 1904. Dieser Tag war ein ganz gewöhnlicher Tag; keinerlei wichtiges Ereignis kennzeichnete ihn; er war für die Dubliner, die im *Ulysses* auftreten, weder ein Unglücks- noch ein Freudentag. Eine lange Trockenheit erreichte an diesem Tage ihren Höhepunkt, und die vielen Wirtshäuser der irischen Hauptstadt beanspruchten den größten Teil der freien Zeit und des Geldes der Dubliner für sich; freie Zeit gab es wie gewöhnlich reichlich, Geld dagegen war wie immer nur spärlich vorhanden. Am Morgen wurde ein Mitbürger beerdigt, kurz vor Mitternacht wurde ein Kind geboren; um dieselbe Zeit schlug das Wetter um, starker Regen brach los, ein wilder Donnerschlag begleitete ihn. Und während in den Wirtshäusern die Dubliner Guiness, Power oder <J.J.u.S.> in sich hineingossen, sprachen sie eifrig über irische Politik, berauschten sich an Liebes- und Vaterlandsliedern, verloren ihr Geld beim Ascot-Rennen. Gegen 4 Uhr nachmittags wurde in der Wohnung des Annoncenakquisiteurs Leopold Bloom ein Ehebruch vollzogen. Wirklich, ein ganz gewöhnlicher Tag."[2]

Es war übrigens ein Donnerstag. Die Gewöhnlichkeit dieses Tages ist oft genug herausgestellt worden. Aber weil das romangeschichtlich und vor allem romantechnisch so außergewöhnlich ist, müssen wir nochmals darauf eingehen.

"Gesetzt den Fall, Sie hätten eine Sammlung von Kalendern vor sich, vom Jahre 1900 an. Aus diesem Haufen ziehen Sie auf's Geradewohl einen heraus. Sie fallen auf ein Jahr der Jahrhundertwende. Dann schließen Sie die Augen und bezeichnen mit der Bleistiftspitze ebenso zufällig einen Tag. Sie fallen auf den 16.Juni. Jetzt versuchen Sie, zu erfahren, was an diesem Tag wie jeder andere passierte, während eines relativ friedlichen und erfolgreichen Jahres, zumindest in unserem lie-

---

1 In diesem Teil werde ich einiges für den Joyce-Kenner Selbstverständliche wiederholen; manches mag auch den Charakter einer Einleitung haben. Mir kommt es vor allem darauf an, ein Glied in eine Reihe zu fügen, das die Verkettung wie die Verlängerung gewährleisten soll. Das geht freilich nicht so 'glatt', wie dies sprachliche Bild es nahelegt.
2 Stuart Gilbert: Das Rätsel Ulysses, Frankfurt/Main 1977, 9.

ben, alten Vaterland. Sie werden also zur Nationalbibliothek gehen. Sie werden in der Presse nachschlagen. Sie finden die Spalten 'Verschiedenes', Unfälle, Worte von Notabeln dieser Zeit, eine staubige Masse an Informationen und ramponierten Nachrichten, verdächtige Andeutungen über die Kriege und Revolutionen, die im Gange sind. (...) Sie werden ... nicht viel finden über die Art und Weise, wie die Leute ohne Bedeutung diesen Tag verlebt haben: Besorgungen und Sorgen, Mühen und Zerstreuungen. Allein die Reklame (noch in den Kinderschuhen), die Rubrik 'Verschiedenes', die kleinen Randinformationen werden Sie über das belehren, was während dieser Stunden im Mittelpunkt des Alltagslebens auftauchte."[3]

Wir würden also unbefriedigt von dannen ziehen, gäbe es nicht diesen Einbruch des Alltäglichen in die Literatur, James Joyces >Ulysses< nämlich, der uns an jenem Tag wie an einem göttlichen Wissen teilhaben läßt (vorausgesetzt, Gott weiß alles), dem 16. Juni 1904, ein Tag, der zum Symbol des "universellen Alltagslebens" wurde, "eines Lebens, unmöglich erfaßbar in seiner Endlichkeit und seiner Unendlichkeit, da es den Geist der Epoche umschließt und deren 'fast schon unfaßbares' Gesicht, nämlich die Erzählung von Joyce, die jede Facette der Alltäglichkeit aus der Anonymität zieht. (...) Das Alltägliche tritt in Szene, mit Epischem, Masken, Kostümen, Dekorationen bedeckt. (...) Alle Hilfsquellen der Sprache werden angewandt, die Alltäglichkeit, deren Elend und Reichtum, auszudrücken."[4]

Das Alltägliche wird selbst Sprache, wird zum Exzess des Dichters. Vom "universellen Alltagsleben" spricht Hermann Broch in dem Aufsatz >James Joyce und die Gegenwart<. Worin, so fragt er, besteht die historische Realität, die auf dem Konkreten beruht, und die doch als eine Totalität erfaßt werden soll. Er nennt diese Totalität des Konkreten den Zeitgeist: "das Vorhandensein des Zeitgeistes ruht letztlich im Konkreten, es baut sich auf den Millionen und Aber-Millionen anonymer dennoch konkreter Einzelexistenzen auf, die die Epoche bevölkern, es besteht aus den Myriaden und Aber-Myriaden anonymer dennoch konkreter Einzelkräfte, die das Gesamtgeschehen im Gange halten; und in der konkreten Ganzheit dieses unfaßbar unendlichen, unendlich facettierten <Welt-Alltags der Epoche> ist der Zeitgeist, ist sein beinahe schon unbegreifliches Antlitz enthalten. Und die nämliche konkrete (und wenn man will, sogar <naturalistische>) Totalität scheint in jeder großen geistigen Leistung auf,

---

3 Henri Lefèbvre: Das Alltagsleben in der modernen Welt, Frankfurt/Main 1972, 74.
4 Ebd. 8 f.

vor allem aber in der künstlerischen Leistung: durch eine besondere Konstellation des Schicksals dazu erkoren oder verdammt, ist ihr die Aufgabe erwachsen, zum Brennpunkt der anonymen Kräfte der Epoche zu werden, sie in sich zu sammeln, als wäre sie der Zeitgeist selber, ihr Chaos zu ordnen und sie so in den Dienst des eigenen Werkes zu stellen."[5]

Joyce hat sich eine "mythische Aufgabe" gestellt und bewältigt. Und "eben hierdurch von den anonymen Einzelfacetten des 'Welt-Alltags der Epoche' unterschieden, die isoliert bleiben und nur von dieser oder jener Einzelkraft bewegt werden oder sie darstellen, wird die große geistige und künstlerische Schöpfung zum unmittelbaren und konkreten Träger der in der Epoche wirkenden Krafttotalität - freilich mit einer konkreten Unmittelbarkeit, die nur dem Genie zu eigen ist...-, sie wird zur wahren Neuschöpfung der Epoche..."[6] Die Betonung muß hier auf Neuschöpfung liegen. Joyces Verfahren ist weder naturalistisch noch mündet es ins Phantastische oder Märchenhafte, wie Broch meint.[7] Die Entdeckung seiner Verfahrensweise wird zu einer Enthüllung der Wahrheit der Kunst führen.

Was ruft eigentlich ein gesteigertes Interesse am Alltagsleben hervor? Es ist erstaunlich, daß sich diese Frage stellt, spielt sich doch als solches unser Leben ab. Unser Leben ist zumeist eben Alltagsleben, und wieso sollte diese Tatsache nicht unser Interesse erwecken? Wenn für uns etwas bedeutsam sein kann: was, wenn nicht das Alltägliche? Mit jedem Tag - von morgens bis abends - beginnt das Drama des Lebens von neuem. Damit ist auch das Drama als Gattung gemeint. Der frühe Vortrag von Joyce >Drama and Life< von 1900 über Ibsen handelt unter anderem auch davon.[8] Er bestimmt in gewisser Weise schon die Ausgangslage für den großen Roman. Es handelt sich um die nicht gerade originelle Gesellschaftskritik der Jahrhundertwende: das 'heutige' Leben sei ein trauriges Einerlei, ohne jegliche Romantik, das nur noch von der Bohème erträglich gestaltet wird. Aber auch die Anonymität der Lebenswelt in der modernen Gesellschaft erlaubt es - und das ist die Aufgabe für den Künstler -, ein gewisses Maß an Dramatik aus ihr herauszuziehen. Die menschlichen

---

5 Hermann Broch: James Joyce und die Gegenwart, in: H.B., Gesammelte Werke , Essays I, Zürich 1955, 138-210, hier:184.
6 Ebd. 184 f.
7 Vgl. ebd., 190.
8 Vgl. Umberto Eco: Die Poetiken von Joyce, in: U.E., Das offene Kunstwerk, Frankfurt/Main 1977, 309.

Wahrheiten oder Realitäten, die großen Leidenschaften, existieren auch im wissenschaftlichen Zeitalter. Die gewöhnlichsten und entfremdetsten Menschen können eine Rolle in einem großen Drama spielen. Große Kunst besteht darin, dem Unbedeutenden Bedeutung zu verleihen. Wo, wenn nicht im Alltag, sind wir Menschen menschlich? Davon handelt seine Prosa von >Dubliners< bis >Ulysses<. Was uns zu faszinieren vermag, ist die Radikalität, mit der wir zur Wirklichkeit zurückgeführt werden - durch alle Überformungen, durch die kulturellen und medialen Diskurse oder Codes hindurch auf das, was menschliches Dasein ist. Das erfüllt in gewisser Weise unsere Sehnsucht nach Geborgenheit, nach Heimatlichkeit - auch wenn sie nur Schein sein sollte. Daß Alltäglichkeit nicht banal ist, sondern gültige Mannigfaltigkeit, ein erträgliches Chaos - darin liegt ihr künstlerischer oder poetischer Aspekt.

Die Geschichte eines Tages leben: Es handelt sich um eine Art Enzyklopädie (vgl. den Brief an Harriet Shaw Weaver vom 8.2.1922), eine Enzyklopädie der Verwandlungen, der Metamorphosen, worin es kein Zentrum der Rede gibt, und worin das menschliche Subjekt als Leib und Geist ständig neue 'Mythen' gebiert. Denn wenn auch die Beziehung auf den klassischen Mythos offenkundig ist (wenn auch sehr oft überschätzt), so werden doch ständig die Mythen des Alltags erzeugt, jedoch nicht diejenigen, die die Herrschaftsdiskurse produzieren (die Roland Barthes untersucht hat[9]).

Diese Mythen - und nicht anders wollen wir den Ausdruck verstanden wissen - sind einfach das, was das Produkt der poetologischen Verfahrensweise ist. Eine Diskussion dieser Verfahrensweise würde uns natürlich in sehr komplexe Analysen verwickeln. Es ist das, was die Poeto-Logik generiert, was das Chaos erträglich macht; dasjenige, was sie als die mögliche Wirklichkeit erschafft, von der als solcher kein Abbild zu geben ist. Kein Alltag ist, wie immer man ihn auch raumzeitlich eingrenzt, in seiner Gesamtheit beschreibbar. Und doch erschafft Joyce einen All-Tag. Auch er sortiert und wählt aus, aber zunächst in einer Umkehrung der Wertperspektive. Eco hat dies herausgestellt:

"Die aristotelische Perspektive ist völlig umgestürzt: was vorher unwesentlich war, wird nun Mittelpunkt der Handlung; im Roman geschehen nicht mehr große wichtige Dinge, sondern alle die kleinen unbedeuten-

---

9 Roland Barthes: Die Mythen des Alltags, Frankfurt/Main 1976 (4)

den Dinge, ohne Verbindung zueinander, im kohärenten Fluß ihres Eintretens, die Gedanken wie die Gesten, die Vorstellungsassoziationen wie die Verhaltensautomatismen. Stellen wir ... fest, daß dieser Verzicht auf Auswahl und hierarchische Organisation der Fakten die Elimination der traditionellen Bedingungen für ein Urteil bedeutet. Im traditionellen Roman bestand das Urteil gerade kraft der Handlung: eine Handlung setzt kausale Zusammenhänge (und damit Erklärungen), sagt uns, daß das Faktum B aufgrund des Faktums A eintritt. Wenn man nun Geschichte schreibt (oder, wie in der Erzähltradition, vorgibt, sie zu schreiben), dann ist eine kausale Erklärung schon eine Rechtfertigung, und zugleich eine Klassifizierung gemäß einer bestimmten Ordnung von Werten. Auch eine rein faktische Erklärung in Termini von Realpolitik ist in der Geschichtsschreibung eine Rechtfertigung gemäß einer machiavellistischen Wertperspektive."[10]

Indem ein Tag erzählt wird (es handelt sich keineswegs um die Geschichte eines Tages), wird dieser Tag nicht herausgenommen aus dem Kontinuum der Zeit; vielmehr mündet in ihn alle Zeit und von ihm geht alle weitere Zeit aus. Oder bildlich gesprochen und schärfer: dieser Tag ist wie ein Nadelöhr, durch das die (abendländische) Zeit gefädelt wird. Potenziell können wir also allem begegnen. Geradeso wird aller Raum (der okzidentale Raum) im Brennpunkt einer Stadt versammelt. Stadt und Tag werden so zu einem metonymischen Symbol.

Wir könnten auch so beginnen:

"Miss Dunne verbarg das aus der Capel Street Library entliehene Exemplar der *Frau in Weiß* tief hinten in ihrer Schublade und spannte ein Blatt prunkendes Briefpapier in ihre Schreibmaschine.
Zuviel Geheimniskrämerei darin. Liebt er die nun eigentlich, Marion? Umtauschen und dafür noch eins von Mary Cecil Haye nehmen.
Die Scheibe schoß die Nut herunter, schwabbelte ein Weilchen, blieb stehen und beäugelte sie: sechs.
Miss Dunne ließ die Tasten klappern:
- 16. Juni 1904." (318)

Also ein ganz gewöhnlicher Tag. Indem er poetisiert wird, enthüllt er sich als ein Universum von Zeichen. Das heißt zunächst, daß aus der Intention eines Autors, eine Bedeutung, einen Sinn aus dem Leben zu extrahieren und zu pressen, alles (das All) reduziert wird. Es ist klar, daß alle denkerischen Akte und sprachlichen Verfahren reduktiv sind. Es handelt sich aber vor allem um einen Aufstand gegen den diktatorischen Sinn, gegen

---

10 Eco, a.a.O., 354.

das Bedeutungsdiktat des Gott-Autors, das Viele(s) verwirft und Wenige(s) erhöht.

> "Der *Ulysses* ist nun gerade geprägt - wenigstens scheinbar - durch die Entscheidung für die *res gestae* gegen die *historia rerum gestarum*, für das Leben gegen die Poesie, für die unterschiedslose Aufnahme aller Ereignisse, durch den Verzicht auf Auswahl, durch gleichberechtigte Einfügung des unbedeutenden Faktums neben dem bedeutenden - so sehr, daß kein Faktum definierter, wichtiger oder unwichtiger als ein anderes sein kann und daß alle Fakten, da sie gewichtslos werden, die gleiche Bedeutung annehmen."[11]

"Für das Leben gegen die Poesie" - das heißt, für alle und alles. Das ist göttlich, wenn vor Gott alles gleichviel gilt, und damit erhält alles Bedeutung. Was wir das Bedeutende nennen, das durch das Urteil zustandekommt, ist nur der Ausdruck der Vermessenheit des menschlichen (selektiven) Verstandes und Ausdruck seiner Beschränktheit. Das heißt auf der anderen Seite aber auch, daß die Bedeutungen unendlich vermehrt werden müssen. Das wäre gleichsam die göttliche Semantik versus das menschlich beschränkte Prinzip des Herausklaubens des Wesens und des Wesentlichen, Prinzip der Wissenschaft, Philosophie und traditionellen Poetik, insbesondere der Romanpoetik. "Dieses Prinzip des Wesentlichen, das mit dem Romanhaften gleichgesetzt wird, bewirkt, daß im traditionellen Roman nicht davon die Rede ist, daß der Held sich die Nase schneuzt, es sei denn, dieser Akt 'zählt' irgendwie in Hinsicht auf die Handlung. Wenn er nicht zählt, ist er unbedeutend und hinsichtlich des Romans sinnlos. Bei Joyce nun erfolgt die vollberechtigte Akzeptierung aller sinnlosen Handlungen des Alltagslebens als Material der Erzählung."[12]

Wir werden sogleich sehen, daß die Gleichberechtigung aller Handlungen nur scheinbar gilt; denn gleichwohl ist Joyce ebenso wie der traditionelle Romanautor gezwungen, den göttlichen Lenker des Schicksals seiner Personen zu spielen. Er entscheidet sich zwar für das Leben (in einem alltäglichen und metaphysischen Sinn), aber eben auch für die Poesie. Alles wird darauf hinauslaufen zu verifizieren: "Große Literatur ist lediglich Sprache, die extrem mit Bedeutung angereichert ist."[13] Also ein Widerspruch? Studieren wir ein Beispiel, 'Ein Käse-Sandwich':

---

11 Ebd. 355.
12 Ebd. 354.
13 Es handelt sich um ein Wort von Ezra Pound, zit. bei Richard Ellmann: Ulysses in Dublin, Frankfurt/Main 1982, 92.

"Viele Romanautoren gönnen ihren Hauptfiguren niemals eine vernünftige Mahlzeit. Joyce ist darauf bedacht, daß Bloom gleich drei erhält. Das Mittagsmahl, daß er ihm serviert, ist ziemlich dürftig: nur ein Glas Burgunder und ein Gorgonzola-Sandwich (...) Die Wahl des Menüs ist nicht zufällig (...) die Episode entwickelt sich hauptsächlich aus zwei verschiedenen Einstellungen zu Nahrung und Sexualität.[...] Die beiden Pole dieses Kapitels - der eine weiß, der andere rot, der eine fleischlos, der andere aus Fleisch und Blut - leben jetzt auf, und Bloom sieht sich genötigt, entweder eine existentielle Wahl zu treffen oder auf sein Mittagessen zu verzichten./ In dieser kasuistischen Krise betritt er Davy Byrnes Pub. Zuerst bestellt er ein Glas Burgunder - pflanzlichen Ursprungs und doch ganz anders als das ursprüngliche Produkt. Dann gelüstet es ihn ein wenig nach Sardinen (ihm ist früher der Spitzname eingefallen, den er in seiner Kindheit hatte, 'Makrele'). Der Fisch kann im Wasser überleben, was weder fleisch- noch pflanzenfressende Landbewohner vermögen. Er entschließt sich dann aber zu etwas anderem: einem Gorgonzola-Sandwich. Dieser Käse ist weder pflanzlich noch fleischlich, aber er lebt: er wird aus der Milch eines Säugetiers ohne Schlachtung hergestellt und von Brot eingeschlossen, das pflanzlichen Ursprungs ist, wenn auch von Menschenhand umgeformt."[14]

Man sieht, daß die Bedeutungen teils aus dem Bewußtsein teils aus dem Unbewußten aufsteigen. Das gilt für die Protagonisten wie für den Autor. (In der Sprache als dem Universum der Bedeutungen liegt viel mehr, als die Autorweisheit sich träumen lassen kann.) "Es ist die Präsenz jener noch nicht von den Phantasmen der Vernunft aufgelösten 'Lebenswelt', in der unser Ursprung und unsere Natur, jene, die die moderne Phänomenologie entdeckt hat, zu suchen sind."[15]

Was könnte natürlicher, banaler, aber auch für uns bedeutsamer sein als die morgendlich zu entrichtende Notdurft. So Bloom:

"Er stieß die gebrechliche Tür des Abtritts auf. Bloß achtgeben, daß mir die Hose hier nicht dreckig wird, für die Beerdigung." (96)

Wir erkennen hier den Umschlag von auktorialer Erzählung zum inneren Monolog, der ganz unvermittelt geschieht, und im folgenden das Hin-und Herspringen zwischen beiden Erzählhaltungen.

"Auf dem Kackstuhl hockend, entfaltete er seine Zeitung und schlug auf den entblößten Knien die Seiten um. Irgendwas Neues und Leichtes. Keine große Eile. Ruhig noch ein bißchen zurückhalten. Unser Preisausschreiben, der Leckerbissen der Woche. *Matchams Meisterstreich*. Von Mr. Philip Beaufoy, Playgoers' Club, London. Honorar in Höhe von einer Guinee pro Spalte wurde an den Verfasser überwiesen. Dreieinhalb. Drei Pfund drei. Drei Pfund dreizehn-sechs.

---

14 Ebd. 93 und 97.
15 Eco, a.a.O., 388.

In Ruhe las er, seinen Drang noch unterdrückend, die erste Spalte und begann, schon nachgebend, doch mit Widerstreben noch, die zweite. Auf ihrer Mitte angelangt, gab er seinen letzten Widerstand auf und erlaubte seinen Eingeweiden, sich zu erleichtern, ganz so gemächlich, wie er las, und immer noch geduldig lesend, die leichte Verstopfung von gestern ganz verschwunden."(96 f.)

Es handelt sich nicht nur um eine realistische Notierung. Das Bedürfnis des Körpers und der Strom der Gedanken wirken aufeinander ein, "die Gedanken orientieren sich am Muskelrhythmus und dieser wird angeregt oder verlangsamt vom Bewußtseinsstrom."[16] Daraus läßt sich eine Weltanschauung gewinnen:

"In Wirklichkeit ... gibt es keinen vom Muskelrhythmus losgelösten Bewußtseinsstrom mehr; keine 'primauté du spirituel' und keinen Determinismus der physischen Prozesse. Der Rhythmus des banal auf dem Wasserklosett sitzenden Bloom ist wahrhaft ein natürlicher, integrierter und einheitlicher Rhythmus, bei dem es keine einsinnigen Ursache-Wirkung-Beziehungen mehr gibt, und also keine Ordnung qua Hierarchie der Wesenheiten oder Ereignisse. Eine Hierarchie ist nur eine formale Vereinfachung: hier gibt es konkret ein Feld von interagierenden Ereignissen. Das ist der schmutzige, aber reale Augenblick (was real ist, wird in dieser Welt, in der jede Möglichkeit für eine notwendige und ein für allemal festgelegte Wertordnung verlorenging, nie mehr schmutzig sein), in dem, komprimiert, aber exakt, die Weltanschauung sichtbar wird, die das ganze Buch beherrscht. Es ist die Epopöe des Unbedeutenden, der bêtise, des Nichtausgewählten, denn die Welt ist eben der Totalhorizont der unbedeutenden Ereignisse, die sich zu beständig neuen Konstellationen verbinden, von denen jede Anfang und Ende einer vitalen Relation ist, Zentrum und Peripherie, erste Ursache und letzte Wirkung einer Kette von Begegnungen und Entgegensetzungen, Verwandtschaften und Diskordanzen. Gut oder böse, dies ist die Welt, von der der moderne Mensch Bilanz zieht, in der abstrakten Wissenschaft wie in der lebendigen und konkreten Erfahrung; die Welt, an die sich zu gewöhnen er lernt und die er als seine ursprüngliche Heimat erkennt."[17]

Ich habe Umberto Eco hier so ausführlich zitiert, weil er die weltanschauliche, wenn man will: ideologische, Seite von Joyces Werk deutlich macht. Das ist aber nur die eine Seite der Medaille. Die andere - ich beziehe mich auf das gleiche Textstück - liegt in der Integration der Gelehrsamkeit (des Mythos, der Geschichte, der 'großen' Kultur). Bloom ist nicht ungebildet und sein Autor noch viel weniger; und mehr noch: beide sind ja auch von den 'alten' Werthierarchien beeinflußt und beeindruckt. Die All-

---

16 Ebd. 398.
17 Ebd. 389.

täglichkeit ist keine tabula rasa, die neu und unbelastet beschriftet werden könnte. Joyce macht das auf subtile Weise deutlich. Schon daß Bloom in der Eccles Street wohnt, mag ein Wortspiel mit Achilles sein (phonetisch gleichlautend). Die Kloszene könnte ebenso in den abendländischen kulturellen Kontext eingebettet werden mit dem Hinweis auf Sir John Haringtons's Tractat >Ulysses upon Ajax< (1596). "Es handelt sich um eine - zum Teil unleugbar witzige und geistreiche - koprophile Ferkelei; die, zusammen mit einem Pendant, 'The Metamorphosis of Ajax', schon SHAKESPEARE viel Spaß gemacht hat. Der Trick ist bewirkt durch die phonetische Ähnlichkeit mit 'a jakes': ein WC: und der Titel also zu lesen 'Ulysses upon a jakes'."[18] Schließlich ist Bloom ein König (ein geheimer König) von Dublin, der auf seinem Thron sitzt gerade so wie ein König auf dem höchsten Thron. Für beide gilt gleichermaßen, was bereits Montaigne am Ende seiner >Essais< feststellt: "Und auf dem höchsten Thron der Welt sitzen wir doch nur auf unserm Hintern."[19]

---

18 Arno Schmidt: Der Triton mit dem Sonnenschirm, 263.
19 Übers. Lüthi, 884.

2. Zeichensetzung: Reihen, Ketten, Knoten

Das Eingangskapitel der 'Telemachie' gehört zu jenen vollendet geschaffenen Romananfängen, die in nuce die gesamte Romanpoetik enthalten.
(Wie in Sternes > Tristram Shandy <, Prousts > Recherche < oder Musils
> Mann ohne Eigenschaften <.)

> "Stately, plump Buck Mulligan came from the stairhead, bearing a bowl
> of lather on which a mirror and a razor lay crossed. A yellow dressing-
> gown, ungirdled, was sustained gently behind him by the mild morning
> air. He held the bowl aloft and intoned:
>
> - *Introibo ad altare Dei.*" (9)

> "Stattlich und feist erschien Buck Mulligan am Treppenaustritt, ein Sei-
> fenbecken in Händen, auf dem gekreuzt ein Spiegel und ein Rasiermes-
> ser lagen. Ein gelber Schlafrock mit offenem Gürtel bauschte sich leicht
> hinter ihm in der milden Morgenluft. Er hielt das Becken in die Höhe
> und intonierte:
>
> - *Introibo ad altare Dei.*" (7)

Das Alltägliche tritt *in Szene*, unvermittelt und ohne dem Leser zu er-
zählen, daß sich diese Szene auf dem Martello-Turm abspielt, wo Buck und
Stephen wohnen. Die morgendliche Rasur steckt voller An-Zeichen, deren
Wiederkehr sie zu Symbolen in einem komplexen Feld verdichtet. Buck,
der Bock, schon Ordinäres evozierend, zelebriert eine Rasier-Messe. Das
Alltägliche und das Heilige werden parodistisch kurzgeschlossen. Das
'Seifenbecken' ist ein erster Marker, von dem aus sich die Zeichen verket-
ten und verzweigen; man kann den gesamten Text von hier aus ausspinnen,
ohne den Faden abreißen zu lassen. Das soll hier nur an einem Beispiel
angedeutet werden.

Das Becken kehrt wieder: da ist das Becken, die Bucht, die See, die
"rotzgrüne See" ("the snotgreen sea"). Von hier aus laufen zwei Stränge:
zur Mutter Stephens und zur Kunst (zu seiner irischen Kunst), beides mit
Bitterkeit durchtränkt. Von nun an wird man sehen, wie alles zusammenhängt.

"Ein Becken aus weißem Porzellan hatte neben ihrem Totenbett gestanden, darin die grüne zähe Gallenmasse, die sie unter lautem Stöhnen in Brechanfällen ihrer verfaulenden Leber entrissen hatte." (11)

Stephen Daedalus erinnert sich an seine Mutter, an ihren Tod.

"Da lag es hinter ihm, ein Becken voll bitterer Wasser." (16)

Hier ist das Becken zum Symbol geworden (das soll hier einfach ein Zeichen bedeuten, das mit Bedeutung aufgeladen ist): es ist der Anblick der Bucht, der zusammen mit dem Gedenken an den Tod der Mutter sich in diesem Becken verdichtet. Aber der Vorgang, wie sich ein scheinbar einfaches Wort-Zeichen zu einem Symbol verdichtet, ist weitaus komplizierter und dichter. Ein zweiter Bedeutungsstrang läuft zuvor mit dem "Becken" zusammen, es ist die Farbe "rotzgrün". Über die Rotzfahne, die Buck Mulligan sich von Stephen leiht, wird übergeleitet zur Bemerkung Bucks:

"Des Barden Rotzfahne. Eine neue Kunstfarbe für unsere irischen Poeten: Rotzgrün. Kann man fast schmecken, was ?" (9)

Diese Farbe verbindet sich mit dem Anblick der See, die als Mutter tituliert wird.

"-... Ist die See nicht genau was Algy sie nennt: eine graue liebe Mutter? Die rotzgrüne See." (9)

Auch der zerborstene Spiegel Bucks wird in diesen symbolischen Bedeutungstaumel hineingezogen. Stephen erblickt sein 'Portrait' darin und sagt "mit Bitterkeit": "Symbol der irischen Kunst. Der geborstene Spiegel eines Dienstmädchens." (12) Auch das "Becken voll bitterer Wasser" wird mit weiterer Bedeutung angereichert. Das geschieht durch das Lied von Yeats aus >The Countess Cathleen<, das Mulligan anstimmt: "Und nimmer geh beiseit' und sinn' / Der Liebe bitterm Rätsel nach, / Denn Fergus lenkt die erz'nen Wagen." Es ist auch das Todeslied der Mutter. Die See und die Mutter verschlingen sich in einem Buchstaben, dem W, dem Zeichen für das Weibliche, das Wiegen des Kindes, das Weiche:

"Waldschatten fluteten still vorbei durch den Morgenfrieden, nach See hinaus, wohin er vom Treppenaustritt blickte. Landwärts und weiter draußen weißte sich der Wasserspiegel, gespornt von lichtbeschuhten eilenden Füßen. Die weiße Brust der blassen See. Verschmelzende Hebungen, zwei und zwei. Eine Hand, zupfend die Harfensaiten, die ihre verschmelzenden Klänge ineinander schlangen. Wellweiß umwundene Worte, schimmernd auf blasser Flut."

Eine Wolke begann langsam die Sonne zu bedecken, die Bucht verschattend in tieferem Grün. Da lag es hinter ihm, ein Becken voll bitterer Wasser. Fergus' Lied: ich sang es allein im Hause, dehnend die langen dunklen Klänge. Ihre Tür stand offen: sie wollte meine Musik hören. Still vor Scheu und Mitleid trat ich an ihr Bett. Sie weinte auf ihrem Elendslager. Um dieser Worte willen, Stephen: der Liebe bittres Rätsel." (16)

Wir verstehen nun erst den mehrfachen Sinn des Satzes: "Da lag es hinter ihm, ein Becken voll bitterer Wasser."

Das ist - formal gesehen - Erzählerbericht und erlebte Wahrnehmung.[20] Es vollzieht sich eine extreme Bedeutungsverdichtung. Die Bucht ist sinnlich wahrgenommene Bucht und Metapher zugleich. Denn der Prozeß der assoziativen oder unwillkürlichen Erinnerung durchdringt den der Wahrnehmung (daß das natürlich im Bewußtsein stattfindet ist ebenso banal wie wahr). Das alles 'bedeutet' Becken mit den verzweigten Konnotationen. Die bitteren Wasser 'bedeuten' oder 'werden zu' Tränen usw. Solche Verdichtungen, hier 'Symbole' genannt, sind gleichsam Knoten, in denen sich Satzgefüge verschlingen und eine verdichtete Bedeutung erzeugen. Je dicker die Knoten, desto dichter die Bedeutung. Hier kreuzen sich auch jeweils die syntagmatische und die paradigmatische Achse (oder das metonymische und das metaphorische Verfahren, wenn man die Terminologie Jacobsons verwenden will).

Leicht ließe sich das Beziehungsfeld ausweiten. Der zweite 'Block' wird durch das anschließende Frühstück gebildet. (Wir befinden uns immer noch im ersten 'Telemach'-Kapitel). Man kann die Beziehung bilden über die Countess Cathleen zu Cathleen ni Houlihan als die alte Milch-Frau, die Irland symbolisiert.[21] Da ist der anspielungsreiche Name 'Chrysostomos', der unvermittelt als ein Bewußtseinssegment in die erste Szene hereinragt. Es handelt sich um eine erste assoziative Allusion. Sie zitiert den Kirchenlehrer Chrysostomos, der wegen seiner Beredsamkeit den Beinamen Goldmund (das 'bedeutet' dieses Wort im Griechischen) erhielt. Er soll hier den Geist Buck Mulligans charakterisieren, und die Assozia-

---

20 Vgl. Therese Fischer-Seidel: Bewußtseinsdarstellung im Werk von James Joyce, Frankfurt/Main 1973, die bemerkt, daß dieser Satz, "der zunächst wie die Fortsetzung des *Erzählerberichts* aussieht, ... sich als *erlebte Wahrnehmung*" erweist.(146) Ihre Bemühungen, das Bewußtsein da herauszudividieren, verdienen alle Anerkennung. Aber manchmal geht das auf Kosten der schönen Mehrdeutigkeit.
21) Vgl. Eckhard Lobsien: Der Alltag des Ulysses, Stuttgart 1978. Ebd. findet sich auch ein ausführlicher Forschungsbericht (1-45).

tion wird ausgelöst durch die goldenen Punkte auf den Zahnspitzen Bucks. Darüber hinaus wird hier das Beziehungsfeld von Griechentum und Christentum / Judentum angeschnitten, das auf das 'Äolus-Kapitel' verweist, aber auch gesamtstrukturelle Zusammenhänge erschließt.[22] Da sind noch zu erwähnen die über das Kapitel hinausweisenden Hamlet Anspielungen, der Gewissensbiß ("Agenbite of inwit. Conscience." (22)) Stephens, der am Sterbebett der Mutter nicht knien und beten konnte und der Riß der irischen Kunst: "Yet here's a spot. - That one about the cracked lookingglass of a servant being the symbol of Irish art ..." (Ebd.)

Wir wollen noch ein das gesamte Textgefüge des >Ulysses< durchziehendes Zeichen/Symbol herausgreifen, den "omphalos". Damit ist ganz direkt zunächst der Martello-Turm gemeint, in dem Stephen und Buck wohnen, jener Turm, den man noch heute besichtigen kann.[23] Er begegnet zunächst in einer eingeschobenen Sequenz (man kann sie dem Bewußtsein Stephens zuschreiben):

"To ourselves...new paganism...omphalos." (13)

"Für uns selbst...neues Heidentum...omphalos." (13)

"To ourselves" ist eine wörtliche Übersetzung von *Sinn Fein;* in dieser Wortkette wird der irische Nationalismus mit dem Hellenismus, dem neuen Heidentum, verknüpft. Er begegnet ja auch im ersten Gesang der >Odyssee<: "Nabel des Meeres" (V.50), so wird jene Insel genannt, auf der Odysseus in den Armen der Nymphe Kalypso schmachtet. Im 'Protheus'-Kapitel kehrt er wieder und in den 'Rindern des Helios'. Er verweist auf das semantische Feld von Schöpfung, Zeugung und Geburt.

"Etymologisch ist der Name Kalypso mit Kalpe verwandt, was soviel wie Krug oder Schale bedeutet, und Kalpes Berg heißt Gibraltar. Homer sagt, Kalypso lebe in <einem Nabel des Meeres> auf einer Insel, und davon leitete Joyce offensichtlich seine Idee ab, daß Stephens erstes Kapitel, welches parallel zu diesem verläuft, auch einen Nabel beinhalten müsse - den *Omphalos* - Turm - und natürlich ein Becken - das Spuckbecken neben Mrs. Daedalus' Totenbett, das im Bilde des Rasierbeckens und des Meeres wiederkehrt, ein weiteres <Becken voll bitterer Wasser> (16). Dies dürfte Joyce auch in seinem Vorhaben bestätigt haben, Molly eine Kindheit auf

---

22 Fischer-Seidel, a.a.O., 140 f.
23 Dank an die Studentin, die mir in einer Vorlesungsstunde ein Foto vom Martello-Turm geschenkt hat. Heute steht eine Telefonzelle davor: vgl. die schöne Verbindung zu den folgenden Überlegungen.

Gibraltar zu geben."[24] Die Idee von Schöpfung und Zeugung kulminiert in den 'Rindern des Helios', wo der Gedanke an ein "Nationales Befruchtungs-Gestüt" auftaucht, "welches *Omphalos* heißen und zum Wahrzeichen einen Obelisken erhalten solle ... und Sorge tragen für die Befruchtung eines jeglichen weiblichen Wesens, gleich welchen Lebensstandes, das mit dem Wunsche an ihn heranträt, das Bedürfniß ihrer natürlichen Funktion zu erfüllen." (565)

Das Zeichen des Omphalos ist allgegenwärtig und markiert eines der Hauptthemen des Buches: Schöpfung, Zeugung, Geburt (wie schon Curtius bemerkte[25]). Das folgende Zitat aus 'Protheus' zeigt einmal mehr, wie der 'train of ideas' bei Stephen abfährt, beginnend mit einer sinnlichen Wahrnehmung:

"Sie kamen bedachtsam die Stufen herunter von Leahy's Terrace, *Frauenzimmer*: und herunter schlapp das abschüssige Ufer, ihre verbogenen Füße sackten ein im durchsickerten Sand. Wie ich, wie Algy, niederkommend zu unserer mächtigen Mutter. Die eine schwang plumpig ihre Hebammentasche, der anderen Regenschirm pokelte im Sand. (...) Eine aus ihrer Schwesternschaft hat auch mich ins Leben gezerrt, ein quäkendes Etwas. Schöpfung aus dem Nichts. Was hat sie wohl da in der Tasche? Eine Fehlgeburt mit nachschlurender Nabelschnur, verstummt in rotfrischer Wolle. Aller Schnüre laufen rückwärts zusammen, duchtenverflechtendes Kabel allen Fleisches. Darum die mönchischen Mystiker mit ihrer. Wollt ihr sein wie Götter? Beschaut euren Omphalos. Hallo. Hier Kinch. Verbinden Sie mich mit Edenhausen. Aleph, alpha: null, null, eins."(54)

Hier ist das Motiv der (Er-)Zeugung im Zeichen des Omphalos mit dem des Ursprungs zusammengebunden (Turm und Nabel), von dem die Kette der Generationen ausgeht. Schnur, Kabel, Verkabelung sind aber Metaphern für die Sätze selbst, aus denen der >Ulysses< besteht. Sie zeigen im Roman wie in der Menschheit ihre Verkettung an: der einzige Zusammenhang, der besteht. Denn Zusammenhang wird ja nicht länger durch geistige Identitäten gestiftet, etwa durch die Einheit einer Person oder eines Werks.

Bereits Stuart Gilbert hat diese Stelle mit einer gelehrten Anmerkung versehen, auf die ich hier nur verweise, und den Bezug zu den weiteren Stellen hergestellt.[26] Es kommt mir darauf an, einen Blick auf das poetolo-

---

24 Ellmann: Ulysses in Dublin, a.a.O., 53.
25 Ernst Robert Curtius: James Joyce und sein >Ulysses<, in: Neue Schweizer Rundschau XII, 1929.
26 Stuart Gilbert: Das Rätsel Ulysses, Frankfurt/Main 1969, 50-54 und 118 ff.

gische Verfahren zu werfen. (Die Einzeldeutung erfordert ein großes Maß an Wissen und Forschung; es handelt sich dabei in erster Linie um die Entschlüsselung der paradigmatischen Achse, auf der potentiell die Enzyclopedia Britannica aufgereiht ist.)

Kinch, der Spitzname für Stephen, 'bedeutet' auch die Messerklinge, die die Nabelschnur, den Telefondraht von dem Ursprung abschneidet. Kabbalistisches Denken schwingt da mit, auch Orientalisches. Der Turm, der Phallus und die Zeugung werden hier zusammen assoziiert. Von hier aus vervielfältigen sich die Bedeutungsketten ins Unübersehbare, wenn man das Beziehungsfeld 'Nabel des Meeres', Kalypso, Tochter des Atlas, Säulen des Herkules usw. einbezieht.

Derart wird die Methode der Anspielungen verstehbar, die eines der konstituiven Formelemente des Romans ist. Diese Methode, the allusive method, ist natürlich nicht neu, und wir haben schon einiges zu ihrer Gestalt und Funktion ausgeführt. Das Drama der Leidenschaften erhebt sich auch daraus, das die durchschnittlichen Gefühle an die große Literatur angekoppelt werden.

Doch zunächst einige allgemeine Bemerkungen zur 'allusive method'. Man kennt ihre Auswucherungen in >Finnegans Wake< und in >Zettels Traum< (überhaupt im Spätwerk von Arno Schmidt). Wo das Werk zur enzyklopädischen Montage wird, verschwindet das Erzählerische gegen Null. Das ist im >Ulysses< noch keineswegs der Fall. Wir haben Handlung, Charaktere, kurzum alles, was zum 'klassischen' Roman gehört. Dennoch ist auch hier der Gebrauch des Lexikons beim Lesen unerläßlich. Die Anspielungen, die aus der Ebene des Textes herausführen, betreffen verschiedene Funktionen. Solche sind der Vergleich, der Kontrast (Funktionen, die auch die Metapher übernimmt, die jedoch nicht einfach, sondern schon 'schwierig' ist), vor allem aber die Assoziationstechnik und die Analogien. Insofern wird ein vorwissenschaftliches Denken restauriert, das freilich im Alltagsleben nicht verschwunden ist. Wir haben es aber auch mit einer erweiterten Funktion zu tun: die Anspielungen sind nicht begrenzbar innerhalb eines gewissen Kanons, sondern potentiell unendlich (oder sagen wir besser: endlos). Das läßt sich leicht schon am Titel erklären; die Homer Anspielungen sind kaum auszuschöpfen. Man versuche nur die Verbindung zwischen Nestor in der >Odyssee< und im gleichnamigen

177

Kapitel herzustellen (d.h. zu Mr.Deasy). Schon die Vagheit dieser Analogie läßt die wildesten Spekulationen zu.

Das Feld solcher Beziehungen wird noch unüberschaubarer, wenn man die Christus- und Hamlet/Shakespeare-Anspielungen auszuspielen versucht. Mögen diese Beziehungen auch in einem Katalog erfaßbar sein - was nicht auszuschließen ist[27] -: ihre Deutung bleibt eine nicht endlich auszuschöpfende Aufgabe. Gleichwohl dienen gerade diese Anspielungen der Ordnung, der Begrenzung. Das hat bereits T.S. Eliot in seinem Essay über Joyce erfaßt. Er spricht hierbei von der 'mythical method': "In using the myth, in manipulating a continuous parallel between contemporaneity and antiquity, Mr Joyce is pursuing a method which others must persue after him ... It is simply a way of controlling, of ordering, of giving a shape and a significance to the immense panorama of futility and anarchy which is contemporary history."[28]

Durch die Anspielungen gewinnt die 'moderne' Anonymität und Durchschnittlichkeit Ordnung und Bedeutung (das betrifft nicht nur die Form des Romans, sondern des Lebens selbst). Die durch die Wissenschaften bedingte Geschichtslosigkeit der modernen Welt (ihre prinzipielle Sinnlosigkeit), die Einsamkeit und Isolation des modernen Menschen, die u.a. dadurch bedingt ist, werden hier tendenziell wieder aufgehoben und zu einem Sinngefüge verdichtet. Das läßt sich nicht mehr durch feste Regeln ordnen und verordnen. Der Sinn muß von jedem einzelnen Leser hergestellt und gefunden werden. Es werden zwar Hinweise gegeben, aber die konkrete Beziehung ist seinem freien Geistesspiel überantwortet. Hier greifen keine typologischen Schemata, sondern es handelt sich um die Gewinnung von Sinn durch die assoziativ-spielerische Verschmelzung von Sinnhorizonten (wenn hier die Hauptmetapher der neueren Hermeneutik einmal Verwendung finden darf). Die Hermeneutik in diesem Verständnis ist nichts, was als eine Methode an die Interpretation des Textes herangetragen werden könnte, sondern sie ist ihm inhärent. (Man könnte die Idee dieser Hermeneutik also aus dem >Ulysses< selbst gewinnen.)

Das betrifft nicht nur den Text. Darin steckt auch ein Stück individueller Autonomie, die dem Leser überantwortet wird. "The most relevant point to

---

27 Vgl. das nützliche Werk von Weldon Thornton: Allusions in Ulysses, Chapel Hill 1968.
28 Review von T.S.Eliot über Ulysses in The Dial 75 (Nov. 1923, 482-83); zit. in: Weldon Thornton: The Allusive Method in >Ulysses<, in: T.F.Staley and B.Benstock (Editors): Approaches to 'Ulysses', Univ. of Pittsburgh Press 1970, 235-248, hier 242.

be made about the parallels the allusions incorporate is that they are *there*, deeply implicit in human nature and experience and fairly explicit in literature."[29]

Was die Charaktere im Roman selbst angeht, so beziehen sie ihre Bedeutung nicht durch *bewußte* Bezugnahmen (z.B. auf Hamlet), und sie entsteht auf Seiten des Lesers nicht mit Hilfe seiner Bildung oder Belesenheit. "Too keen a consciousness parodies and destroys the needed rapport. What Joyce does wish is that modern man were not so isolated - that he had, if not an *awareness*, at least a *sense* that his particular experience is deeply rooted in general, traditional human experience and that this root taps sources of meaning."[30] Darin verbinden sich das Individuelle, der Eigensinn, und das allgemein Menschliche zu jener Art von Humanität, die den Menschen heute noch - trotz allem - geblieben ist.

---

29 Thornton in Stanley/Benstock, a.a.O., 245.
30 Ebd. 246.

3. Geschichte(n) erzählen

Die gesamte Weltgeschichte und Weltkultur, insbesondere natürlich unsere abendländische, ragt in diesen 16. Juni 1904 hinein; die Sprachkunst
von Joyce erweckt die Diachronie im Synchronen. Sie zeigt, wie jeder Tag
von der gesamten vergangenen Zeit belastet ist. Das gilt nicht nur für Stephen und seine Kumpane, die einen jesuitischen Bildungshorizont haben,
das gilt ebenso für Bloom, der mehr sinnlich Wahrnehmbares assoziiert,
aber durch seine Herkunft ebenso die jüdisch-hellenistisch-christliche Tradition unbewußt in sich trägt. Umgekehrt werden Ereignisse der 'großen'
Geschichte auf dem Boden des Alltäglichen wiederholt, am 16. Juni 1904,
in einer Schulstunde. Die 'große' Geschichte - das ist zum Beispiel der Pyr-
rhus-Sieg. Joyce führt den Leser wieder unmittelbar in eine Szene hinein:
"Du, Cochrane, welche Stadt schickte nach ihm? / - Tarentum, Sir." (35)
Aus der Szene entwickelt sich eine Abhandlung über Geschichte überhaupt. Die Reflexionen entwickeln sich aus den Assoziationen, die sich
wiederum auf einer horizontalen (syntagmatischen) Achse und einer vertikalen (paradigmatischen) bewegen. Auf der horizontalen finden wir den
assoziativen Sprachwitz: "Pyrrhus, ein Pier. (...) Kingstown Pier ... Ja, eine
sitzengebliebene Brücke. (36) Auf der vertikalen die gelehrten (oder auch
hermetischen) Allusionen: "Ein Satz dann, der Ungeduld, dumpf schlagend
Blakes Schwingen des Exzesses." (35)

Hier wird wiederum das Lexikon benötigt. (Arno Schmidt wird dieses
Verfahren bis zum Manieristischen steigern, so daß es bei ihm notwendig
wird, verschiedene - vor allem ältere - Enzyklopädien zu benutzen.)

Geschichte, das ist ohnehin das Erzählen von Geistergeschichten, "gefa-
belt von den Töchtern der Erinnerung". (Ebd.) Für die Iren zumal ist die
'große' Geschichte die Geschichte von den Opfern, die die Kleinen bringen
müssen: "Auch für sie war die Geschichte nur eine Geschichte wie jede andere, zu oft gehörte, und ihr Land eine Pfandleihe." (36)

Was wir Geschichte (als Schulfach) nennen, unterscheidet sich nicht
prinzipiell von der Erzählung selbst, zum Beispiel der Erzählung einer privaten Erinnerung an die Bibliothek von Saint Geneviève (37). Solches Er-

zählen ist wie Weben - Weben des Windes und des Webstuhls und das "einzig Wahre im Leben" (40): die Wieder-Erinnerung, die wiedergefundene 'verlorene Zeit'. Derart opponiert auch bei Joyce die Poesie (denn darum handelt es sich) dem Herrschenden, dem Gold und Geld der Macht "von Ewigkeit zu Ewigkeit". (42) Es ist das Tote und Hohle, das die Symbole der Schönheit "besudelt von Gier und Geiz". (43 f.) Geld regiert die Welt, aber auch das Gewissen. Wenn wir sagen: *"ich bin nirgends etwas schuldig"* (44), so sollten wir zuerst den pekuniären (Neben-) Sinn heraushören. Wir haben für alles zu bezahlen.

Die Geschichte, was wir so Geschichte nennen, das sind bloß die hohlen Sprüche, die die Welt sich gemerkt hat, wie die des Pyrrhus. "Von einem Hügel über leichenbesäter Ebene spricht ein Feldherr zu seinen Offizieren" (35) - so beginnt diese Geschichte zumeist. "Ich habe Angst vor diesen großen Worten, sagte Stephen, die uns so unglücklich machen. (...) Die Geschichte, sagte Stephen, ist ein Albtraum, aus dem ich zu erwachen versuche." (45/49) Um - so können wir fortfahren - um die anderen Geschichten zu erzählen, die unserer Träume. Der verborgene Sinn der Auseinandersetzung mit der Geschichte (auch mit den 'privaten' Geschichten) scheint das Erwachen aus einem Alptraum der Schuld (auch der Ur-Schuld, der Erbsünde) zu sein - wenn man will, ein utopisches Element, das sich aus der tendenziellen Auflösung der Identität in den Akten des Sich-Erzählens ergibt. Das enthüllt einen verborgenen Sinn der Poesie selbst.

Wie Sternes und Jean Pauls Werke sich vom Tode herschreiben - und alle große Dichtung schreibt sich von da her - so auch die von Joyce, genauer: vom Tod der Mutter und der Schuld Stephens, dem Gewissensbiß. Die Gewissensqual, der Biß (agenbite) des Gewissens (inwit), "agenbite of inwit" ("dere gewizzede biz" wie Wollschläger übersetzt), der Titel einer mittelenglischen Erbauungsschrift des Dan Michel von Northgate aus dem 14.Jahrhundert, taucht leitmotivisch immer wieder auf, ein weiterer Knoten in der Erzähl-Kette. Eine private Geschichte nur scheinbar. Das Gewissen und die Schuld sind etwas, das gebunden ist an die Identität einer Person. Die Schuld konstituiert das Gewissen. Die primäre Schuld ist die Geldschuld. Das, was man schuldig ist, wird von dem eigenen Selbst eingefordert: das ist die Geburtsstunde des Gewissens. Wenn nun - wie es der Fall ist - das Leben 'im Fluß' ist, so sind es auch das Subjekt, die Person, der Leib. Alles verschiebt und verändert sich ständig. Damit kommt aber die Schuld in Schwierigkeiten. Von einem, der ständig sagt: Ich bin ein Anderer, kann schwerlich eine Schuld (auch keine Geldschuld) eingetrieben werden. Der folgende Dialog aus 'Scylla und Charybdis' handelt davon:

"Und was ist mit dem Pfund, Kerl, das er dir lieh, als du hungrig warst?
Ich braucht' es, traun!
Nimm denn den Nobel hier.
Geh zu! Das meiste vertatest du in Georgina Johnsons Bett, des Geistlichen Tochter. Dere gewizzede biz.
Hast du die Absicht, es zurückzuzahlen?
Oh ja.
Wann denn? Jetzt gleich?
Nun...nein.
Wann dann?
Ich hab alles bezahlt. Ich hab alles bezahlt.
Nur ruhig. Er ist von jenseits des Boyne. Die Nordost-Ecke.
Du bist es schuldig.
Warte. Fünf Monate. Moleküle ändern sich alle. Ich bin jetzt ein ander Ich.
Ein ander Ich nahm das Pfund.
Lirum, larum.
Aber ich, Entelechie, Form der Formen, bin ich kraft Gedächtnis, weil unter immer sich ändernden Formen.
Ich, der gesündigt, gebetet und gefastet.
Ein Kind, das Conmee vor Schlägen auf die Hand bewahrte.
Ich, ich und ich. Ich.
A.E.I.O.U." (266)

Das Ich: gleichgesetzt fünf Worte und fünf Vokale. "Ich, ich und ich. Ich." - "A.E.I.O.U." (Auch zu lesen: A.E. = Mr. Geo Russel (223/232) I owe you)[31] Das Ich besteht aus einem Buchstabenspiel, es setzt sich zusammen aus den Molekülen der Buchstaben und ist, wie die Sprache (langue-parole), unendlich variabel. Mit ein wenig Übertreibung ließe sich sagen: Das Ich ist Literatur. Die Buchstaben sind dann das Geld des Geistes, das, was im Wechsel einzig identisch ist, der reine Tauschwert des Signifikanten. (Hier kann man freilich nicht von Identität sprechen, da es sich nicht um einen Reflexionsakt des Bewußtseins handelt, um überhaupt nichts, was prinzipiell mit dem Bewußtsein zu tun hat. Das Ich schuldet sein Dasein ganz dem materiellen Substrat der Sprache, deren Zusammensetzung sich ständig ändert.) Hier schließt sich der Kreis zur Kunst:

"- Wie wir, oder Mutter Dana, unsere Körper weben und entweben, sagte Stephen, von Tag zu Tag, unter fortwährendem Herüber- und

---

31 Lobsien, a.a.O., 97.

Hinüberschießen der Moleküle, so auch webt und entwebt der Künstler sein Bild. Und wie das Mal auf meiner rechten Brust genau noch da ist, wo es war, als ich geboren wurde, obschon mein ganzer Körper im Lauf der Zeit aus neuem Stoff gewoben worden ist, so blickt auch durch den Geist des ruhelosen Vaters das Bild des nicht-lebenden Sohns. Im hochgespannten Moment der Imagination, wenn der Geist, wie Shelley sagt, eine blassende Kohle ist, ist das, was ich war, zugleich auch das, was ich bin, und das, was ich möglicherweise einmal sein werde. So kann ich mich in der Zukunft, der Schwester der Vergangenheit, vielleicht einmal so sehen, wie ich hier jetzt sitze, jedoch nur durch Reflexion von dem aus, was ich dann bin." (272 f.)

Es gibt, so scheint es, eine Art Identität im Wechsel. Das ist eine mystische Identität, die nichts mit dem aufklärerisch rationalistischen Begriff der Identität zu tun hat. "Jedes Leben besteht aus vielen Tagen, immer einem nach dem andern. Wir schreiten durch uns selbst dahin, Räubern begegnend, Geistern, Riesen, alten Männern, jungen Männern, Weibern, Witwen, warmen Brüdern. Doch immer imgrunde uns selbst. Der Stückeschreiber, der das Folio dieser Welt verfaßte, und schlecht verfaßte (Licht gab zuerst Er uns, die Sonne zwei Tage später), der Herr der Dinge, wie sie sind, den die allerrömischsten Katholiken *dio boia* nennen, Henkergott, ist ohne Zweifel alles in allem in allen von uns". (298)

Damit wäre unsere Schuld gleichsam abgetragen. Das Selbst ist nur ein Durchgang für anderes als Ich (bin). Wir sind nur Träger von Zeichen und durchleben ständig Verwandlungen. Wir sind schon gerichtet und brauchen auf den Tag des jüngsten Gericht nicht zu warten.

4. Der Leib und die Zeichen

Genau genommen gibt es im >Ulysses< zwei Romananfänge, und man kann ihn als einen Doppelroman betrachten. Das betrifft die 'Helden' - wir verwenden dies Wort hier, obwohl es sich nicht um ein Werk der biographischen Form handelt -: es sind deren zwei, denen wir jeweils (im 1. und 4. Kapitel) beim Frühstück begegnen (und auch die Zeit wiederholt sich: es ist jeweils 8 Uhr morgens, und die Stunden 8,9,10 wiederholen sich). Man kann sich darüber streiten, wer der 'Haupheld' ist. Man hat auch gesagt, die Sprache sei der Hauptakteur. Stephen ist kein Unbekannter; er ist der, der dem Leser schon im >Portrait< begegnet. Er ist der Künstler und Denker. Mr. Leopold Bloom wird hingegen oft als der Normalbürger und Durchschnittsmensch bezeichnet. Nichts ist falscher als das. Nicht nur ist er als Jude ungarischer Herkunft und Ire ein doppelter Außenseiter; er ist auch in seiner Individualität unverwechselbar und außergewöhnlich. Abstrakt und beliebig ist hingegen der Vizekönig, der an jenem Tag, der zurecht nach Bloom benannt wurde, durch Dublin fährt. (Vgl. das 'Irrfelsen-Kapitel') Es geht um die höchste Individualität, die sich im Alltag (und nur da) entfaltet. Wir können daran erkennen, daß es keinen Menschen gibt, der durchschnittlich ist. Kein Mensch lebt auf einer Abstraktionsebene als Herr Jedermann. Im Grunde gibt es nur undarstellbare Individuen, da selbst die höchste Sprachkunst noch dem, was an der Sprache das Allgemeine ist, unterliegt, wenn sie auch das Individuelle zur Sprache bringen kann. Darstellung ist immer schon ein Verlust. Alltäglichkeit bedeutet auf keinen Fall Durchschnittlichkeit. Die Analysen des 'Man' in der modernen Welt - so richtig sie auf einer Abstraktionsebene des Allgemeinen sind - sind etwas ganz anderes als das, was in der dichterischen Darstellung manifest wird. Das beginnt natürlich schon bei der Sprachverwendung. Der realistische Stil ist dabei nur ein Sonderfall. Im Grunde ist schon die Alternative falsch, wenn man fragt, ob es sich um einen 'realistischen' Roman handle, der auf etwas außerhalb des Romans verweise, oder ob es sich um ein 'geschlossenes System' handle.[32] Es ist beides, und beides ist miteinan-

---

32 Vgl. Hugh Kenner: Ulysses, Frankfurt/Main 1982, 216.

der vereinbar. 'Realität' gibt es für uns überhaupt nur in der Form eines solchen 'Systems', wie der >Ulysses< es darstellt.

Als Paradestück einer Alltagserzählung kann im 'Kalypso'-Kapitel die Zubereitung des Frühstücks von Mr. Leopold Bloom betrachtet werden. Es beginnt mit dem traditionellen Eingangsstil eines auktorialen Erzählers: "Mr. Leopold Bloom aß mit Vorliebe..." (77) - gegrillte Hammelnieren. Dann findet der Übergang ins Bewußtsein Blooms statt: "Noch eine Scheibe Brot mit Butter: drei, vier, recht so." (77) Beide Stilformen vermischen sich ständig. (Der Leser ist aufgerufen, sehr aufmerksam zu lesen.) "Die Katze maunzte eine Antwort und stakte wieder steif um ein Tischbein, maunzend. Just wie sie über meinen Schreibtisch stakt. Prr. Kraul mir den Kopf. Prr." (77) (Bloom denkt, daß die Katze das denkt.) Neigt Stephen zur geistigen, so Bloom zur leiblichen Speise, obwohl er alles andere als ungebildet ist. Man kann vielleicht sagen, daß die Verlockung des Speisens die grobe Richtung markiert, in der sein 'train of ideas' fährt. Die literarische Form der Ideenassoziation im Sinne Lockes ist der innere Monolog als Annäherung an das 'natürliche' Bewußtsein: "Er lauschte ihrem lappenden Schlecken. Schinken und Eier, nein. Gibt keine guten Eier jetzt bei der Dürre. 's braucht reines frisches Wasser dazu. Donnerstag: auch für Hammelnieren kein guter Tag, bei Buckley. Geröstet in Butter, ein Schuß Pfeffer. Lieber doch eine Schweinsniere von Dlugacz. Inzwischen kocht auch das Wasser. Sie lappte langsamer, schleckte die Untertasse dann rein. Wieso haben die eigentlich so rauhe Zungen? Zum besser schlecken, lauter poröse Löcher. Nichts da, was sie fressen kann? Er schaute sich um. Nein." (78) Die Sprache läßt hier förmlich das Wasser im Munde zusammenlaufen. Das Aussprechen von Dlugacz ist selbst ein Schlecken. So wird das Wort zur Speise: Nehmt hin, dies ist der Leib. Dies ist seine *wahre* Messe. Erst wird der Leib erhöht und gesalbt (im 'Lotusesser'-Kapitel), dann wird er begraben ('Hades'); die 'offiziöse' Messe gerät zur Parodie wie die Auferstehung.

In der 'Kalypso'-Episode "wird ein Verhältnis hergestellt zwischen Menschen und ihrer Nahrung, ein Verhältnis der Austauschbarkeit. Frauen haben Schinken, Männer Würste. In ihrer ungezwungenen Vertraulichkeit mit Bloom ist die Katze ein Beweis für die Bande zwischen Tieren verschiedener Arten."[33]

---

33 Ellmann: Ulysses in Dublin, a.a.O., 50.

Wir begegnen hier auch Molly, seiner Frau, zum erstenmal (dann erst wieder im letzten Kapitel, obwohl diese dauernd anwesend ist, und wir ziemlich genau wissen, was sie die ganze Zeit über tut) mit dem Wort "Mn." (79) Ihre Verlautbarung gleicht der der Katze - animalisch: was soviel wie 'Nein' bedeutet, ein Gegensatz zu ihrem letzten Wort 'Yes'. Sie liegt im Bett und liest ein pornographisches Buch. Sie fragt nach einem Wort in dem Buch - und nun entfaltet sich wiederum ein Wortspiel, ein Spiel der Zeichen und ihrer Verkettung.

"-Mit ihm was? fragte er.
- Hier, sagte sie. Was bedeutet das?
Er beugte sich nieder und las neben ihrem polierten Daumennagel.
- Metempsychose?
- Ja. Wie sieht der Kerl im Hemd aus?
- Metempsychose, sagte er, die Stirn in Falten. Das ist griechisch: aus dem Griechischen. Es bedeutet die Transmigration der Seelen.
- Ach du dickes Ei! sagte sie. Kannst du das nicht noch etwas schwieriger erklären?" (90)

Der Witz dieses Wortes 'Metempsychose' erklärt sich aus der englischen phonetischen Aussprache. Schon Blooms erste Frage: "Met him what?" spielt geistreich darauf an (phonetisch gleichlautend 'Metem'). Engl. 'Metempsychosis' wird gesprochen: met-im-psi-kousis; Molly versteht "met him pikehose", Wollschläger übersetzt: "mit ihm zig Hosen" - great wits jump! (Arno Schmidt ahmt das in >Zettels Traum< nach, indem er "Venus Kallipygos" liest als Venus "gully pee goes". Es kommt in beiden Fällen auf den leicht obszönen Nebensinn an.)

Später wird Bloom an einer entscheidenden Passage in 'Lästrygonen' daran erinnert. (Insgesamt taucht das Wort in dieser Verdrehung siebenmal wieder auf.)[34] In jener Passage verbinden sich die Zeit, das Griechentum und seine Sorgen um Molly und Blazes Boylan, mit dem sie fremdgehen wird, über die Gedankenassoziation mit dem Tripper (Parterre-Schnupfen genannt).

"Mr. Bloom hob den beunruhigten Blick und ging weiter. Nicht mehr drüber nachdenken. Nach eins schon. Der Zeitball auf dem Ballast Office ist unten. Dunsink-Zeit. Ein faszinierendes Büchlein ist das, von Sir Robert Ball. Parallaxe. Genau hab ich das ja nie verstanden. Da geht ein Priester. Könnte ihn fragen. Par, das ist griechisch: Parallele, Parallaxe. Mit ihm zig Hosen nannte sies, bis ich ihr von der Seelenwanderung erzählt hab dann. Ach du dickes Ei!" (214)

---

34 Vgl. Kenner, a.a.O., 123.

Für jemanden, der Dublin nicht kennt, ist es vielleicht ratsam, für diese Textstelle einen kompetenteren 'Kenner' zu Rate zu ziehen.

"Die Uhr des Ballast Office, ein Ding von geringem Interesse, war vielleicht der meistbetrachtete Gegenstand von ganz Dublin. Sie befand sich unmittelbar am Schlund der Stadt, wo die O'Connell Brücke fließende Menschenmassen auf die Südseite der Liffey bringt, die dort von Läden und Büros aufgesogen werden. Seeleute konnten ihre Chronometer nach dem Fall des Zeitballs stellen...
(...)
Bloom sieht den gefallenen Zeitball, nicht aber das Zifferblatt der Uhr, da er sich auf der gleichen Straßenseite wie die Uhr befindet und die genaue Zeit nicht so dringend braucht, daß er sich deswegen den Hals verrenkt. Er erinnert sich, daß die Ortszeit (fünfundzwanzig Minuten hinter der Greenwich-Zeit) zu dieser Uhr über eine Leitung vom Observatorium Dunsink kommt. 'Observatorium' unterstützt durch 'Zeitball' erinnert ihn an Sir Robert *Ball*, den in Dublin geborenen Königlich Englischen Hofastronomen. Balls 'faszinierendes Büchlein' ist *The Story of the Heavens* (1885), wie wir erfahren werden, wenn wir es schließlich auf Blooms Bücherbord finden (898)."

"* Woher wir das wissen? Wir wissen es, weil er seinen Gang nach Süden auf der Seite von Graham Lemons und Butlers Monument House (210-1) - der Westseite - begann und erst etwa eine Minute, nachdem er auf den Ballast-Office-Zeitball geblickt hat, auf die Ostseite wechselte. (216) Joyce nimmt an, daß wir entweder Dublin genau kennen oder eine Reihe genauer Pläne zur Verfügung haben, die uns allerdings erst 1975 von Hart und Knuth bereitgestellt wurden."[35]

Ich glaube, wir sind jetzt ein bißchen schlauer. Wie aber der 'train of ideas', der Assoziationszug, bei Bloom fährt, konnten wir auch ohne diese Informationen verstehen. *Ball* hängt mit den Eiern zusammen ("Ach du dickes Ei"), und das griechische Wort Metempsychose verbindet sich mit der Parallaxe von Sir Robert Ball (wobei er irrtümich von 'par' ableitet anstatt von 'para' - aber darauf kommt es bei dem Assoziationszug nicht an), womit er wieder in Gedanken ganz bei Molly ist ("Mit ihm zig Hosen..."). Seine Gedanken um Molly sind besorgt zärtlich, ohne Eifersucht und doch betroffen. Great wits jump, und er ist ein großer Geist, aber dies, geistreich zu sein, billigt er sogar Molly zu - "Now, isn't that wit?":

"Mr. Bloom lächelte sein dickes Ei zu zwei Fenstern des Ballast Office hinauf. Imgrunde hat sie ja durchaus recht. Bloß dicke Worte für ganz gewöhnliche Sachen, des Klanges wegen. Eigentlich geistreich ist sie ja nicht. Kann sogar auch ziemlich ordinär sein. Platzt mit Sachen raus, wo ich mir mein Teil höchstens denke. Trotzdem, ich weiß nicht. Sie sagte zum Beispiel immer, Ben Dollard wäre ne Baß-Baritonne. Nun hat er ja

---

35 Kenner, a.a.O., 110 f., Anm. 110.

Beine wie Fässer, und man könnte tatsächlich meinen, er sänge in eine Tonne. Nun, also ist das etwa nicht geistreich? Sonst wurde er immer Big Ben genannt. Nicht halb so witzig wie Baß-Baritonne. Appetit wie ein Albatros. Vertilgt glatt die beiden ungeteilten Lendenstücke eines Rinds: Fassungsvermögen wie ein Barrashengst. Und das erstklassige Bass-Bier, was er an der Bar so verstaut, direkt unwahrscheinlich! Faß, Baß, Bass, Bariton. Na? Ist doch alles drin." (214 f.)

Damit ist das Spiel der Sinne, der Sorgen und der Zeichen nur an einem Beispiel angedeutet. Es ist schier unerschöpflich. Erwähnt werden sollte wenigstens noch, daß sich Leopold Bloom morgens, bevor er aus dem Hause geht, noch eine Kartoffel[36] in die Hosentasche steckt, die ebenso als ein Zeichen wiederkehrt und Knoten markiert, wie ein Streifen Papier, den er hinter das lederne Schweißband seines Hutes steckt. (Es ist eine Karte, die er beim Postamt vorzeigen muß, um seine dort lagernde geheime Korrespondenz abzuholen; auf dem Papier betrügt er in gewisser Weise seine Frau.)

Hugh Kenner hat das Stichwort der Parallaxe zum Anlaß genommen, um Joyces Schreibverfahren, mit Markern zu arbeiten (Wolke, Kartoffel, usw.) als parallaktisch zu kennzeichnen. Es ist mehr ein Verfahren des Sehens als des Textes, daher möchte ich lieber von Verknotungen reden - aber 'Verknotung' ist auch nur eine Metapher, und beide Modelle sind nur grobe Annäherungen. "Der erste Fall von Parallaxe im Buch ist das zweimalige Erscheinen der kleinen Wolke, die in 'Telemach' (16) Stephens und in 'Calypso' (85) Blooms Sonne verfinstert und beider Gedanken auf den Tod lenkt. Da der Turm und Eccles Street sieben Meilen voneinander entfernt liegen, können diese Verfinsterungen nicht gleichzeitig eintreten; aus der Tatsache, daß die Wolke in 'Calypso' später zu kommen scheint, dürfen wir schließen, daß die Winde über Irland wie üblich aus Westen wehen."[37]

Der Leib, die Sinne und die Sinnlichkeit feiern an vielen Orten des Buches ihre Feste, jeweils unter einem anderem Aspekt. Das 'Lästrygonen-Kapitel' ist vornehmlich der Erhöhung der Leiblichkeit, der Apotheose von Nahrung und Sexualität gewidmet als der 'sinnlichen Religion' des >Ulysses<. Wir gestatten uns noch einen kurzen Einblick.

---

36 Den Weg der Kartoffel verfolgt Kenner, a.a.O., 118 ff.
37 Ebd. 113.

"Ananasbonbons, Zitronenzöpfe, Buttertoffee. Ein zuckerklebriges Mädchen, schubweise Sahnebonbons schaufelnd für einen von den Christian Brothers. Irgendeine Festivität auf der Penne. Schlecht für ihre Bäuchlein. Bonbon- und Konfektlieferant Seiner Majestät des Königs. Gott. Schütze. Unsern. Hockt auf seinem Thron und lutscht rote Jujuben weiß." (210)

Die Assoziationstechnik des Witzes, die hier schon auf den König leitet, führt auf den König aller Könige, auf Gott. Ein CVJM-Jüngling drückt Bloom ein Flugblatt in die Hand. Während er vom "Blut des Lamms" liest, denkt er, er selbst wäre gemeint: "Bloo...um Gott, ich? Nein./ Blut des Lamms." (210) Gott ist blutdürstig, er verlangt Opfer. Ein "Nieren-Brandopfer" hatte er selbst schon beim Frühstück zelebriert, als ihm seine bei Dlugacz gekauften Nieren anbrannten. Sein Herd im Haus ist ein Druiden-Altar - seine Religion ist verweltlicht, und da er sein religiöses System nicht ordentlich (dogmatisch) festlegt, sondern dem assoziativen Sprachwitz folgt, kulminiert das Heilige im Süßen - der Süße der Sünde (wie das Buch heißt, das er für Molly besorgt), aber auch der Süße von Bonbons (wie schon die Tätigkeit des Königs das Lutschen von Bonbons war). "So ein reizendes Ding, das Nönnchen da, richtig süßes Gesicht. (...) Unser großer Tag, sagte sie. Fest Unserer Lieben Frau vom Berge Karmel. Auch süß, der Name: Karamel. (...) Buttern sich richtig voll, die, innen und außen." (216) Das nenne ich die sinnliche Religion des Leopold Bloom.

5. Das Reale und das Symbolische

Die Darstellung des Alltags gewinnt einen Höhepunkt in dem 'Bild' der Stadt, das Joyce im 'Irrfelsen'-Kapitel entwirft. Hier wird gleichzeitig der realistische Impuls und dessen Grenzen bei der Umsetzung in die sprachliche Form deutlich. So innovativ experimentell 'Wandering Rocks' sich auch ausnehmen: man muß den Anspruch auf Realistik als Detailgenauigkeit und den 'Horizont der Totalität' (potentiell alles zu sagen, was der Fall ist) ernst nehmen. Arno Schmidt hat diesen Anspruch gekennzeichnet: "Für den Realisten liegt das Irrationale dieser Welt nicht in der tödlich = mythischen Wesensart der Dinge; sondern in ihrer großen (obwohl nicht unendlichen! : das gibt es gar nicht!) Anzahl: also wendet er sich *dieser* besorgt, aber entschlossen zu; zu jeder Art von Beschreibung und Bewältigung bereit."[38]

Nun wird sofort klar, welch eine gigantische Reduktion ein Autor (der ja nicht Gott ist) vornehmen muß, wenn er einen 'Tag im Leben einer Stadt' schildern will, an dem noch jede Geste jedes Bewohners gleich wichtig ist.

Das scheint mir der Ausgangspunkt zum Verständnis des 'Wandering Rocks'-Kapitel zu sein, und nicht etwa die Darstellung der Atomisierung des Individuums in der Moderne, der Diskontinuität unserer sozialen Ordnung oder der Entfremdung der menschlichen Beziehungen. Wenn sich solches zeigt, dann ist das die *Folge* dessen, daß es sich um ein 'realistisches', das heißt ja auch wahres, die Wirklichkeit nicht verfälschendes Bild der Stadt handelt (wobei 'Bild' hier als Metapher schon eine Verfälschung markiert). Wir haben es mit einem "epitome of Dublin's labyrinthine epic" (Tindall) zu tun: das ist nicht nur Joyces Werk, sondern das ist Dublin selbst für einen jeden, der die Stadt erlebt, und der sie mit den bescheidenen Möglichkeiten menschlicher Erkenntnis begreifen will. Jeder Gesichtskreis ist notwendig eingeschränkt. Das stiftet aber eine Ordnung und strukturiert die chaotische Menge. Das gilt ebenso für die Rhetorik des Romans, die das Chaos gleichzeitig bändigt und auf es verweist. Diese Rhetorik entspricht unserer Erfahrung, der künstlerischen Form entspricht unsere Lebensform. Der Ordnung der Zeichen korrespondiert die Ord-

---

38 Arno Schmidt: Nichts ist mir zu klein, in: Die Ritter vom Geist, 66.

nung der Dinge, und der Ordnung der Dinge korrespondiert die Ordnung
der Zeichen. Es gibt darin keinen Unterschied von Illusion und Realität;
die Differenz markiert beide Seinsweisen gleichermaßen. Man kann eine
Theorie der Illusion und eine Theorie der Realität nicht auf der Differenz
von Sein und Zeichen gründen. Übrigens hat Arno Schmidt auf einen wenig bekannten Vorläufer der deutschen Literatur hingewiesen, den Joyce
mit ziemlicher Sicherheit nicht gekannt haben dürfte: auf Gutzkows
>Ritter vom Geist< (1849-1851), den 'Roman des Nebeneinander' gleich
einer "Durchschnittszeichnung eines Bergwerks, eines Kriegsschiffs, einer
Fabrik": wie da, das nebeneinander existierende Leben von 100 Kammern
& Kämmerchen, wo eins von dem andern keine Kenntnis hat, und doch zu
einer überschauten Einheit sichtbar wird: "*so* wird der 'Roman des Nebeneinander' den Einblick gewähren, in 100 sich immer wieder berührende &
doch von 1=einzigen Pulsschlag des Lebens ergriffene Existenzen."[39] Auch
das ist natürlich nur ein 'Bild' für ein 'Bild', das sich aber zu einer groben
ersten Charakteristik ganz gut eignet.

Es handelt sich um 19 kleinere Texteinheiten recht unterschiedlicher
Länge eines Kapitels, wobei der Zusammenhang der Szenen einzig durch
die Raumzeitkoordinaten von Stadt(plan) und Ablauf (14.55 bis 16 Uhr)
hergestellt wird, ein Ablauf, der minutiös rekonstruierbar ist[40], wobei wir
nahezu allen Dublinern, die im >Ulysses< auftreten, begegnen, auch Stephen und Bloom, die aber nur eine Nebenrolle spielen wie die andern
auch, weil die Stadt selbst die Hauptperson ist. In jeder der einzelnen Szenen steht zumeist eine der Nebenfiguren im Zentrum, so im ersten Abschnitt - um nur ein Beispiel zu nennen - Pater John Conmee S.J. Das ist
nicht ganz willkürlich so gestaltet (und enthüllt einmal mehr die ständig
anwesende 'symbolische' Tiefenebene des Textes), denn man kann seinen
Auftritt zusammen mit dem Schlußabschnitt, in dem der Vizekönig,
William Humble, Earl of Dudley, auftritt, dessen Fahrt durch die Straßen
Dublins einen der Stränge bildet, die durch die Szenen hindurchlaufen,
eine Fahrt, die die Wege der Dubliner im genauen bildlichen Sinn scheidet
- man kann Pater Conmee und den Earl of Dudley für die Repräsentanten

---

39 Ebd. 43.
40 Vgl. das Schema von Clive Hart. Er schreibt: "The characters move at rates consistent
with physical life in Dublin in 1904."
Clive Hart: Wandering Rocks, in: C.Hart and D.Hayman, James Joyces >Ulysses<,
Berkeley 1974, 181-216, (hier 201).

irischer Macht halten ("the Roman and the British ensign"). Solche Stränge bilden auch die Männer, die die Buchstaben HELY'S durch die Straßen tragen oder das 'skiff' Elijah, das zerknüllte Flugblatt, das Bloom weggeworfen hat, und das nun mit der Ebbe und Flut die Liffey rauf und runter treibt. Mag Joyce auch zugunsten der Konsistenz seiner Fiktion Fakten leicht verändert haben (so fand die 'viceregal cavalcade' des Vizekönigs am 31.Mai 1904 statt[41]), so läßt sich seine hypergenaue Realitätsbezogenheit eindrucksvoll dadurch belegen, daß das weggeworfene Elijah-Flugblatt mit einer Strömungsgeschwindigkeit die Liffey rauf und runter treibt, die der durchschnittlichen Strömungsgeschwindigkeit zwischen Dublin Port und Docks Board der Liffey zweiundeinehalbe Stunde nach Hochwasser an jenem Junitag 1904 entspricht![42] (Innerhalb der deutschen Literatur dieses Jahrhunderts weiß ich nur Arno Schmidt und Uwe Johnson zu nennen, deren Anstrengungen um Genauigkeit sich damit vergleichen ließen.)

Versuchen wir, in wenigen Grundzügen einen Eindruck von diesem Kapitel zu geben. (Wie für den gesamten > Ulysses < gilt auch hier, daß eine Art Referat des Textes äußerst schwierig ist, will man es nicht bei bloßen Inhaltsangaben belassen.)

"Der Superior, Hochehrwürden John Conmee S.J., steckte seine glatte Uhr in die Innentasche zurück, als er die Stufen des Presbyteriums herunterkam. Fünf vor drei. Grad die rechte Zeit, um nach Artane zu gehen. Wie hieß doch der Junge noch wieder? Dignam, ah ja. *Vere dignum et iustum est.* Bruder Swan war da der zuständige Mann. Mr Cunninghams Brief. Ja. Will ihm den Gefallen tun, wenn möglich. Guter verwendbarer Katholik: zur Missionszeit nützlich.
Ein einbeiniger Seemann, der sich mit faulen Krückenstößen vorwärts schwang, gröhlte ein paar Töne. Er stieß sich bis dicht vor das Kloster der Schwestern der Barmherzigkeit und hielt Hochehrwürden John Conmee S.J. eine spitze Mütze um ein Almosen entgegen. Pater Conmee segnete ihn in der Sonne, denn seine Börse enthielt, wie er wußte, nur eine Silberkrone." (305)
[...]
"An der Newcomen Bridge stieg Hochehrwürden John Conmee S.J. von der St. Francis Xavier's Church, Upper Gardiner Street, auf eine stadtauswärts fahrende Trambahn.
Aus einer stadteinwärts fahrenden Trambahn stieg Hochwürden Nicholas Dudley C.C. von der St. Agatha's Church, North William Street, auf die Newcomen Bridge hinab.

---

41 Bei aller Genauigkeit gibt es bei Joyce auch die versteckten Fehler. Hart hat sie akribisch aufgelistet. Zum Beispiel: "Young Dignam expects to find a Sandymount tram in Nassau street, whereas the Sandymount tram ran along Great Brunswick street", usw. (Ebd. 196 f.)
42 Ebd. 197 f.

An der Newcomen Bridge stieg Pater Conmee in eine stadtauswärts fahrende Trambahn, denn er liebte es nicht, den schmutzigen Weg an Mud Island vorbei zu Fuß zurückzulegen." (309)
[...]
"An der Annesley Bridge hielt die Straßenbahn an, und als sie eben weiterfahren wollte, stand plötzlich eine alte Frau von ihrem Platz auf, um auszusteigen. Der Schaffner zog die Klingelstrippe, um den Wagen für sie halten zu lassen. Sie stieg mit ihrem Korb und einem Marktnetz aus: und Pater Conmee sah zu, wie der Schaffner ihr und Netz und Korb hinunterhalf: und Pater Conmee dachte, daß sie, da sie fast über das Ende der Pennystrecke hinausgefahren, wohl eine von jenen guten Seelen war, denen man immer zweimal *segne dich, mein Kind* sagen mußte, zur Entlassung nach der Absolution, *bete für mich.* Aber sie hatten ja auch soviel Kummer im Leben, so viele Sorgen, die armen Geschöpfe. Von der Plakatwand grinste Mr. Eugene Stratton mit dicken Niggerlippen zu Pater Conmee herüber.
Pater Conmee dachte an die Seelen der schwarzen und braunen und gelben Menschen und an seine Predigt über den heiligen Peter Claver S.J. und die afrikanische Mission und an die Ausbreitung des Glaubens und an die Millionen von schwarzen und braunen und gelben Seelen, die nicht die Wassertaufe empfangen hatten, wenn ihr letztes Stündlein nahte wie ein Dieb in der Nacht."(310)

Später wird ein Martin Cunningham noch einmal den Namen Pater Conmee erwähnen. Der Seemann taucht etwas später in einer Einzelszene wieder auf, ein Lied grölend und um Geld bettelnd. Eine Frauenhand schleudert ihm eine Münze über den Vorgartenzaun: "Ein Schild *Unmöblierte Zimmer* rutschte vom Fensterrahmen und fiel. Ein praller nackter freigebiger Arm leuchtete auf, wurde erblickt, vorgestreckt aus einem weißen Unterrockleibchen und straffen Verstellträgern." (314) Der sorgfältige und in mehrfacher Lektüre geschulte Leser hat natürlich herausgefunden, daß es sich bei diesem Arm um den Mollys handelt, und die Szene Eccles Street Nr.7 spielt, ein Arm, der auch schon im vorhergehenden Abschnitt auftaucht, was anzeigt, daß in den Szenen auch zwangsläufig nacheinander abgeschildert wird, was synchron abläuft. Denn in dem Moment, in dem sich der Arm aus dem Fenster streckt, speit Corny Kelleher einen Strahl Heusaft auf den Boden und fragt einen Konstabler: "Was gibt's denn so gutes Neues?" (313) Man kann zahlreiche Kreuzreferenzen aufzeigen, die die Synchronizität von verschiedenen und zumeist unzusammenhängenden Ereignissen aufzeichnen. (Hier ließe sich auch an eine Mehrspaltentechnik denken, wie sie Arno Schmidt entwickelt, um wenigstens tendenziell die unhintergehbare Diachronie der Schrift und des Lesens, die ja die unseres Lebens ist, zu unterlaufen.) Die weitaus meisten Kreuzreferenzen oder Begegnungen ergeben sich aus dem Ritt der Kavalkade des Vizekönigs, der viele Dubliner 'betrifft'.

Joyce selbst war mit nicht allzu großer Übertreibung der Auffassung, daß man Dublin, falls es einmal zerstört werden würde, nach dem >Ulysses< wieder aufbauen könnte. Darin drückt sich in erster Linie der ursprüngliche Impuls seines Schreibens aus: es will nicht belehren oder unterhalten, sondern 'Wahres' verkünden. Und das Ergebnis im 'Bild' vom städtischen Leben im Jahre 1904 scheint mir weniger zu sein, daß die Entfremdung des modernen Menschen deutlich wird, daß innere und äußere Welt nicht zusammenkommen, daß die Suche nach ganzheitlichem Lebenssinn scheitert und was dergleichen 'Sinn' der Dichtung sein soll; sondern dieses konkrete zeitgebundene 'Bild' vom Leben in einer Stadt, das einfach darstellt, was der Fall gewesen ist oder gewesen sein könnte, das - stilistisch gesehen - konsequenter ist als der Zolasche Naturalismus, gerade *weil* hier scheinbar realitätsferne Stilmittel wie beispielsweise der innere Monolog umfassend Anwendung finden, vermittelt vom Leben überhaupt gerade auch eine zeitunabhängige Erkenntnis, *weil* alles filigranmäßig zeitbezogen und ortsbezogen ausgesponnen wird (so daß ein 'normaler', oder gar ein ausländischer Leser, nicht alles verstehen kann, z.B. daß 'Mud Island' ein alter Name für den heutigen Fairview Park ist). Das liegt einfach daran, daß es keinen Menschen gibt, der zeit- und ortsungebunden lebte, und beim Lesen eine Art Substituierungsmechanismus auftritt, so daß der Leser seine eigene Zeit und seinen eigenen Ort wiederzuentdecken vermag. (Für mich existiert eine imaginäre Stadt Dublin, und das ist mein Ort, die Heimat meiner wiedergefundenen Zeit geradezu.)

Seit dem berühmten Schiffskatalog der >Ilias< und dem großen Vorbild des Buchs aller Bücher gehören Aufzählungen von Namen zum Bestandteil großer Literatur. Auch hierin dokumentiert sich ein Anspruch auf Wahrheit. Solche Aufzählungen finden sich auch bei Joyce, und sie überliefern uns Geschichte; denn nun wissen wir, daß am 16. Juni 1904 im Flachhindernis-Rennen über eine Viertelmeile in Dublin folgende Jockeys starteten: " M.C.Green, H.Thrift, T.M.Patey, C.Scaife, J.B.Jeffs, G.N.Morphy, F.Stevenson, C.Adderly und W.C.Huggard." (353) Wer das zu wissen für nebensächlich hält, hat nichts von der condition humaine und der menschlichen Geschichte begriffen. Gleichzeitig tut sich hier ein gefährlicher

Abgrund auf, der die Kunst - nicht nur die von Joyce - zu verschlingen droht. Eco hat diese Problematik genau gekennzeichnet:

"Während er das Magma der Erfahrung, die er mit absoluter Wirklichkeitstreue in den Text transportiert, handhabt, während gleichzeitig jedes Ereignis - beladen mit allen geschichtlichen und kulturellen Implikationen, die an dem Wort haften, das es bezeichnet - symbolische Dimension gewinnt und sich mit anderen Ereignissen in möglichen Konnexionen verbindet, die der Autor, da sie der freien Reaktion des Lesers anvertraut sind, nicht mehr in seiner Gewalt hat, steht Joyce hier vor Erebos und der Nacht, den aus Urtiefen losgeketteten chthonischen Mächten, vor der Obsession des atomisierten Realen und dem Fluch von fünftausend Jahren Kultur, die sich auf jeder Geste, jedem Wort, jedem Atemzug abgelagert haben. Er möchte uns das Bild einer Welt vermitteln, in der die vielfachen Ereignisse (und das Buch umfaßt die Summe der kulturellen Bezüge: Homer, Theosophie, Theologie, Anthropologie, Hermetismus, Irland, katholische Liturgie, Kabbala, scholastische Reminiszenzen, Alltagsereignisse, psychische Vorgänge, Gesten, auf Verwandtschaft oder Wahl beruhende Beziehungen, physiologische Vorgänge, Gerüche und Geschmäcke, Geräusche und visuelle Empfindungen) sich stoßen und sich verbinden, aufeinander verweisen und sich abstoßen, wie in einer statistischen Verteilung subatomarer Ereignisse, und es dem Leser gestatten, vielfache Perspektiven ins Werkuniversum einzuzeichnen. Indessen sind die Möglichkeiten symbolischer Beziehungssetzung nicht die des mittelalterlichen Kosmos, in dem jedes Ding zwar Manifestation einer anderen Realität war, dies aber auf einem figuralen Repertorium beruhte, das die Tradition festlegte, das eindeutig war durch die Autorität der *Bestiarien, Lapidarien, Enzyklopädien* und der *Imago Mundi.* Im mittelalterlichen Symbol ist die Beziehung Signifikant-Signifikat klar kraft einer kulturellen Homogenität: eben diese Homogenität einer einzigen Kultur fehlt dem modernen dichterischen Symbol, das gerade aus der Vielfalt der kulturellen Perspektiven entspringt. Zeichen und Bedeutung verschmelzen in ihm in einem poetisch notwendigen, aber ontologisch unbegründeten und unvorhergesehenen Kurzschluß. Die Chiffre beruht nicht auf der Bezugnahme auf einen objektiven, außerhalb des Kunstwerks gegebenen Kosmos; sie kann nur innerhalb des Werkes verstanden werden und ist bedingt durch seine Struktur. Das Werk als Ganzes stellt *ex novo* die sprachlichen Bedingungen auf, auf denen es beruht, und wird zum Schlüssel seiner Chiffren."[43]

Diesen sprachlichen Bedingungen müssen wir uns nun näher zuwenden und damit der Poetologie des Buchs - auch um den Eindruck zu zerstören, es setze doch irgendwie eine Tradition realistischen oder naturalistischen Erzählens fort. Vor allem geht es darum, zu begreifen, wie im Roman der Anspruch auf Universalität, 'kosmische' Allgemeinheit und extensive Allheit mit der Unverletzlichkeit und dem Triumph der unverwechselbaren

---

43 Eco, a.a.O., 363 f.

Individualität von Personen, Raum und Zeit einhergeht und sich verwirklicht.

Für unsere Betrachtung sind in erster Linie die Kapitel bis einschließlich 'Wandering Rocks' von Wichtigkeit. Dieses Kapitel bildet eine Zäsur in der Mitte. Um es grob zu charakterisieren: Damit endet der realistische Teil, und es beginnt der Teil gesteigerter Wortkunst. Die Sprache selbst und das Spiel mit ihr geraten stärker in den Vordergrund. Gleichwohl können wir diesen zweiten Teil nicht ganz außer Acht lassen. Vor allem 'Ithaca' stellt einen Kulminationspunkt für romantheoretische Erwägungen dar.

"From 'Wandering Rocks' an 'Sirens' onward, the 'reality' to the processed into art is both the imitated human action and the rich artistic world already created in the earlier and plainer episodes. Technique tends more and more to become subject matter, and by the time we reach 'Ithaca' the form of the episode is as much the substance as the actual interchanges between Bloom and Stephen."[44]

Was herausragt, sind vor allem die Enzyklopädistik und die Detailanhäufungen (ein Vorbild war für Joyce Daniel Defoe). Zum Beispiel wird auf 2 Seiten der Inhalt einer Schublade aufgeführt, der keineswegs beliebig ist, sondern der wichtige Aufschlüsse über die Bloom-Familie enthält. Aber es ist eine reine Auflistung. (915 ff.) Für die Romantechnik selbst ist die Behandlung des Themas 'Wasser' noch wichtiger. Ich zitiere diesen Abschnitt in abgekürzter Form:

"Was tat Bloom an der Feuerstelle?
Er rückte die Schmorpfanne auf den linken Einsatz, erhob sich und trug den eisernen Kessel zum Spülstein, um dort vermittels Drehen des Hahnes den Wasserstrom zum Fließen zu bringen." (846)

"Kam er zum Fließen?
Ja. Aus dem Roundwood-Reservoir im County Wicklow mit seiner Kubikkapazität von 2400 Millionen Gallonen durchlief er einen zu einem ursprünglichen Fabrikpreis von £ 5 pro Langyard erbauten unterirdischen Aquädukt aus einfach und doppelt gelegten Filterleitungen durch den Dargle, Rathdown, Glen of the Downs und Callowhill bis zu dem 22 gesetzliche englische Meilen entfernten 26 Morgen großen Reservoir in Stillorgan und von dort durch ein System von Entlastungstanks vermittels eines Gefälles von 250 Fuß bis zur Stadtgrenze an der Eustace Bridge, Upper Leeson Street, [...]." (847)

"Was bewunderte Bloom, der Wasserfreund, der Wasserzapfer, der Wasserträger, am Wasser, während er zur Feuerstelle zurückkehrte?

---

44 A. Walton Litz: Ithaca, in: Hart and Hayman, a.a.O., 385-405, hier 386.

Seine Universalität: seine demokratische Gleichheit und Konstanz gegenüber seiner Natur, indem es sich seine eigene Oberfläche suchte: seine riesige Ausdehnung als Ozean in Mercators Projektion: seine unausgelotete Tiefe im Sundam-Graben des Pazifik, wo sie über 8000 Faden betrug: die Rastlosigkeit seiner Wellen und Oberflächenpartikel, die umschichtig alle Punkte seines Gestades besuchten: die Unabhängigkeit seiner Einheiten: die Variabilität der Zustandsformen des Meeres: seine hydrostatische Ruhe bei Windstille: seine hydrokinetische Geschwollenheit bei Nipp- und Springfluten: seine Gelassenheit nach Verheerungen: seine Sterilität in den zirkumpolaren Eisdecken von Arktis und Antarktis: seine klimatische und kommerzielle Bedeutung: sein Überwiegen im Verhältnis 3 zu 1 gegenüber dem trockenen Land auf der Erdkugel: seine unbestreitbare Hegemonie, wo es sich quadratseemeilenweit über das gesamte Gebiet unter dem subäquatorialen Wendekreis des Steinbocks ausdehnte: [...] seine Allgegenwärtigkeit, insofern es 90% des menschlichen Körpers bildete: die Schädlichkeit seiner Ausdünstungen in morastigen Binnenseen, verpesteten Sümpfen, abgestandenem Blumenwasser, stagnierenden Tümpeln bei abnehmendem Mond." (847-849)

Die katechetische Form von Frage und Antwort, die dieses Kapitel strukturiert, geht nicht nur auf Joyces jesuitische Erziehung zurück, sondern auch auf den Einfluß von Richmal Mangnall's >Historical and Miscellaneous Questions< (1869 in der fünften amerikanischen Ausgabe der 48. Londoner Ausgabe), einem Frage- und Antwort-Buch des enzyklopädischen Wissens.[45] "In sum" - schreibt Walton Litz -, "the chatechism must have struck Joyce as a natural and even inevitable form for the climatic episode of *Ulysses* because it was associated with some of the most profound early experiences, and had proved to be a vehicle for precise intellectual argument with simulaneously allowed scope for exaggeration and self-parody."[46]

Die 'Wasser-Stelle' macht ganz besonders pointiert den 'Realismus' oder die realistische Intention von Joyce deutlich. Zunächst wird in ganz traditioneller Er-Erzählung die zugleich individuelle und alltägliche Handlung Blooms beschrieben. Als zweites wird in einem sachlichen Bericht dargestellt, warum das Wasser in Eccles Street Nr.7 zum Fließen kommt. Normalerweise macht sich das im Alltag niemand klar - man käme sonst auch nicht dazu, innerhalb eines Tages mehrere verschiedene Verrichtungen auszuführen. (Es handelt sich auch um die kurze Geschichte der Dubliner Wasserversorgung und ihrer Problematik.) Sodann, als drit-

---

45 Vgl. ebd., 394.
46 Ebd. 395.

tes, wird die Physik des Wassers auf der Erde überhaupt vorgestellt, was zugleich der wasserfreundlichen Metaphysik Blooms Ausdruck gibt. (Epi oinopa ponton - heißt es mit Bezug auf die >Odyssee< zu Beginn.) Die Beschreibung geht vom Individuell-Alltäglichen aus und verläuft über das Besondere-Allgemeine zum Allgemeinen, das wiederum in der Form der enzyklopädischen Aufzählung gespeichert wird. Dem entspricht keineswegs ein Aufstieg zu einer höheren Wahrheit im Sinne einer größeren Objektivität. Ausdrücklich wird das Allgemeine einer subjektiven Vorliebe Blooms zugeschrieben. Die Wahrheit - wenn man denn davon sprechen will - liegt in allen drei Teilen zusammen, und dieses Zusammenschreiben enthüllt die Wahrheit des epischen Prinzips. Die physikalisch exakten Beschreibungen, die sich mehrfach in diesem Kapitel finden, zum Beispiel die des Phänomens des Siedens (851), haben ihre Funktion nur als transitorische Momente, und darin, auf ein Problem des Erzählens oder Beschreibens überhaupt aufmerksam zu machen (wie es, ganz ähnlich, Musil mit dem ersten Satz des >Mann ohne Eigenschaften< vorführt). Das gleiche gilt für die Metaphysik des Ganzen, des Universums als des Universellen, die Meditationen über die Sterne, die Evolution und Involution. (Vgl. 885 f.)

Sie bleiben an die unscheinbare, kontingente Subjektivität der Betrachtenden (Blooms vor allem) gebunden und stellen doch kosmische Beziehungen her. Das Kleine und Kleinste wird in diesem Kapitel mit dem Großen und Größten verbunden, wie die Konstellationen der Sterne sich mit der Geburt eines Individuums, eines Einzelnen-Einzigen verbinden:

> "die Erscheinung eines Sternes (1.Größe) von bei Tag und Nacht weithin strahlender Lichtstärke (einer neuen leuchtenden Sonne, entstanden durch Kollision und weißglühende Amalgamation zweier nichtleuchtender Ex-Sonnen) um die Zeit der Geburt von William Shakespeare über dem Delta-Stern im ruhenden, nie untergehenden Sternbild der Cassiopeia (ein "W" am Himmel, P.) sowie diejenige eines Sternes (2.Größe) von ähnlichem Ursprung, doch geringerer Lichtstärke, der um die Zeit der Geburt von Leopold Bloom im Sternbild der Corona Septentrionalis erschienen..." (888)

Stets ist bei Joyce der aufzählende Gestus durch einen ironischen Ton gebrochen. Es gibt keine einfache Enzyklopädistik (woher sollte sie sich auch legitimieren?). Auch die scheinbar objektivsten Beschreibungen stehen im Dienste des Ausdrucks der innersten seelischen Verfassung des 'Helden'. Dies verdeutlicht die Antwort auf die Frage: "Mit welchen Gedanken rechtfertigte er, ein bewußter Reaktor gegen die leere Unge-

wißheit, vor sich selbst seine Gefühle?" (934) - die beginnt mit: "die vorbe-
stimmte Frangibilität des Hymens, die vorausgesetzte Intangibilität des
Dings an sich" und endet: "die Lethargie der unwissenden Materie: die
Apathie der Sterne." (Ebd.) Bloom gewinnt in solchen Betrachtungen kos-
mischen Gleichmut, vielleicht auch seine mildtätige Mitmenschlichkeit und
sein Duldertum. Um ein romantheoretisches Ergebnis zu formulieren: Das
Spiel mit einer fingierten Objektivität des Erzählens ist mit dem
>Ulysses< endgültig ausgespielt. Zugleich wird der Anspruch auf Wahr-
heit der Darstellung auch über die Bereiche erhoben, deren sich die anderen Sprachen (der Wissenschaften) bemächtigt haben; das heißt, der
Wahrheitsanspruch des Romans wird universell, und nur er kann ihn
(noch) erfüllen. Ihm ist nicht nur nichts Menschliches fremd, er weiß auch
das Menschliche darzustellen. Damit tritt der Roman das Erbe einer prima
philosophia, einer mathesis universalis an. Der Roman löst die Wissenschaften vom Menschen ab. So hat die Kunst wieder die Reflexion und den
Begriff überflügelt. Das Ende der begrifflich-diskursiven Wissenschaften
vom Menschen (einschließlich der Philosophie) ist der Anfang des neuen
Romans.

Dieser wird gestiftet durch einen symbolischen Akt der Vereinigung von
Vater und Sohn im Zeichen der Frau. Dieser Akt, stilistisch "richly comic
in the manner of Sterne does not detract from its ultimate seriousness"[47] -
Bloom und Stephen urinieren zusammen, während Mollys Lampe durch
die Nacht in den Garten scheint.

"Welches war das sichtbare Leuchtzeichen, durch das Blooms, durch
den Stephens Aufmerksamkeit angezogen wurde?
Im zweiten Stock (Rückseite) seines (Blooms) Hauses das Licht einer
Paraffinöllampe mit schiefem Schirm, das auf die Projektionsfläche ei-
nes von Frank O'Hara, Fenstervorhänge, Gardinenstangen und Rollja-
lousien, 16 Aungier Street, gelierferten Rouleaus fiel." (890)
[...]
"Waren sie unbegrenzt inaktiv?
Auf Stephens Anregung, auf Blooms Anstiften urinierten sie beide, erst
Stephen, dann Bloom, im Halbdunkel dicht nebeneinander, wobei ihre
Harnorgane vermittels manueller Abdeckung gegenseitig unsichtbar
gemacht und ihre Blicke, zuerst der Blooms, dann der Stephens, zu dem
projizierten leuchtenden und halbleuchtenden Schatten erhoben waren."
(891)

---

47 Ebd. 401.

Zugleich wird von den beiden ein Himmelszeichen simultan beobachtet.

"Welches Himmelszeichen wurde von beiden simultan beobachtet?
Ein Stern stürzte mit offenbar großer Geschwindigkeit über das Firmament von der Vega in der Leier über den Zenit jenseits der Sterngruppe des Haars der Berenice auf das Zodiakalzeichen des Leo zu." (892)

Beides sind ihre Leuchtzeichen: Die Lampe und die Sternschnuppe. Es sind Zeichen des Verschwindens aller Gegenwart. Aber nur diese *ist* (und insofern ein Sich-Zeigen des Seins, ihres Seins). Joyce sagt (durch Stephen): "Halt dich ans Jetzt, ans Hier, durch das alle Zukunft sich in die Vergangenheit stürzt". (262) Das bezeichnet unsere *Zeit*, die Zeit des Menschlichen.

Diese sternenbesiegelte Vereinigung markiert den 'heiligen' Schöpfungsort des Romans. Urinieren und kopulieren sind die 'Symbole' für die schaffende Kreativität des Künstlers, der uns unsere Welt erklärt, indem er sie erschafft. Es handelt sich dabei weniger um Symbole im traditionellen Sinne, die etwas vermitteln, sondern *um unmittelbare Erscheinungsweisen des Ursprungs.* (Der Ur-Sprung im zerbrochenen Spiegel der Dienstmagd: Symbol der (irischen) Kunst.) So ist im gesamten Roman der Mythos nicht im Alltag vermittelt, sondern der Alltag ist unmittelbar 'mythisch', was nichts anderes heißen soll, als daß das Reale in der Seinsweise des 'Bedeutenden' (sei's durch Epiphanie, durch Allusion oder Analogiezauber), des durch erleuchtetes Bewußtsein Gesetzten erscheint, hinter dem es keine andere Wirklichkeit gibt: "Unausweichliche Modalität des Sichtbaren: zum mindesten dies, wenn nicht mehr, gedacht durch meine Augen. Die Handschrift aller Dinge bin ich hier zu lesen, Seelaich und Seetang, die nahende Flut, den rostigen Stiefel dort. Rotzgrün, Blausilber und Rost: gefärbte Zeichen. Grenzen des Diaphanen. Doch er fügt hinzu: in Körpern. Dann ward er ihrer Körperlichkeit gewahr noch vor ihrer Gefärbtheit. Und wie? Indem er mit der Birne dagegen stieß, gewiß." (53)

Die Wirklichkeit schreibt Zeichen, aber sie löst sich nicht darin auf. Man kann sich nach wie vor die Birne dran stoßen oder vom Auto überfahren werden, was man von Zeichen nicht sagen kann, (es sei denn, im übertragenen Sinn). Es wäre auch zu plump, die Problematik des Ausschreibens von Realität in Semiologie aufzulösen. Ein Beispiel für das transformierende Schreiben, das alles verwandelnde Schreiben (von Metamorphosen) ist das Modell der großen Erzählung von Sindbad dem Seefahrer, die große Reise des Erzählens des > Ulysses < selbst:

"Mit?
Sindbad dem Seefahrer und Tindbad dem Teefahrer und
Findbad dem Feefahrer und Rindbad dem Rehfahrer und
Windbad dem Wehfahrer und Klindbad dem Kleefahrer und
Flindbad dem Flehfahrer und Drindbad dem Drehfahrer und
Schnindbad dem Schneefahrer und Gindbad dem Gehfahrer
und Stindbad dem Stehfahrer und Zindbad dem Zehfahrer
und Xindbad dem Ehfahrer und Yindbad dem Sehfahrer
und Blindbad dem Phthefahrer." (938)

"Joyce schreibt nichts, was nicht bereits geschrieben steht."[48] In gewisser Weise könnte man den > Ulysses < als Palimpsest dessen lesen, was geschrieben steht und was geschrieben wurde. Das kann auch mit der Metempsychose, der Transmigration der Seelen in Verbindung gebracht werden, treffen wir doch auf lauter alte Bekannte (Odysseus, Shakespeare), die sich neu verkörpert haben, Personen, die nur weitergedichtet wurden. Insofern kann den beiden Protagonisten auch keine geschlossene Identität zugeschrieben werden - sie waren immer und werden immer sein; dennoch sind sie unverwechselbar individuell hervorgetreten, aus der Nacht der Anonymität der Welt und ihrer Geschichte leuchtend hervorgetreten für einen Tag wie eine Sternschnuppe, so wie dieser Tag und sein Ort hervorgetreten sind aus der Anonymität der Tage und Orte wie ein Komet, wieder verschwindend im dunklen interstellaren Raum von Orten und Zeiten, in der Gewißheit, daß sie darin aufgehoben sind, und daß ein neuer Tag anbricht für Leopold und Stephen, für "Finstbatt dem Helltagler" ("Darkinbad the Brightdayler") und für Dublin.

---

48 Kenner, a.a.O., 79.

6. Das Sein des Scheins und die unverfügbare Individualität

Der >Ulysses< ist ein Spielfeld für zahlreiche Formen des Erzählens und der sprachlichen Gestaltung, ebenso der szenischen Darstellung. Das gilt auch für die Multiperspektivität der Erzählhaltungen (wobei man sich nichts vormachen darf: es gibt nur einen, der schreibt: James Joyce), die nicht etwa bedeutet, daß mit der Aufgabe der Perspektive des allwissenden Autors die Komposition des Sinns schwände, und ein Spiel der Möglichkeiten eine Beliebigkeit des Dargestellten (oder ein Schwinden des Sinns - eine Abart des vielzitierten Wertverlusts) erzeugte. Vielmehr haftet der Position des allwissenden Autors etwas zutiefst Falsches an: weder gibt es einen Menschen, der alles weiß, noch denkt irgendein Mensch so, wie ein auktorialer Erzähler erzählt. Oder genauer gesagt: das, was in eines Menschen Bewußtsein ist, das gleich dem ist, was dieses Bewußtsein als ausgesagtes ist, ist niemals das, was ein auktorialer Erzähler intendiert. Um dieses Manko zu umgehen, wird vor allem der innere Monolog eingesetzt. Die Technik des inneren Monologs ist zwar nicht allein zuständig für die Bewußtseinsdarstellung (es sei denn, man nennt alle Bewußtseinsdarstellung Monolog); nicht einmal ist er im Text des >Ulysses< immer eindeutig identifizierbar. Er verwischt sich manchmal fast übergangslos mit anderen Stilformen; aber er ist doch aus diesem Impuls heraus zu begreifen. Nicht von ungefähr entwickelt er sich aus dem 'stream of consciousness' der Psychologie von William James und der Bewußtseinsphilosophie von Bergson (>Essai sur les données immédiates de la conscience<), wobei sich ein Übergang von der psychologischen auf die erzählerische Ebene vollzieht. Es ist wie immer bei der Entdeckung von Neuem: der Sache nach (und in der Form genauso) gab es den inneren Monolog schon viel früher. Ich weiß nicht, wer der erste war, der ihn verwendet hat; aber exzessiv findet er sich bei Jean Paul und Stendal. Es geht immer nur darum, wie individuelle Subjektivität sich äußern kann - und zwar derart unverstellt, daß die Individualität zum Vorschein kommt. Daherreden, 'wie alle', kann jeder. Und methodengeleitet 'abstrakt' denken, kann auch jeder halbwegs intelligente

Mensch. Aber das Geheimnis des Duftes einer Blüte wiederzugeben, den ein einziger Mensch ein einziges Mal wahrgenommen hat: das ist Kunst. Diese erschöpft sich nicht in der Technik des inneren Monologs. Wer also immer der 'Erfinder' gewesen sein mag (Joyce hat bekanntlich auf Dujardin verwiesen), es stimmt nicht einmal, daß er sich zur Widerspiegelung der "intimsten und dem Unbewußten nahesten Gedanken"[49] besonders gut eignet (das Unbewußte scheint eher eine phonetisch assoziative Sprache zu sprechen - vgl. Teil V/6). Das Bewußtsein funktioniert auch nicht ohne Punkt und Komma; im Gegenteil: es setzt tausendfach Gedankenstriche, Fragezeichen usw. Insofern eignet sich der berühmte lange, interpunktionslose innere Monolog des Schlußkapitels wenig, um zu demonstrieren, was Bewußtsein ist, obschon er versucht, etwas sehr Lebendiges einzufangen, und die Form diese Lebendigkeit vermittelt.

Gerade 'Penelope', Mollys innerer Monolog, ist hochgradig artistisch aufgebaut und mit metaphysisch-theologischem Tiefsinn befrachtet. Das Spiel mit 'yes' als erstem und letztem Wort, dem A und O, die Bejahung des Lebens, des Fleisches und des Weibes, enthüllt in diesem Wort 'Sinn' des >Ulysses< in der Bejahung des Lebens. Joyces eigene Charakteristik dieses 'yes' hat das nur zementiert. Er spielt mit der Zahl 8, beginnend mit den 8 Sätzen, aus denen der Monolog besteht, die für manche Interpreten die umfassende Sexualität symbolisiert. Wie sehr die 'Sprache' Mollys symbolisch konstruiert ist, mag das Beispiel des 'seedcake' zeigen (obschon, wie gesagt, der Eindruck des lebendigen Bewußtseins nicht schwindet; aber Molly ist, über ihre eindeutige Individualität hinaus, eben auch Gea-Tellus, mother earth, das Ewigweibliche usw.): "an dem Tag wo wir unter den Rhododendren lagen oben auf dem Howth in dem grauen Tweedanzug und mit dem Strohhut an dem Tag wo ich ihn so weit kriegte daß er mir den Antrag gemacht hat ja zuerst hab ich ihm ein bißchen von dem Mohnkuchen <seedcake> aus meinem Mund gegeben und es war Schaltjahr wie jetzt ja vor 16 Jahren ..." (1014) Hier taucht wieder die 8 auf (2 x 8), eine Symbolik der Fruchtbarkeit und das Jahr, das die letzte Passage skandiert. Der Monolog ist ganz auf die Fruchtbarkeit und die Sexualität der Frau konzentriert: das letzte Ziel von Stephen und Leopold?

---

49 Eduard Dujardin, zit. bei Eco, a.a.O., 357.

Wenn die Darstellung des Bewußtseins der liebste Gegenstand des Bewußtseins ist, so wird die Darstellung - und also der Stil - eben die Merk-
male des Bewußtseins 'wie es eben ist' aufweisen, zum Beispiel den
'kleinen Weltausschnitt', die Fragmentierung, polyhistorische, aber völlig
unsystematische Enzyklopädistik (wie das im 'Ithaka'-Kapitel ausgeführt
wird), ebenso die Gemütsfärbungen. Die Romanform würde in einem einfachen Sinn von Widerspiegelung die Bewußtseinsform zeigen, wenn es
nicht 1. um die sprachliche Vermittlung (alles Bewußtsein muß Zeichen
setzen) und 2. um die 'unbegreifbare' Individualität ginge. Der Autor schil-
dert die Menschen und Dinge nicht auf eine subjektive Art und Weise,
sondern er ist ein Subjekt und sieht sich objektiv so. Er sieht die Dinge, wie
eben ein Subjekt sie sieht. Das heißt, was sich zeigt, ist eigentlich nur die
Vollzugsform der individuellen Subjektivität selber, die der Roman ist, und
die gleichwohl über das rein Private hinausgeht.

Nun werden wir, wenn der Gegenstand der Aussage (das, was im traditionellen Sinn repräsentiert werden soll), das Bewußtsein (also das Aussa-
gende) selbst ist, ganz in der Immanenz der Sprache uns bewegen. Sie
kreist in sich selbst, auf ihre eigenen Zeichen verweisend, weil nichts außer
ihr mehr relevant ist (außersprachliche Außenwelt existiert gar nicht in einem Sinn von Wahrheit). Repräsentation ist keine Funktion der Sprache
mehr. Es beginnt ein Verweisungsspiel, das keinesfalls 'leer' läuft.

Das heißt vor allem, *daß der Unterschied zwischen Fiktion und Wirklichkeit, Schein und Sein schwindet.* Der Menschen Tun und Lassen sei selbst
zum Roman geworden, bemerkt schon Herder in den >Briefen zur Beförderung der Humanität<. Diese Kennzeichnung mag in übertragener Bedeutung gemeint sein; sie gilt aber buchstäblich, wenn es sich um das Seelenleben und das Bewußtsein (die Erinnerung vor allem) handelt. Wenn
eine Einbildung als eine seelische Realität eine Ursache für bestimmte
Handlungen ist, so ist es völlig gleichgültig, ob dieser Einbildung außerdem
noch etwas in der Wirklichkeit entspricht. Wir lesen in uns selbst, in der
Wirklichkeit und im Buch gerade auf dieselbe Weise. Proust hat das wohl
am deutlichsten gesehen und ausgesprochen:

"Nach diesem zentralen Glauben, der während der Lektüre in meinem
auf Findung der Wahrheit gerichteten Bestreben unaufhörlich von innen nach außen webte, kamen die Gemütszustände, die sich aus der
Handlung ergaben, an welcher ich teilnahm, denn diese Nachmittage
(der Lektüre, P.) waren an dramatischen Geschehnissen reicher, als ein

ganzes Menschenleben es ist. Es waren die Begebenheiten, die in dem Buche vorkamen, das ich las; zwar waren die darin auftretenden Personen nicht 'wirklich', wie Françoise sagte. Aber alle unsere Gefühle, in denen wir die Freuden und Leiden einer wirklichen Person miterleben, kommen auch nur durch ein Bild zustande, das wir uns von dem Glück oder Mißgeschick machen". (1, 116)

Da wir uns also stets vom Anderen (Welt oder Menschen) ein 'dichterisches' Bild machen, vermögen wir das andere / den anderen (Menschen) sogar 'wahrer' zu erkennen, als wenn wir es / ihn nur sinnlich wahrnehmen; anders aber geschieht eine seelische Anverwandlung. Die Poetik von Proust, die sich hierauf aufbaut, gilt in diesem Kernbereich für alle Poesie. Aber das Bewußtsein, daß dies so ist, ist immer noch ein relativ exklusives, da doch die meisten der Einbildung 'wie Françoise' mißtrauen und an die Möglichkeit eines unverstellten Zugangs zur Wirklichkeit glauben.

Ich versuche, einige Ergebnisse der bisherigen Lektüre zusammenzufassen. Neben Bewußtsein und Subjektivität ist Individualität ein Schlüsselwort. Es geht um das Oppositionsspiel von unableitbarer Individualität und gesellschaftlicher Rolle. Das wesentliche Ergebnis ist, daß die Individualität sich erst aus der Destruktion von Identität erschließt und herstellt. Das ist - einmal mehr - im Leben wie im Roman. Gegen die identische Verfaßtheit von Subjektivität erhob Jean Paul Einspruch im Namen des Leibes und des Todes, das heißt letztlich der Zeit (des zeitlichen Verfalls). In Erinnerung an die historische Debatte des Idealismus geht es um das, was dem Selbstbewußtsein unüberholbar vorausliegt. Indem das Subjekt diesen Bedingungen unterliegt, geht es aber in gewisser Weise auch triumphierend aus ihnen hervor. Siebenkäs ist die Wahrheit einer Individualität, die sich über dem untergegangenen Leibgeber (Schoppe) erhebt. Es handelt sich auch um das Lüften von Charaktermasken. Das hat die umfassende Bedeutung, daß damit die Dichtung dem Prozeß der abendländischen Rationalität (so wie sie sich durchgesetzt hat) opponiert - darin ist sie der kauzigen, spleenigen Individualität des Alltags ähnlich, aber von noch umfassenderer Bedeutung. Dichtung ist das Andere der Vernunft. Ich vermute, daß diese Opposition mächtiger ist, als alle gesellschaftlichen Gegenbewegungen. Die Romane, die wir betrachten, sind im wesentlichen der Ausdruck solcher Individualität; sie ist das, als was sie sich schlechthin setzt als sich selbst: in performativen Sprechakten gleichsam. Darin liegt ihre Unverfügbarkeit. Sie ist weder deduzierbar (woraus auch immer) noch induktiv herzustellen, was ja immer auch heißt, sie auf einen geraden Nenner zu bringen. Nichts kann die Gestalt des Mr. Leopold Bloom, dessen Namen sich vielfältig und anagrammatisch wandelt, erklären als der Text selber. Das hat die für manchen unangenehme Konsequenz, daß man sich nie ganz verständlich machen kann, und wir eine andere Individualität nie ganz verstehen können. Radikal kann man daraus den Schluß ziehen, daß der Mensch immer einsam ist (was aber etwas anderes ist, als zum Beispiel die Einsamkeit des Einzelnen in der Masse). Wer darauf hinweist, wie sehr der individuelle Mensch gerade heute der 'totalen Verdinglichung' unterliegt (oder wie Luhmann sagt: "Es mehren sich die Anzeichen dafür, daß die gesellschaftliche Evolution über eine Lage hinausgeführt hat, in der es sinnvoll war, soziale Beziehungen auf den Menschen zu beziehen."[50]), so daß von Individualität gar nicht mehr die Rede sein könne (oder allenfalls kontrafaktisch), so sei dem entgegnet, daß er immer schon unabhängig von der jeweiligen gesellschaftlichen (strukturellen) Bedingtheit, dem Zufall von Geburt und Tod unterliegt. Nun zeigt ja gerade das schöne Spiel mit dem Zufall im >Tristram Shandy< (Zufall ist, was zufällt, zum Beispiel ein Schiebefenster), wie sich aus der unverfügbaren Kontingenz die unverwechselbare Individualität erst ergibt. Denn so sehr sich auch die abendländische Rationalität anstrengt: sie hat weder den Zufall eskamotieren, noch hat sie irgendetwas am Zusammenspiel von Zufall und Zeitlichkeit ändern können. Trotz fälschungssicherer Identitätspapiere entzieht sich die Individualität des Menschen gleichsam von selbst.

Das Problem, das sich daraus vor allem ergibt, ist dann das des Ausdrucks. Das ist auf der einen Seite trivial, reden wir doch in sprachlichen Zeichen. Aber was für eine Sprache und was für Zeichen? Es kann nicht darum gehen, einer neuen oder poetischen Mythologie das Wort zu reden. (Man braucht dann viel zu lange, um zu erklären, was man damit *nicht* meint.) Das Wie des Ausdrucks scheint mir im allgemeinen durch die zwei Formen der Allegorisierung und der witzigen Metapher benannt zu sein. Hier kommt es in erster Linie auf die Bildlichkeit des sprachlichen Ausdrucks an, wobei 'witzige Metapher' die Kleinform (eine kleinere Einheit)

---

50 Niklas Luhmann, Funktion der Religion, Frankfurt/M. 1982, 101.

und 'Allegorie' die Großform, die Generaltendenz - wenn man so sagen darf - bezeichnet.

Zum einen steckt darin das Moment des willkürlichen Spiels des Geistes. Zugleich steckt darin aber auch ein Wahrheitsanspruch, denn es werden ja zwei Bereiche zusammengeführt, und zwar in einem umfassenden Sinn: alles, was sich an Dualitäten ausdenken läßt - Geist und Körper, Innenwelt und Außenwelt, Zeichen und Bedeutung, usw. - kommt darin und nur darin (im dichterischen Werk) zusammen. Jean Paul erinnert daran: "Wie im Schreiben Bilderschrift früher war als Buchstabenschrift, so war im Sprechen die Metapher, insofern sie Verhältnisse und nicht Gegenstände bezeichnet, das frühere Wort, welches sich erst allmählich zum eigentlichen Ausdruck entfärben mußte." Eine schöne Anmerkung hierzu lautet: "Es ist ordentlich bildlich, daß der *Handel* - dieser Gegner der Dichtkunst - die Bilderschrift in Zeichenschrift zu verwandeln veranlaßte (s. Buhle, Geschichte der Philosophie, I. Bd.), weil der Handelsmann gern kurz schreibt."[51] (Man könnte daraus vielleicht folgern, daß gute Bücher notwendigerweise dicke Bücher sein müssen.)

Der Vorgang der 'Verbildlichung' oder Poetisierung ist wesentlich der Vorgang der individuellen Äußerung von Subjektivität. Und weil die Zeichenverwendung aus dem Impuls eines freien Spiels heraus geschieht, ist das Ganze witzig. Die geläuterte Form des Witzes ist dann der Humor.

---

51 Jean Paul: Vorschule der Ästhetik, § 50, 184.

VI. BRAND'S HAIDE ETC.

1. Ein Geistertreffen auf der Heide

Geister lieben die Nacht. Auch bei Mondlicht sind sie nur undeutlich zu sehen, wenn sie auf den Schauerfeldern erscheinen, aber sie üben doch eine mächtige Wirkung aus. Joyce und Arno Schmidt hatten beide schlechte Augen. Vielleicht ist dieser physiologische Defekt für die Sensibilität von 'Erscheinungen' verantwortlich, vor allem für die Deutlichkeit von geistigen Vorstellungen. Es mag also erlaubt sein, hier einmal die Biographie ins Spiel zu bringen: "Das 'Laterne-Gehen' damals noch in Hamburg üblich; (und wohl mit meiner MondLust in Verbindung)."[1] Und in >Caliban über Setebos< lesen wir:

"Schon sah ich, in nur geringer Entfernung, ein paar sanfte Lichtbälle durch die Bäume hin schweben. Und ich sofort hinterher: das hatt' ich, als kleiner Junge in Hamburg, auch begeistert betrieben! (Woher, vielleicht, die entscheidende Stärkung meiner Vorliebe für den Mond & Nichdiesonne. Das Terzium natür'ch angeborne 'schlechte Augen'..." (Caliban 198)

Arno Schmidt: ein deutscher James Joyce - nicht mehr als ein nichtssagendes Schlagwort. Immerhin diente der Vergleich in den Fünfzigerjahren zu seiner Verteidigung vor Gericht, als er wegen Gotteslästerung und Pornographie angeklagt war (was heute schier unbegreiflich scheint, war das corpus delicti doch die sanfte, zarte Liebesgeschichte >Seelandschaft mit Pocahontas<). Der Vergleich findet sich in dem Gutachten des damaligen Präsidenten der Deutschen Akademie für Sprache und Dichtung, Hermann Kasack. Er überzeugte, scheint's, auch den Staatsanwalt.[2] Es scheint eine gesicherte Erkenntnis zu sein, daß Arno Schmidt erst nach diesem

---

1 Ernst Krawehl (Hrsg.): Portrait einer Klasse, Frankfurt/M. 1982, 159. Auf den Zusammenhang wies mich Dieter Sdun hin, dem ich auch weitere Anregungen zu diesem Kapitel verdanke.
2 Vgl. Ansgar Skriver: Gotteslästerung? Hamburg 1962. Vgl. auch Josef Huerkamp: Nr. 8. Materialien und Kommentar zu Arno Schmidts Roman: >Das Steinerne Herz<, München 1979 (Bargfelder Bote, Sonderlieferung), hier 11-19.

Meisterstück seiner frühen Prosa sich mit Joyce vertraut machte und erst später den > Ulysses < las.[3] (Um ihn vor dem Vorwurf der Pornographie zu schützen, war der Vergleich mit Joyce nun denkbar ungeeignet; aber es ging schließlich um den Nachweis, daß es sich um Kunst handelt.) Und da es in der Literaturwissenschaft nicht nur um Fakten geht, kann man zugeben, daß der Vergleich mit Joyce auch zu diesem frühen Stadium so dumm nicht war.

Wir können aus der biographisch nachweisbaren Tatsache der den beiden Autoren gemeinsamen schlechten Augen etwas der Dichtung angemessen Gleichnishaftes folgern: schlechte Augen schärfen den Geisterblick.

Später hat Schmidt in Joyce einen seiner großen Geistesverwandten gesehen. Für den Vielleser und ungenierten Schöpfer aus der Weltliteratur, der laufend die großen Namen zitiert und lobt oder kritisiert, ist die Dichtung des 20. Jahrhunderts auffallend spärlich vertreten. Hier ist nur Joyce wirklich bedeutsam, und nur ihn läßt er gelten - ganz im Gegensatz zum 18. und 19. Jahrhundert (Zeitgenossen Schmidts tauchen so gut wie gar nicht auf). Mag es auch nur ein Kalauer sein, den schon Joyce zu zitieren beliebte (aber er hat in der Tat einen tieferen Sinn): bedeutsam ist vor allem die semantische Identität von Joy(ce) und Freud (ein Zeichen für den 'Geist') und ein Grund zur Freud'.

Inzwischen sind die Werk-zu-Werk Einflüsse, Verbindungen, Anspielungen und Wort-zu-Wort Beziehungen insbesondere für das Frühwerk (bis zu >Zettels Traum<, aber auch darüber hinaus) ausführlich dokumentiert und erforscht.[4] Doch fehlen noch weiterreichende Interpretationen, die denkerischen Anstrengungen. Es gibt offenbar Dichter und Philologen, die im tiefsten Grunde das Denken hassen, das uns "neugierig-tapferen 'Intellektuellen' "[5] so manchen Schweiß auf die Stirn treibt. Es zeigen sich erhebliche Schwierigkeiten, wo versucht wird, dieses Verhältnis zu erfassen. Zum Beispiel wird die naheliegende Beziehung von >Finnegans Wake< zu >Zettels Traum< erheblich dadurch in Frage gestellt, daß

---

3 Die Beschäftigung mit dem Original des > Ulysses < fällt vermutlich in das Jahr 1956. Zur Chronologie von Schmidts Joyce-Rezeption vgl. Friedhelm Rathjen: "schlechte Augen": James Joyce bei Arno Schmidt vor >Zettels Traum <, München 1988, 183-198, hier 184.
4 Vgl. Rathjen, a.a.O. und ders.: Dublin-Bargfeld, Frankfurt/M. 1987. Vor allem aber Robert Weninger: Arno Schmidts Joyce-Rezeption 1957-1970, Frankfurt/M. 1982.
5 Zu diesem schwierigen Gegensatz (vor allem was die Dichter angeht) vgl. Arno Schmidt: Das Buch Jedermann, Triton 256.

>Zettels Traum< eine durchaus realistische, identifizierbare Grundlage oder Folie besitzt (Haus, Feld, Orte überhaupt, ebenso die Zeit), die nicht sogleich in einen 'Mythos' oder in 'andere Bedeutung' transformiert ist. Hier wäre also ein Vergleich mit dem >Ulysses< angebrachter.[6] Ich möchte auf diese Diskussion gar nicht näher eingehen. Plausibel ist jedoch, was für jede Vergleichung gilt, daß, je näher man hinschaut, die Differenzen desto größer werden. Bedeutende Werke sind letztlich immer unvergleichlich.

Ein anderes der - nach Schmidt - zehn größten Bücher, die bisher in englischer Sprache geschrieben worden sind, ist - natürlich - Sternes >Tristram<: 'Alas, poor Yorick'.

Schmidts Essays zur Literatur, seine Nachtprogramme vor allem, sind auch als Bestandteile einer umfassenden Poetologie seines eigenen Werks aufzufassen. Das wird ganz besonders deutlich an den Ausführungen zum >Tristram<. Die poetologische Verzahnung besteht in mehrfacher Hinsicht; zunächst in einer

"Fülle von mehreren Tausend feinster-neuster Kleinbeobachtungen, die vor ihm noch nicht bemerkt & festgehalten wurden; (aus dem Alltagsleben übrigens, *nur* aus dem Alltagsleben : das ist so 1 der untrüglichen Kennzeichen des wahrhaft großen Schreibers).[...] Weiterhin gehört es zum dauerhaft-großen Buch, daß, durch all das Buchstabengetümmel und die beste Oberflächen-Nichthandlung hindurch, leis die mächtigschwere Drüsen-Melodey ertöne, die nun mal einen erklecklichen Sektor unseres Dasein ausmacht : wenn schon die tumb-unbewußte Volks-Sprechweise sich mit S-Anspielungen - 'S' stehe künftig für 'sexuell' in all seinen Biegungen - überhitzt ausgedrückt: 'Mehr-Busen', 'Berg-Rük-ken'; 'die Straße macht 1 Knie'; wenn schon HERDER (in den ideenreichen 'Ideen'; und TIECK ergänzte's in der 'Vogelscheuche') lächelnd darauf verwies, wie der Blumen-Strauß am Ausschnitt der keuschesten Jungfrau, nichts weiter sei, denn ein Fäustchen schönfarbiger duftender Genitalien, (die die Pflanzen nun einmal stolz her zeigen & hin recken); ja, dann wäre der Schriftsteller, der diesen Ober-, oder wenn man so will, Unter-Tönen nicht Rechnung trüge, ja doch wohl ein ebenso Weltfremder wie Unzugänglicher?" (TbZ 232)

Der vornehmlichste Gegenstand der Dichtung ist die Darstellung der großen, bedeutenden Daseinsmächte: die Gewöhnlichkeit des Alltagslebens und die Sexualität, die Gewohnheiten, auch die Wohnlichkeit des menschlichen Daseins und die bewegende Kraft, mit anderen Worten: es ist die Freud' des Daseins, die den Weltentwurf der Dichter Sterne, Jean

---

6 Vgl. Stefan Gradmann: Das Ungetym. Mythos, Psychoanalyse und Zeichensynthesis in Arno Schmidts Joyce-Rezeption, München 1986, 70 ff.

Paul, Joyce und Schmidt prägt (ja auch Schmidts - bei aller notorischen Nörgelei; die Bücher Arno Schmidts gewähren bei allem Pessimismus auch sehr viel Schutz für ein beschädigtes Dasein).

Im Alltäglichen geschieht mehr, als die Diskurse uns wissen lassen:

"Was hier not tut, wäre die Einsicht, daß wir alle Ungeheuerlein sind; beziehungsweise, weniger schockierend ausgedrückt : daß zumindest Gedankenspiele von Lust & Mord zum unveräußerlichen Bewußtseinsbestand auch des normalen Bürgers gehören. Das 'Alltägliche' ist noch nicht halb so klar, wie man sich einzubilden pflegt, und das Außerordentliche eigentlich nur eine Erfindung der Journalisten, die der Dichter verschmähen sollte." (TbZ 252)

'Große' Dichtungen enthalten diesen 'anderen' Weltentwurf, sie sind eine Gestalt des 'objektiven Geistes'. Ihre Grundlage aber bilden Beobachtungen der Empirie, wozu dann Erfindungen, Gedanken, Einbildungen hinzutreten, die das Geschäft der Imagination ausmachen. Aber 'zarte Empirie', ein Extremrealismus wenn man so will, "portrait-gute Gestalten & Landschaften, kurzum vielviel reiche Alltäglichkeit" (TbZ 287) bilden die Basis. Das kann nicht genug betont werden, wähnen wir uns doch beim 'modernen' Roman immer schon jenseits des Realismus, im Symbolischen, dem Surrealen oder auch im post-erzählerischen Zeitalter. (Aber dann kommt einer wie Uwe Johnson und erzählt, und der Theoretiker steht beschämt da.) Daraus ergibt sich zwangsläufig die Forderung nach äußerster Genauigkeit. Man weiß, wie sehr Joyce, von Dublin exiliert, darum bemüht war. Schmidt zitiert als Motto in diesem Sinn Samuel Butler: "I don't mind lying, but I hate inaccuracy!" (>...und es blitzten die Sterne< TbZ 297) Kritisch, beckmesserisch, aber poetologisch sinnvoll ist seine Begutachtung von Mondszenen in der Literatur, die bei vielen Dichtern einfach nicht stimmen. Zum Beispiel der Unsinn: Der Mond ist aufgegangen / Die goldnen Sternlein prangen. Wenn der Mond - gar Vollmond - aufgegangen ist, verblassen bekanntlich die Sterne. Aber es gibt Übleres, wie ein um Mitternacht aufgehender Vollmond, der nur ein abnehmender Halbmond sein kann, usw.

Die Bemühungen um Genauigkeit sind bei vielen Schriftstellern bekannt. Schmidt zitiert Brockes, Cooper, Stifter (den frühen), Joyce selbstverständlich, aber auch Uwe Johnson wäre hier zu erwähnen, was die Darstellungs- und die Arbeitsmethode anbetrifft. Genauigkeit wäre, romantheoretisch behandelt, geeignet, die unseligen 'traditionellen' Kategorien

Realismus, Naturalismus abzulösen und endlich überprüfbare Textkriterien einzuführen. Der 'traditionelle' Realismus ist ebenso unrealistisch wie beispielsweise die Geschichtsschreibung, die von der (alltäglichen) Realität meilenweit entfernt ist. Ein Höhepunkt des nicht Realen in der Darstellung ist Gustav Freytags >Soll und Haben<, der mit etwas banalen 'Idealtypen' arbeitet. Im Grunde ergibt sich die Forderung nach Genauigkeit schon aus Forderungen der Poetik des Aristoteles, nämlich der nach Wahrscheinlichkeit, dem auch das Phantastische oder Utopische gehorchen müssen: "... wenn von der Zukunft meinethalben noch Alles offen sein sollte, *die Mondaufgänge sind es nicht, Messieurs!*" (TbZ 300)

Und es ist ja auch so: In Wirklichkeit passiert - gemessen an der Menge dessen, was alles der Fall ist - viel weniger Aufregendes als die Medien uns weismachen. Durch sie (und vormals: die Dramatiker, Journalisten) entsteht ein völlig schiefes Bild von der Welt. (Bild heißt hier: Abbild!) Abbildliche Mimesis ist zwar nicht alles, aber eine der wichtigsten Grundlagen der modernen wie der älteren Literatur: ganz einfach aus den Forderungen nach Wahrheit oder zumindest Wahrhaftigkeit! Das heißt, daß Katastrophen und sensationelle Ereignisse prozentual recht selten sind (wieviel Promille?). Es überwiegen die bekannten kleinen Einförmigkeiten des Daseins. Erst wenn der Unfall der Normalfall ist, dürfte es um den Menschen endgültig geschehen sein. Nun hat es Literatur und große Dichtung zumal nicht mit dem Belanglosen in seiner Belanglosigkeit zu tun. Wohl aber mit der Wahrheit. Es muß also gefragt werden, wie aus den Belanglosigkeiten das Belangvolle, Bedeutende entsteht, wie es dazu steht, wie es sich davon abhebt, usw. Hier kommt der alles entscheidende Stil ins Spiel: die Sprache, die Architektonik, die Denkweise.

Schon einer sauber konstruierten, logischen Handlung haftet ja etwas Irreales an, da in der lebensweltlichen Wirklichkeit so "nichts läuft". Und da, wo die Mimesis zur reinen 'Action' verkommt, wird es im schlechten Sinn phantastisch (wie in den Action-Filmen, die nun gar nichts mehr mit der Wirklichkeit zu tun haben).

Auf der Ebene des Stils (d.h. platt genug: des Textes) kann nun vieles passieren, zum Beispiel der Einbruch des Mythos (oder des Märchens). Vor allem der Mythos ist in der Prosa des 20. Jahrhunderts präsent. Dabei geht es nicht um Remythisierung; seine Revokation ist zunächst nur der

Ausdruck eines Erkenntnisprozesses: daß nämlich der Mythos "nichts anderes sey, als die verarmte, gerupfte Reichealltäglichkeit!" (Triton 260) Wobei zu bedenken ist, daß alle 'symbolischen' Erkenntnisweisen in Wissenschaft, Kunst und Mythos die Reichealltäglichkeit rupfen, es sich also - so gesehen - beim Abstraktions- um einen Verarmungsprozeß handelt. Reduzierung von Komplexität ist ja auch immer ein Verlust (man sieht aber zumeist nur die Seite des Gewinns). Die Iren, die viele große Dichter und Erzähler, aber wenige Philosophen hervorgebracht haben, seien hier mit einem der ihren zitiert: "The generality of men which are simple and illiterate never pretend to *abstract* notions. ...we may therefore reasonably conclude that, if such there be, they are confined only to the learned." (G.Berkeley: The Principles of Human Knowledge, Introduction § 10.)

Bestandteile der "Reichenalltäglichkeit" sind ja ebenso das Skurrile, das Phantastische, das Unverständige, Unverständliche und Unauflösliche (nämlich unauflöslich in den Typus eines anderen, verstandesmäßigen Wissens); wieviel Täuschung und Lüge durchsetzt nicht unser Leben: Alles bietet dem Dichter positive Möglichkeiten, die nicht eliminiert werden dürfen. In der Dichtung wird das Ungleiche zusammengeführt, daher die allegorische Tendenz, die auch unbewußt entsteht.

Darin steckt auch ein humanes, aufklärerisches Moment. Hier gilt, was Michelsen für Sterne und übertragen auf den 'Roman überhaupt' feststellt: den Verzicht "auf jede (auch ethische) Doktrin, auf rigorosen Ernst, auf Metaphysik, kurz auf alle absoluten Geltungen, seien sie nun vom Verstand oder vom Gefühl diktiert. Dieser in Humor verwandelte, unabsolute Geist beseelte den Roman, ist sein eigentliches Wesen, die in ihm wirkende Vernunft."[7]

So bildet denn Arno Schmidt aus vielen Gründen ein Glied der Kette Sterne, Jean Paul, Joyce, die in sich nicht geschlossen ist. Sie ist vielmehr nach allen Seiten offen, und die Verzweigungen sind zahlreich. Sie ist gleichsam unendlich anreicherbar, und auf der anderen Seite nicht viel mehr als eine Hilfskonstruktion für eine Romantheorie, die den Erkenntnis- und damit den Wahrheitsanspruch der Dichtung betont, und sie in

---

7 Michelsen, a.a.O., 48. Dort findet sich auch eine Kritik an Lukács' Ansichten von Sterne, die auf einem unmenschlichen ethischen Rigorismus beruhen.

überflügelnder Konkurrenz zu den anderen möglicherweise wahrheitsfähigen Diskursen (der Wissenschaften, Philosophie und Religionen) etabliert.

Man könnte noch fragen, ob nicht Edgar Allen Poe für Schmidt wichtiger als Jean Paul sei? Von den vielen Literaten, die Schmidt rezipiert hat, gehört sicherlich Poe an die erste Stelle. Über ihn hat er am meisten geschrieben. Über Jean Paul hat Schmidt nicht einmal einen eigenen Essay verfaßt; dennoch ist die Geistesverwandtschaft offenkundig, und sie ist auch immer wieder angemerkt worden.[8] Ich möchte hier nur zwei 'äußere' Belege anführen. Schmidts Essay-Erzählung >Tina oder über die Unsterblichkeit< verkürzt im Titel Jean Pauls >Selina - oder über die Unsterblichkeit der Seele< nur um einen (antimetaphysischen) Deut. In >Zettels Traum< sagt Paul zu Pagenstecher: "Du=Dän. : das iss auch noch so'n Téma für Mich! (Du hasD nämich nich umsonst ma=gesagt: 'daß kein Dichter Dir so - nu=scheiß=ja 'verwandt'- sey als JEAN PAUL)."[9] Man kann auch auf das 'Prinzip Zettelkasten' verweisen, die enzyklopädische Manier oder die Bauelemente einer "idyllischen Kleinordnung", die nur an der Wertskala einer klassischen Poetik gemessen abgewertet erscheinen. "Schlegels Satz über Jean Paul, dessen Werke seien zwar 'gebildet, obschon sie wenig Bildung enthalten', trifft auch auf Arno Schmidt zu. Nur unter der Perspektive eines 'klassischen', harmonischen, 'allseitigen' Bildungsideals, mit dem utopischen Vorbild des 'uomo universale' (wie ihn vielleicht nach Leonardo bei uns allenfalls noch Goethe verkörpert hat: bei Preisgabe welcher Passionen!) wäre das Pejorative der Aussage gerechtfertigt."[10]

Man muß sich fragen, auf welchem Planeten Schiller denn lebte, wenn ihm Jean Paul wie aus dem Mond gefallen vorkam.

Arno Schmidt ist ein - ziemlich unangepaßter - poeta doctus, wie Joyce, wobei das eigene Wissen und vor allem die eigene Wissensaneignung keinem Konsens folgt, der verallgemeinerbar oder methodengeleitet wäre (was man wissen muß als Literaturwissenschaftler und Philologe, der er nebenbei auch ist, als Bildungsbürger etc.). Seiner lexikalischen Belesenheit haftet etwas Amateurhaftes an. Aber kann es eine andere Art von Bildungswissen heute überhaupt geben? Zeigt er uns nicht, daß wir irgend-

---

8 Vgl. dazu Wolfram Schütte: Das offene Geheimnis: Jean Paul & Arno Schmidt. Ein Vorkapitel, in: Arno Schmidt. Text und Kritik, Heft 20/20a, 1977 (3), 55-62.
9 Zettels Traum, Zettel 1048.
10 Schütte, a.a.O., 59.

welchen Schimären oder Ideologien folgen, wenn wir uns an einen Kanon halten? Ist nicht doch letztlich der Zufallsfund ehrlicher oder was uns gefällt? Der 'Solipsist in der Heide' wußte schon, warum er sich abwandte vom 'Betrieb'. Wenn etwa die Adornosche Gesellschaftskritik recht hat, daß das Ganze das Unwahre sei - so bleibt einem ja wohl nichts anderes übrig. Wenn wir enttäuscht sind, weil wir unsere Art des Wissens bei Arno Schmidt nicht wiederfinden, so sollten wir zunächst fragen: was wissen wir denn? Und sodann: Was suchen wir eigentlich? Was wollen wir wissen? Wie bei kaum einem anderen Autor wird der Leser auf seine eigene Privatheit verwiesen und gezwungen, in sich selber zu lesen oder seine eigene Umwelt zu lesen, zu entziffern, zu deuten. Wenn er uns mit seinem Stammtischgezeter und seinen kleinbürgerlichen Meinungen enerviert: was bleibt uns denn gegenüber der medientechnischen Übermacht der verordneten Jargons, der Entsorgungsterminologie? Worauf sind wir denn zurückgeworfen, wenn wir uns mit den öffentlichen Diskursen nicht identifizieren können? Wir können bei Arno Schmidt eine Art Zuflucht finden.

2. Das Sichtbare und das Unsichtbare

In der zweiten Hälfte des 20. Jahrhunderts ist Arno Schmidt der einzige bedeutende und radikale Erneuerer und Umgestalter der deutschen Erzählprosa. Die anderen Dichter, große Namen darunter, schlossen sich mehr oder minder nahtlos an die gebräuchlichsten Prosaformen, wie sie im 18. Jahrhundert entwickelt wurden, an. Seine eigenen Überlegungen zu einer neuen Prosa, die er in den >Berechnungen< vorgelegt hat, sind keineswegs geeignet, eine wohlfeile Theorie seiner Schriften zu begründen. Hier ist es interessant zu beobachten, wie Theorie und Wirklichkeit auseinanderklaffen. Diese Differenz zur eigenen Schreibpraxis ist nicht der mangelnden Begabung Arno Schmidts für die Theorie anzulasten, sondern darin zeigt sich die Problematik von Dichtungstheorien überhaupt. Gleichwohl dienen sie unserem Verständnis von Dichtung.

Zunächst spricht Schmidt gleichsam 'more geometrico', was meines Erachtens in die Irre führt; es gelte "zu gewissen, immer wieder vorkommenden verschiedenen Bewußtseinsvorgängen oder Erlebnisweisen die genau (!? P.) entsprechenden Prosaformen zu entwickeln." (R&P 284) Darin steckt ein unauflöslicher Widerspruch, spricht er doch in dem Zusammenhang von *subjektiven* Versuchen einer *konformen* Abbildung von Gehirnvorgängen. Wenn man sich schon in der Sprache den exakten Wissenschaften nähert, darf man das Subjektive nicht in dieser Weise als eine Hintertür sich offenhalten. Entscheidend ist allein das Subjektive und der Hinweis auf die Bewußtseinsvorgänge: die Prosa hat diese und nur diese zum Gegenstand. Moderne Prosa erzählt nicht, was wirklich ist, sondern was im Bewußtsein wirklich ist - womit die Anzahl der zu erzählenden 'Tatsachen' sich enorm erhöht. Das Feld des Bewußtseins ist nur zum kleinen Teil das von sinnlichen Wahrnehmungen; einen großen Teil nehmen die Erinnerungen ein, die aus dem Gedächtnis an das Licht befördert werden können (das, was aus dem Unbewußten hervorgeholt werden kann, markiert einen weiteren Teil). Arno Schmidt hat hierzu poetologisch wichtige Überlegungen notiert: "... man rufe sich am Abend den vergangenen Tag zurück, also die 'jüngste Vergangenheit' (die auch getrost noch als 'älteste Gegenwart' definiert werden könnte): hat man das Gefühl eines 'epischen Flusses' der

Ereignisse? Eines Kontinuums überhaupt? Es gibt diesen epischen Fluß, auch der Gegenwart, gar nicht. Jeder vergleiche sein eigenes beschädigtes Tagesmosaik!

Die Ereignisse unseres Lebens springen vielmehr. Auf dem Bindfaden der Bedeutungslosigkeit, der allgegenwärtigen langen Weile, ist die Perlenkette kleiner Erlebniseinheiten, innerer und äußerer, aufgereiht." (R&P 290 f.)

Hier ist begründet, warum Schmidt seine Prosa mosaikartig aneinanderreiht. In einem frühen Werk wie >Brand's Haide< sind die Abschnitte, also Sprünge, durch die kursivierten Anfangsworte markiert. Entscheidender ist es zu untersuchen, wie die Bedeutungslosigkeit, die ja im Leben bestehen bleibt, sich im Text zur Bedeutung seiner Prosa verwandelt, und sei es auch nur zu dem Zweck, die Langeweile zu vertreiben.

Sein Stil unterscheidet sich in dieser Hinsicht vom traditionell 'symbolischen', in dem das Bedeutende durch eine Erhebung zu einer Art von Allgemeinheit erzeugt wird (wie auch immer im einzelnen: hier soll über den traditionellen Stil nicht der Stab gebrochen werden, der seine Wahrheit für sich hat); es ist nicht seine Art, die Bedeutung so zu erzeugen: "... er kam ins 'bedeutend Allgemeine' (wie Goethe's formulieren wollte: der hätte in seinem Alter auch allmählich wissen können, daß nur das bedeutend Einzelne bedeutend ist!)". (98)

Wie und wodurch aber wird das Einzelne bedeutend? Ich möchte die Bedeutsamkeit des Einzelnen anhand der Erzählung >Brand's Haide< aus dem Jahr 1951 erläutern. (>Brand's Haide< wurde 1963 zu der Trilogie >Nobodaddy's Kinder< mit >Aus dem Leben eines Fauns< und >Schwarze Spiegel< zusammengefaßt. Die Wortschöpfung stammt von William Blake, der von Joyce zitiert wird, den oder die beide Schmidt zitiert.) Es sind Erzählungen aus dem Nachkriegsdeutschland. Es geht um die 'Überlebenden'. >Brand's Haide< beginnt am "21.3.1946: auf britischem Klopapier." (7) Es ist Frühlingsanfang und der Neuanfang eines beschädigten Lebens.

Der Ich-Erzähler kommt aus englischer Kriegsgefangenschaft nach Blankenhof; er ist Schriftsteller, der an einer Fouqué-Biographie arbeitet. Er wird vom Landrat in das Lehrerhaus eingewiesen. Diese biographische 'Handlung' ist als solche das Nebensächlichste des 'Kurzromans'. Entscheidender ist, daß sich die einzelnen Szenen zu einem Mosaik zusammenpuzzeln, das ein durchaus 'realistisches Bild' vom Nachkriegsdeutschland entwirft. Damit ist die eine Bedeutungsebene erreicht und erfüllt; man wird sagen können, daß jemand, der diese Zeit nicht bewußt erlebt hat, sich hier eine konkrete Anschauung davon verschaffen kann, 'wie es war'. Arno Schmidt hat das selbst für eine der Bedeutungen von Dichtung herausgestellt, und es ist ja nicht die unerheblichste. Die Geschichtswissenschaft wird die Geschichte nicht so 'verdichten' können, wie es zum Beispiel in folgender kleiner Szene zum Ausdruck kommt:

> "*Rumms* stand der LKW; ein Tommy sprang ab, approchierte, und fragt kurz: 'Dis way to Uelzen?!' Ich tat fremd in der Sprache (Dym Sassenach) - wußte auch wirklich nicht, ob er rechts oder links fahren müsse -; sann obediently und produzierte gefällig meinen Personalausweis, blau, AP Nr. 498109. Er faltete ergeben amüsiert den Mund und nickte: laß gut sein; noch einmal hob er die Finger: 'Jül-zenn!' sagte er eindringlich: Nichts. Gar nichts. Schwang sich wieder hoch: wunderbare Schuhe, US-made mit dicken Gummisohlen: hat unser Barras nie mitgekonnt: by by. Wenn ich n Handfeger gehabt hätte, hätte ich wahrscheinlich etwas gedahlt, aber so nicht; schon überschlug ich im Gehen, was ich so Alles gesagt hätte, verscheuchte die müßigen Gedanken: komisch ist der Mensch, inclusive Schmidt ..." (14)

Das ist ein Beispiel für die realistische Oberflächenebene (die nicht oberflächlich im schlechten Sinn ist). Für diesen Realismus ist gerade die Durchbrechung der erzählerischen Kontinuität wichtig und notwendig und auch der Übergang in den inneren Monolog. Ein Zusammenhang wäre eine Illusion und einfach falsch: "die holde Täuschung eines pausenlosen, 'tüchtigen', Lebens, (wie sie etwa Goethe in seinen Gesprächen mit Eckermann so unangenehm geschäftig zur Schau trägt) wird der Wirklichkeit überhaupt nicht gerecht. Eben dafür, daß unser Gedächtnis, ein mitleidiges Sieb, so Vieles durchfallen läßt, ist meine Prosa der sparsam-reinliche Ausdruck." (R&P 291) Ebenso wird die falsche Fiktion eines objektiven Erzählers vermieden, indem Ansätze einer Er-Erzählung durchbrochen werden durch radikale Zentrierung auf ein Ich.

Aber es liegt viel mehr noch im Text. Sein 'Unsichtbares' besteht nicht in der Enthüllung der innersten Gedanken durch einen inneren Monolog. (Das ist - in gewissem Sinn - auch nur Oberfläche.) Auch nicht in der schönen, poetischen Anverwandlung der "unausweichlichen Modalität des Sichtbaren": "*Glasgelb* lag der gesprungene Mond, es stieß mich auf, unten im violen Dunst (später immer noch)."(7) Im Text steckt viel mehr, als

Wahrnehmungen bezeugen können. Wenn die Vernunft und der common sense keine Kontroll- und Filterinstanzen sind (und wie sollten sie, wenn es doch um alles geht, was so 'in Gedanken' vor sich geht), dann kommen auch krause Gedanken zum Vorschein, worin jedoch oft auch ein 'Fünkchen' Verstand steckt. So ist der Erzähler der ja nicht unvernünftigen Auffassung, daß es zuviele Menschen auf der Welt gibt (1951!); daher dieser Gedankenzyklus:

> " *'Kaninchen'*, sagte ich; 'ganz einfach: wie die Kaninchen!'. Und sah ihnen nach, ein halbes Dutzend, schultaschenpendelnd durch die kalte Luft, mit Stöckelbeinen. Drei derbere hinterher; also Söhne der Ortsbauern. Eltern, die immer noch Kinder in die Welt setzen, müßten bestraft werden (d.h. finanziell: fürs erste Kind müßten sie 20 Mark monatlich zahlen, fürs zweite 150, fürs dritte 800)." (7)

Und nun geht's los:

> " *'Wieso gerade 8000?'* Ich sah Ihnen an: ein alter Mann (genauer: älterer). Rauhes Wollzeug, Stiefel, vor ihm ein Karren mit feinstem Herbstlaub, matt, rot und rötlich. Ich nahm vorsichtig ein Blatt herunter (Ahorn) und hielt das durchsichtige gegens Licht: meisterhaft, meisterhaft. (Und welche Verschwendung! Der muß es dicke haben!) 'No', sagte ich leutselig (wollte ja auch noch eine geographische Auskunft!), 'also meinetwegen: 1000. - Meinen Sie nicht, daß es gut wäre?' 'Hm', schob er nachdenklich, 'von mir aus schon. Es hat viel zu viel auf der Welt: Menschen.'"(7)

Hier zeigt sich, was ich das Unsichtbare des Textes nenne - fast unmerklich; man muß schon sehr aufmerksam lesen. Daß es nicht im 'realen' Text weitergeht, erhellt einzig aus der plötzlich veränderten Zeit: das 21.3.46, der Frühlingsanfang, ist ja markant genug gesetzt als erstes Text-Datum. Wieso ist jetzt "feinstes Herbstlaub" im Karren? Wer ist der ältere Mann? Dieser alte Mann kehrt leitmotivisch in der gesamten Erzählung wieder (und dieser Kontext ist natürlich zuerst aufzurufen, um zu einem angemessenen Verständnis zu gelangen). Der Alte "hatte auch solches Schanzzeug (Rutenbesen, P.) gehabt, als er die Waldwege abstaubte." (15; auch 16-17 "Am Holderstrauch"; 50-52, 82, 90 f., 105) Schließlich:

> *"Der Alte*: er schob in der Schneise einen Karren mit erlesenstem Herbstlaub; Lore erstarrte: sie flüsterte: "Ich werd verrückt ... Kuck mal!" Tatsache: er harkte das Zeug nicht zusammen, sondern *verteilte* es sorgfältig auf das Rainlein, um Bäumchen; ein Prachtahornblatt hing er einem strammen Tännchen in den Wipfel und betrachtete wohlgefällig sein Werk. (Sah uns wohl nicht!)" (131 f.)

Man könnte an eine Allegorie des Windes denken. Aber das geht wohl in die Irre.

Hier kommt die romantisch-mythische Dimension des Textes zum Vorschein: nicht nur eine Konstruktionsfolie und vor allem keine Remythisierung (kein Mythos im 20. Jahrhundert und keine falsche Romantik). Man kann sich dem Verständnis des Problems annähern über ein vermittelndes Glied, die 'literarische' Ebene des Textes, die dadurch sich ausfaltet, daß der Erzähler an einer Fouqué-Biographie arbeitet. Er schreibt von Fouqué in dieser Biographie; "Das innere Bild ist stets bei Fouqué stärker als die Wirklichkeit". (Fouqué 43) Der alte Mann - so mein Deutungsvorschlag - könnte einem inneren Bild entsprechen. Ein Schlüssel dazu mag Brand's Haide sein, über die Fouqué selbst einst geritten ist:

> "Auf dieser und den späteren Reisen nach Halle muß man durch den damals noch sehr öden Fleming und dessen weite dichte Waldungen, zumal eine, an der sächsisch-preußischen Grenze gelegene, und 'Brand's Haide' geheißen. Die dient, eben wegen ihrer Grenzlage, manchem Schmuggler- und Raubgesindel zum nach seiner Art bequemen Aufenthalt; beim Durchzug pflegt man die Waffen hervorzuholen, auch wohl, wenn bei sinkendem Abend sich manchmal unheimlich im Forst irrende Lichter wahrnehmen lassen, absichtlich lautes Gespräch zu führen, um die Räuber durch die Meinung einer größeren Anzahl von Reisenden abzuschrecken. Dann wird auf dem 'Bergfrieden', einem Gasthaus mitten in der verrufenen Haide, übernachtet. Einmal verirrt man sich in den wunderlichen Schatten, und sogleich erwartet Fritz (Fouqué, P.) nichts minder, als man müsse sich nun dorten eine Hütte bauen, und somit Herrschaft und Diener das Leben seiner 'Verirrten' beginnen. (...) 'Der Wald der Welt' hat er später ein Gedicht genannt." (Fouqué 44)

Der Alte gehört in den Umkreis, der mit dem Namen Fouqué konnotiert wird. Man mag ihn zu den Elementargeistern zählen oder in ihm den verschwundenen Gärtner Auen erblicken. (Ich komme darauf zurück.) Entscheidend ist es hier, die Art und Weise der Einspielung zu studieren.

Wir sagten, es handele sich um eine zweite Textebene. Es ist eine imaginäre im Imaginären. >Brand's Haide< spielt auf einer real-imaginären Ebene in 'Blakenhof' und spielt hinüber in die andere Zeit, die Romantik und insbesondere die Zeit Fouqués. Insgeheim kommen von daher die "unsichtbaren" Bedeutungen (der Einbruch des Mythischen oder besser: Literarischen ins Alltägliche).

Der Einbruch geschieht auch deutlicher; etwa, wenn Lore aus Fouqués >Aletes von Lilienstein< vorliest (120 ff.). Auch dort kommt ein 'Alter' vor. Entscheidender scheint mir aber die Verwandlung des Alltäglichen zu sein, die das bestimmende Formelement dieser - aber auch seiner gesamten Prosa - ist.

Auf diese Weise bricht ja gewöhnlich das Literarisch-Mythische in den Alltag ein: man liest etwas, zum Beispiel eine romantische Erzählung; das Gelesene tritt in ein Bewußtsein ein, und hier geschieht ein Prozeß der Anverwandlung, der in letzter Konsequenz nicht verallgemeinerbar individuell ist. Wenn dergestalt mit dem Gelesenen 'mein Kopf voll' ist, kann es sein, daß die literarischen Gestalten mir im Alltag begegnen. Wenn ich jemanden 'mit meinen Augen' anblicke, verwandle ich ihn in einen anderen, und das tun wir immer. Wir forschen in der Gestalt des Begegnenden nach etwas Bekanntem, und es kann dann sein, daß wir in ihm einen Waldgeist erblicken, ohne pathologisch irre zu sein; wir dichten eben unsere Welt. Ohnehin ist ein 'ganzer' Mensch nur in dieser Imagination zu haben. Wir mysthisieren also ständig oder besser: wir dichten uns unsere Wirklichkeit. Nun kann es auch sein (was durchaus eine Interpretationsmöglichkeit des 'Alten' ist), daß wir in uns ein alter ego ein- und ausgebildet haben, das wir vielleicht sein möchten, und dem wir versuchen, im täglichen Leben zu begegnen. Der 'Alte' könnte also auch das alter ego des Ich-Erzählers sein. So entdecken wir ständig in uns, in unserem Gegenüber und in unserer Umgebung das Unbekannte, Geheimnisvolle, das Wunschbild oder den Schreckensgeist: "stets erwartete ich solche Phänomene vom Leben, und nickte nur, wenn sie aus den alten Büchern herzogen."(92) Es sind 'längere Gedankenspiele' oder bewußte Träumereien.

Sind zunächst noch - wenn auch in >Brand's Haide< oft schwierig - die Ebenen der 'Realität' und der Lektüre auseinanderzuhalten, zeigt er im Übergang zu seinem Spätwerk, wie die Bereiche in der Sprache zusammenfallen und so die Doppel- und Mehrbödigkeit des Textes sich entfalten. Diesen Übergang markiert die Erzählung >Caliban über Setebos<. Hier sei nur ein kleines Beispiel gegeben. Aus einer 'alltäglichen' Rike wird eine Eurydike, die von einer Schlange gebissen wird, "jener Natter, der Giftmischer aus Bautzen, der sich gebrüstet hatte, sie im Parke 'angeknallt ' zu haben". (Caliban 234) Die Schlange, die Natter, ist ein Apotheker (Giftmischer) namens Natter aus Bautzen (dem zeitgemäßen Boötien). Das Nebeneinander von Gewöhnlichem und Phantastischem in >Brand's Haide<, das jedoch auch da schon ineinanderfließt, ist in

>Caliban über Setebos< derart verdichtet, daß Überdeterminierungen entstehen. Das hat auch seine Schattenseiten. Die ständige Anwesenheit von Freud in seinen folgenden Texten (wenn ich die einmal metonymisch so ausdrücken darf) führt von der spielerischen Freiheit mythisch-literarischer Anspielungen und Beziehungen zu einem zwanghaften Sprechen (und Schreiben). Die schöne Freiheit ist dahin; die Etyms richten sich auf und lassen keine Wahl.

Arno Schmidt hat selbst bemerkt, daß etwas ihm verlorengegangen ist: das Glück, mit dem eigenen Kopfe denken zu können. "Ich unglücklich?!: ich kann doch denken, was ich will !!" (Faun 63) So konnte er noch in >Faun< schreiben. Das ist nun gründlich desavouiert. Für Schmidt, wenn er sich Georg Düsterhenn schreibt, ist die Unschuld verlorengegangen (etwa ab 1963). Nun kann man zwar sagen, daß verlorene Bewußtsein sei falsch gewesen, eine Illusion; doch wenn wir nie zur Wahrheit gelangten und immer nur in Illusionen lebten, so wäre es immerhin besser, an die schöneren Dinge glauben zu können und glücklicher zu sein. Arno Schmidt weiß sich von nun an geketet an die "lebenslangen Zwangsvorstellungen" des Unbewußten, und das *Bewußtsein* davon bestimmt fortan das Schreiben. Die Welt als "Uni-sive Perversum" wird erfahren und gestaltet in einer Sprache, die "sexuell superfoetirt" ist. (Caliban 301 u. 312) Der erste Niederschlag findet sich in der Karl May Studie (1963, dem Jahr der Niederschrift des >Caliban<). Fortan regiert das S und seine Derivate, zum Beispiel das C des culus in den "cierlichen Centren cünftiger Campingplätze". (Caliban 248)

3. Formelemente der Prosa

Die Dichtung vermittelt Erkenntnisse, wenn sie auch keinen Anspruch auf Objektivität erheben kann. Durch ihren radikalen individuellen Subjektivismus, wie er bei Arno Schmidt zum Ausdruck kommt, relativiert sie ihre Sätze keineswegs, sondern sie radikalisiert ihr Erkenntnispotential, weil kein Schein von Objektivität sie verfälscht. Daß der Beobachter immer schon ins beobachtete Geschehen einbezogen ist, mag für die Naturwissenschaften ein relativ neues Erkenntnisproblem sein - für die Dichtung ist das etwas längst Bekanntes. Der Erzähler ist ins Erzählen einbezogen; insofern ist alles Erzählen biographisch. Ich meine damit nicht die traditionelle Biographie, die Leben und Literatur unterscheidet. Der Erzähler wird selbst erzählt, Biographisches und Fiktives lassen sich nicht unterscheiden. Alle Fakten sind Fiktionen, und es gibt wahre und illusionäre Fiktionen. Nur um jene geht es hier. Das erzählende Ich ist nie anders denn als erzähltes zu haben. (Auch traditionelle Biographien erzählen ja nur Geschichten.) Daraus folgt, daß der auktoriale (Er-) Erzähler eine Fiktion, eine Verschleierung ist. Ich kann mich als Erzähler zwar in viele Ichs verwandeln, wenn ich mich aber in ein Er verwandle, benutze ich nur eine Möglichkeit der Sprache als einen Trick.

Falscher Schein oder Illusionen entstehen immer dann, wenn der Anschein eines Zusammenhangs, einer Identität, einer ungebrochenen Einheit des Erzählens hergestellt und aufrechterhalten wird. Der Bruch, für den es sehr viele Möglichkeiten des stilistischen Ausdrucks gibt, die sehr subtil sein können, ist das grundlegende Stilkriterium eines wahrhaftigen Stils, für den Dichtung der Ausdruck von Lebensformen ist.

Arno Schmidt hat in der Erzählung >Aus dem Leben eines Fauns< den Bruch reflektiert:

> "*Mein Leben?!:* ist kein Kontinuum! (nicht bloß durch Tag und Nacht in weiß und schwarze Stücke zerbrochen. Denn auch am Tage ist bei mir der ein Anderer, der zur Bahn geht; im Amt sitzt; büchert; durch Haine stelzt; begattet; schwatzt; schreibt; Tausendsdenker; auseinanderfallender Fächer; der rennt; raucht; kotet; radiohört; 'Herr Landrat' sagt: that's me!): ein Tablett voll glitzernder snapshots." (9 f.)

Da Arno Schmidt selbst eine Stilanalyse eines kurzen Auszugs aus
>Brand's Haide< durchgeführt hat, möchte ich diese hier zunächst zitie-
ren:

"Bißchen draußen: rundrückiges Wolkenvieh mästete sich am Horizont, im
   Norden. (Nö: eigentlich rundum). 'Können wir heut Abend etwa los-
   gehen--?' fragte Gretel neben mir, zaghaft, schamvoll (aber wir hatten kein Gramm Holz mehr!): 'In der Dämmerung, ja?'
Dämmerung, ja: Heuernte in den Mooren; ein draller ländlicher Mond
   dicht über dem Bauernvolk: "Die sind doch immer dabei!"-- Zapfen
   und Holztrümmer hochheben (mein düsterer Kopf schwankte im
   mantelgrauen harten Spinnengezweig, Spenstergezweig); lange
   Stücke, von gebückten Mädchen gebracht, schlug ich gegen den ge-
   spannten Oberschenkel, bis etwas brach. Schon am andern Ende der
   Holzung: Gesicht durchs Gebüsch: Wind büffelte faul in noch Unge-
   mähtem; ein altes flaches Goldstück lag, zerbrochen oder zugestaubt,
   im Himmelsdunst, ganz da drüben. (Och, zum Sterben wars nicht,
   aber ich fror und schwitzte wie ein panisches Vieh) Zupfen; Strei-
   cheln: -- 'Ich komm schon.'"(116)

"§.... Nach welchem Gesetz folgen die Kleinkapitel aufeinander? >Brand's
   Haide<, Seite 116; da beginnt das erste der drei:
Bißchen draußen....:
ist Angabe des *Ortes*, eingeschränkt durch das demütig=faule »Bißchen«:
   rundrückiges Wolkenvieh mästete sich am Horizont, im Norden.....
Also schwere=wiederkäuende Wolken, langsambewegliche - man ersieht
   gleichzeitig daraus, daß der Held, erst einmal nach Norden sah -
   (Nö : eigentlich rundum).
Also hat er sich wohl auf dem Absatz gedreht und gesehen: überall die
   gleichen Wind= und Lufterscheinungen. / Dann fragt Grete, neben
   ihm, zaghaft, (auch schamvoll: »ER« ist ja krank!), ob sie heute
   abend gehen können?: Holz holen?: »In der Dämmerung, ja?«.
((Ja, und was »passiert« nun in der Zwischenzeit?: Nichtswürdig = Lang-
   minutiges! Ob man da nun Nicht=Probehaltiges quatscht; sich am
   Hintern kratzt; die Farben der abgewetzten Hauswand mit dem dito
   Himmel vergleicht: das ist alles Wasser; zeilenschindendes vorneh-
   mes Gewäsch, was nicht bleibt, und »dehydriert« werden muß! Wenn
   das erwähnte erste Kapitel mit der Frage endete: »Dämmerung, ja?«
   -: Dann beginnt eben das nächste mit der Bestätigung:
   »Dämmerung!: Ja!«
Was dazwischen liegt, an Umziehen=Anziehen, einen zerrissenen Sack
   herklauben, den Zahnschmerzen nachhängen: *das spielt doch Alles
   keine Rolle!!* Oder, anders formuliert: *Wasser* hat jeder Leser
   überreichlich genug: das brauche doch *ich* nicht noch zusätzlich in
   meinen Wortbrei zu rühren!! (Woraus sich allerdings auch ergibt, daß
   das «Steinerne Herz» eigentlich ein Roman von 1200 Seiten ist, dem
   «Tom Jones» vergleichbar: Ich bins zufrieden!)."[11]

---

11 Berechnungen III, Beiheft zur Züricher Kasette, 15.

Mag diese Erklärung auch nicht ganz schlüssig sein - wir erkennen als eine Notwendigkeit für den Leser, selbst 'in Gedanken' tätig zu werden, in sich einen Vorstellungsraum zu erschaffen, der es erlaubt, das derart Verdichtete zu einem bewegten Bild zusammenzufügen, und sich selbst das, was nicht im Text, was zwischen den Zeilen steht, zu erzählen. *Der Leser muß zum Erzähler werden.*

Das zweite wesentliche Formelement ist die Vielschichtigkeit des Textes. Erst diese generiert seine Bedeutung und auch die der Gewöhnlichkeit des Alltäglichen. (Dadurch wird auch 'Spannung' erzeugt. Obschon diese Gewöhnlichkeit selbst eine Wahrheit ist, die man nicht künstlich überhöhen muß.) Kunst ist mehr als die plane, naturalistische Ausbildung, denn die wird dem Sein der Alltäglichkeit nicht gerecht.

Auch kann es nicht darum gehen, Wesenszüge einer allgemeinen und abstrakten 'Wahrheit' herauszuarbeiten. Gleichwohl und auf die Gefahr hin, der maroden Widerspiegelungstheorie der Erkenntnis der Literatur das Wort zu reden, handelt's sich um Spiegelungen. Aber eben um Spiegelungen verschiedener Stimmen, Texte, Bewußtseinsschichten. Das Wahrgenommene (die einfache Realität, sinnliche Gewißheit) spiegelt sich im Bewußtsein in einer unendlichen Focussierung und Brechung und reichert sich zusätzlich mit dem an, was darin lagert, den dort gespeicherten und assoziativ kombinierten Wissens- und Erinnerungsfragmenten. Es kann also auch keinen Anspruch auf Totalität der Darstellung geben. Unser Bewußtsein von uns und der Welt ist ein magisches. Es *ist* wie Brand's Haide. Und Brand's Haide ist *nur* eine Tatsache des Bewußtseins. Analysieren wir etwas genauer. Zunächst stoßen wir auf die assoziativen Verbindungen von sinnlicher Wahrnehmung und Erinnerungspartikeln des Bildungsbewußtseins (der Mann ist ein wandelndes Lexikon!). Man sieht, wie durch die Assoziationen Innenwelt und Außenwelt zur Deckung gebracht werden:

"Zartes Gestirn zittert im Ruhegewölk: Viermal schrie es ums Haus: Wishton-wish. Wish-ton-wish: Käuzchen. Großer Mann, der Cooper. Das ist der Fluch der Soldaten: nie allein sein können; hier war ich allein: endlich! Kalt, ja: aber endlich allein. Nur drüben hantierten und schliefen die beiden; das ging noch an.
Mit einem eisernen Haken: vorm Ofenloch kauernd: da glüht Alles fremd und edelsteinern, aber so klar, daß man hinein möchte. Salamander sind keine so dumme Hypothese. Not so bad, not quite so bad. Und natürlich fielen mir Hoffmann ein, und Fouqué: mein Fouqué: den möchte ich sehen, der davon nur halb so viel weiß, wie ich! Wenn

jetzt die Fee Radiante vor mich hin träte, und mir drei Wünsche frei gäbe ... ich spreizte die Hand und kniff den Stoppelmund ... drei Wünsche ... (ich werd Euch was pfeifen; denn am Wünschen erkennt man die Menschen, und ich bin nicht Sir Epikur Mammon!)" (65)

Die mannigfache Bedeutung des Seienden im Text ergibt sich schon aus der mehrfachen Existenz und Bedeutung von Brand's Haide. Es ist wichtig, das noch einmal genauer zu betrachten.

Brand's Haide: so heißt ein Stück Land bei Blakenhof (fiktiv in Norddeutschland, Land Niedersachsen, gelegen - könnte auch real sein). Brand's Haide heißt auch eine Gegend an der preußisch-sächsischen Grenze, durch die Fouqué einst reiste (real und imaginär). Sodann taucht der Name in alten Kirchenbüchern auf, die der Ich-Erzähler in Blakenhof studiert; er sucht nach dem Stammbaum von Fouqués Erzieher Wilhelm Heinrich Albrecht Fricke und stößt auf Maria Agnese Auen, Tochter des Gärtners Johann Wilhelm Auen im Amt Coldingen: "Das ist gleich drüben, hinter Brand's Haide". (83; Fouqué-Biographie 508) Aus diesen Kirchenbüchern wird ein Bericht des Predigers Overbeck vom 11.10.1742 zitiert. Brand's Haide ist darin eine Art Spuk- oder Schauerfeld (Fouqués gleichnamige Erzählung >Das Schauerfeld< spielt bei Schmidt eine große Rolle; vgl. z.B. das erste Buch von >Zettels Traum<), wo die Irrlichter geistern, Elfen und Kobolde ihr Unwesen treiben (schweifende Lichter, Lufterscheinungen). (84 f.) Es ist ein Bericht vom Volksaberglauben, von Wurzelmännchen und Nymphen. Nun spielen diese Wesen auch in der Literatur, vor allem bei dem hier wichtigen Fouqué, aber auch bei Wieland im >Don Sylvio<, auf den ebenso angespielt wird, eine Rolle.

Auch heute (also 1946) soll es noch spuken auf Brand's Haide:

"Die Kirchenbücher retour: er lächelte sauer: "Jaja-: das glauben meine lieben Pfarrkinder heute noch steif und fest. - Erst neulich hat Einer gesehen - ach, mein bester Kirchgänger sonst! - wie sein abgestelltes Fahrrad allein ein Stück die Schneise hinauffuhr und wieder zurück kam ...." (Ich nickte anerkennend: das hätt ich mal sehen wollen!) Dennoch gelang es ihm (wie auch mir immer) nicht, mich davon zu überzeugen, daß ich unsterblich sei." (96 f.)

Auch in der romantisch-realistischen Erzählung von Arno Schmidt spukt es: es ist der geheimnisvolle Alte, der immer wieder auftaucht. (Der ironisch zitierte Gärtner Auen als Naturgeist und Waldwächter?)

Es gibt aber noch andere Textformen, die die gewöhnliche Alltäglichkeit (den Text des Alltags) begleiten. Da ist zum einen der Traum von Öreland. Trotz der Versicherung, er sei wirklich so geträumt, oder gerade deswegen, ist es kein 'realer' Traum, sondern eine märchenhafte Parabel vom Untergang einer Stadt und vom Überleben einiger weniger Unschuldiger. Kein Mensch träumt: "Es war einmal eine große Stadt..."(20). Diese verschiedenen Formen der Erzählung sind auf subtile Weise ineinander verfugt und verzahnt. Oft schwer auseinanderzuhalten, durchdringen sich verschiedene Erfahrungsbereiche des Lebens und Lesens (Leben ist für Arno Schmidt zuerst Lesen); es durchdringen sich aber auch die verschiedenen Lektüren:

> "ein Ausgestoßener aus Brand's Haide also war der Auen gewesen, ein Pflanzengeist, ein Elfenkind: deshalb hatte er immer seinen Geburtstag geschickt verschwiegen! (Er stammt ja auch aus der Nuß: wie lange war er darinnen gewesen: wie kam er hinein?!- Denn daran zu zweifeln fiel ebenso wenig ein, als sei ich Don Sylvio!: Bitte: es war ja Alles urkundlich belegt (...)" (91)

Diese Stelle ist näherungsweise wie folgt zu explizieren (ich behaupte nicht, dies sei die bestmögliche Erklärung; die Dechiffrierakrobaten mögen noch manches herausbekommen):

Auf der Suche nach Fouqué forscht der Erzähler gemeinsam mit Grete in alten Kirchenbüchern des Amts Coldingen. Man stößt auf Maria Agnese Auen, die am 17.10.1752 den Hildesheimer Schuster Johann Konrad Fricke heiratet: "das ist also die in den Briefen vorkommende Mutter. Ihr Vater: Johann Wilhelm Auen, Gärtner zu Amt Coldingen - 'Das ist gleich drüben, hinter Brand's Haide-' " (83). Es geht um die Eltern von Fouqués Hauslehrer, die Eintragung kehrt nahezu wörtlich in der Biographie wieder. (A.a.O. 508; eine Kurzbiographie des Hauslehrers selbst findet sich ebd. 34) Von einem Großvater Johann Wilhelm Auen habe ich in der Biographie nichts gefunden. In >Brand's Haide< wird seine Gestalt auch gleich ins Mythische hinübergespielt: "der immer im Scherz behauptete, keinen Geburtstag zu haben. - Gärtner also." (83) Wir können ihn also durchaus mit dem 'Alten' in Verbindung bringen. Nun folgt - aus den Kirchenbüchern zitiert - ein Bericht des Predigers Overbeck vom 11.10.1742 über Geister- und Gespensterhaftes auf Brand's Haide: die Erscheinung von Luftgeistern und Elfen. (Brand's Haide liegt bei Coldingen.) Der Prediger berichtet von einem Volksaberglauben: "... Unterschiedliche Bauern instruierten mich, daß man am heutigen Abend in Brand's Haide viele

Lichter sehe, auch Stimmen hören könne, so daß gar das liebe Vieh in den Ställen unruhig sey..." (84) Er berichtet von schweifenden Lichtern, sogenannten Irr-Lichtern. Die Bauern glauben an Spuk, und der Prediger berichtet darüber; er glaubt selbst auch wohl ein wenig daran. Dieser Bericht wird als Zitat in den Text eingfügt (84 f. und 86). Das spielt dann aber auf eine recht komplizierte Art und Weise hinüber in dichterische Werke, nämlich Fouqués und Wielands, wobei der Schein des objektiven Berichts beibehalten wird. Im Imaginären (des Kurzromans) wird ein realer Bericht (aus Kirchenbüchern) zitiert, der von imaginären Naturgeistern handelt, die auch in anderem Imaginären (verschiedenen Dichtungen) vorkommen. Die Werke sind der >Alethes von Lindenstein<[12] und Wielands >Don Sylvio<. Im Bericht des Predigers, der in den Kirchenbüchern festgehalten ist, ist von einem Verwalter die Rede (87), der auf >Alethes< verweist; dann taucht der 'Alte' auf. In dem Bericht des Predigers oder nur in dem Text Schmidts? Das ist nicht zu beantworten, scheint mir. Wie dem auch sei: Jedenfalls taucht der Gärtner Auen in Overbecks Bericht auf:

"so war er am 24. November 1720 aus dem Walde geflohen, als wenn der Wind ihn treibe. Hatte sich zur Pfarre geflüchtet, ein Auge blutunterlaufen. Nach vielfachen Beschwörungen und Vorsichtsmaßnahmen, auch Berichten ans Konsistorium, hatte Overbeck wenig Zusammenhängendes herausbekommen: aber es reichte nicht hin, viel weniger her, da er (wie alle Theologen) nicht genug wußte. Bloß gut, daß ers notiert hatte: von der Nuß der Prinzessin Babiole war viel erzählt worden, das hatte O. besonders mit Fragezeichen versehen, ...
Es ist aber dies: Etwa um ... zehnhundert hatte die Prinzessin Biabole, auf der Flucht vor dem Könige Magot und einer ihren Neigungen so wenig angemessenen Heirat, die geschenkte Haselnuß geknackt:" -

und nun folgt ein Wieland-Zitat aus dem >Don Sylvio<:

"Es purzelte eine Menge von kleinen Baumeistern, Zimmerleuten, ... *Gärtnern* (jawohl: Gärtnern, Herr Overbeck! Das ists!) usw. heraus, welche ihr in wenigen Augenblicken einen prächtigen Palast mit den schönsten Gärten (sic!) von der Welt aufbaueten." (90)

Ich bilde mir nicht ein, hier die Zusammenhänge auch nur annähernd vollständig dargestellt zu haben. Es bleibt für einen normalen Leser, auch

---

12 Friedrich Baron de la Motte-Fouqué: Die wunderbaren Begebenheiten des Grafen Alethes von Lindenstein. Leibzig bei Gerhard Fleischer dem Jüngern 1817.

wenn er versucht, sorgfältig und wiederholt zu lesen, viel Kryptisches übrig. Vielleicht ist der Zusammenhang auch gar nicht klar und deutlich darzustellen, weil Arno Schmidt bewußt unauflösliche Rätsel eingebaut hat. Ich wollte nur deutlich machen, wie die verschiedenen Textsorten ineinandergespielt, mit der Textsorte 'Realitätsschilderung' verschachtelt werden, und wie es am Ende auf *eines* hinausläuft (da die Theologen nicht genug wissen): "Es ist aber dies" - nur Poesie in Prosa, nur der 'Geist' der Erzählung. Aber er zeigt auch, daß sich Geister (Feen und andere) nicht nur auf dem Papier, sondern auch in der Heide tummeln, wovon wiederum auf dem Papier berichtet wird. >Brand's Haide< ist ein hintergründiger, durchtriebener Text, und ein sehr spielerischer zugleich.

Es ist noch ein Wort zur Verwendung der Metapher bei Arno Schmidt zu sagen, besonders der Naturmetaphorik. Es ist klar, daß es sich dabei um eines derjenigen Verfahren handelt, wie gewöhnliche sinnlich wahrgenommene oder wahrnehmbare Erscheinungen mit 'Bedeutung' angereichert werden (und sei es auch nur, um sie zu verschönen). So ist 'Blakenhof' ein real-imaginärer und ein metaphorischer Ort. Der Name 'bedeutet' den Ort des Lichts, von 'blaken' wie 'blakender Span': "*Blakenhof*: ein Licht." Das heißt: dort schimmert ein Licht, aber auch: dort ist ein zauberisches Feuer. "*Mit einem eisernen Haken*: vorm Ofenloch kauernd: da glüht alles fremd und edelsteinern ... Salamander sind keine so dumme Hypothese."(65)

Vor allem der Mond ist bei Arno Schmidt ein metaphorisch vielfältig umspieltes Zeichen. "*Am Silberkraal* des Mondes kauerte ein löwengelbes Gestirn, buschmännig, im Gehöft." Oder: "*Draußen*: Löwen und Drachen am Himmel." (90) Das geht fließend hinüber in Naturschilderungen, die die Möglichkeit von moderner Naturpoesie uns vor Augen stellen, die metaphorisch, hochgradig artifiziell, aber auch ganz schlicht sich ausnehmen.

Von Pilzen im Wald heißt es: "... und die drallen Bitterlinge derbten braunrosa im Genädel." (77) Es gehört zur großen Prosakunst von Arno Schmidt, daß er Natur beschreiben kann, ohne kitschig zu wirken:

"*Warm und still* versteckte sich der endlose Abend bei Rauchrot und Akkergrau; nahte Alles aus fernen Kiefersäumen, lächelnd und verdeckt; dörflich glomm die Butzenscheibe des Mondes hinterm Wacholder, warm und still." (81)

An weiteren Beispielen sei demonstriert, wie die Assoziations- und Allusionstechnik bei Arno Schmidt funktioniert. Das erste Beispiel zeigt, wie Namen Gedanken auslösen:

"(...) Käse war eingewickelt in 'Befreite Kunst', Ausstellung in Celle. Auf dem Titel eine Abbildung: Barlach: 'Der Geistkämpfer': also ein Krampf! (Gekrille). Da lob ich mir Rodins Denker! (Obwohl da auch was nicht stimmt: selbst unbekleidet macht es Mühe, den rechten Ellenbogen so auf den linken Oberschenkel zu setzen, *und* noch dabei zu denken!). Dabei hatte Barlach oft was gekonnt! Aber das hier war blöd. War bei uns allen wohl so." (25)

Das zweite Beispiel zeigt, wie Namen scheinbar völlig unmotiviert aus Gedanken entstehen (wobei sich der Leser eben seinen Teil denken muß):

"*Kaffee*: Ich wirbelte mit dem Löffel den saftigen Sud, Odhins Trost. Schaum lag netzig darauf, verdichtete sich beim Rühren, ich gab hohe Drehzahl, zog den Löffel durch die Trichtermitte heraus: zuerst rotierte da eine winzige Schaumscheibe, weißbraun und noch sinnlos; dann griff der Sog die fernen Teilchen: in *Spiralform* ordneten sie sich an, standen einen Augenblick lang still, wurden von der immerwachsenden Scheibe eingeschluckt: eine Spiralnebelform! Also rotieren die Spiralnebel: bloß ihrer Form halber! - Ich zeigte das Beispiel; erläuterte es am Weltall; bewies am Analogon Rotation und Kontraktion: soff kalt das Ganze: 'Kennen Sie James Fenimore Cooper?'" (30)

Bildungsgut liegt im Bewußtsein herum wie Strandgut am Ufer; man braucht es bloß einzusammeln. Das Einsammeln entspricht dem Assoziieren. Dabei bleibt es nicht. Das Angehäufte wird geordnet und Beziehungen werden hergestellt. Der Einbau der Traditionen fügt sich in eine Struktur, die sich als ein Dreieck zeichnen läßt zwischen Lore, dem Ich-Erzähler (Schmidt) und Grete: ein Mann zwischen zwei Frauen. Es sind als historische Anspielungen, die dieses Muster erfüllen, erkannt worden: Grillparzers >Der arme Spielmann<, Dostojewskis >Idiot< ("ist eigentlich dasselbe Thema, wie?" (26)), Hamsuns >Mysterien< (vgl. 114), Storms >Immensee< (vgl. 81), schließlich am Ende das Turandot-Zitat: "Weine nicht, Liu!" (152). Man kann mit Hilfe dieser Anspielungen der interpretativen Phantasie viel zu denken geben. Das Grundmuster dieser Liebesgeschichte mit Lore ist freilich von der Banalität eines Lore-Romans (Mann liebt Frau, die einen anderen, reichen bevorzugt, und von dannen zieht - nach Südamerika). Es ist allein die sprachliche Form und Gestaltung, die dieses Trivialschema zu Wert und Bedeutung erhebt.[13] Besonders hervorzuheben an dieser Geschichte ist ein subtil eingebauter reflexiver Bezug auf sie selbst als ein Liebesobjekt.[14] Lore bittet den Ich-Erzähler (der Schmidt ist, denn sie kennt den >Leviathan<), eine Brand's-Haide-Geschichte zu schreiben. "*Sonntag früh*: 'Ich hab die gefährlichste Konkurrentin bekommen, die es gibt' sagte sie: '-: eine von ihm idealisierte Lore, mit viel wildem Geist. Fleisch auch, ja.'" (95) Nicht Grete ist die Hauptkonkurrentin, sondern die Erzählung und das Schreiben. Schmidt betont es mehrfach: die Liebe zur Frau und zur Literatur (zu Lore und zu Wieland in diesem Fall) ist nur schwer unter einen Hut zu bringen. Die Autorschaft zieht ihn vom Leben ab. Grete bleibt dann als diejenige, die für die Grundlagen des täglichen Lebens, die Lebens-Mittel sorgen muß, und deren auch der Dichter als ein 'Gehirntier' bedarf.

Die Liebe zur Literatur, die vielen Stimmen aus der Vergangenheit, die ihm soufflieren, an die er sich auch um Hilfe wendet (vgl. den Schnabel-Traum - >Insel Felsenburg<), sind für einen Lebensdefekt verantwortlich. Insofern ist die Krankheit, die den Erzähler ergreift, symbolisch zu verstehen: "ein scharfer Halsschmerz trennte Kopf und Rumpf".(108) Beide können beim Autor nicht harmonisch koexistieren. Die idealisierte Lore ist ihm wichtiger als die wirkliche, und so ist es denn zwangsläufig, daß sie am Schluß der Erzählung in einer Art Höllenfahrt zu ihrem Versorger nach Südamerika abreist. Die Würfel sind gefallen, der Kopf hat gewonnen, der Rumpf ist ab.

---

13 Vgl. zu >Brand's Haide< im einzelnen Peter Piontek: Zum Waldstück >Brand's Haide<, in: Bargfelder Bote, Jg. 71/72, 1983, 3-39. Wichtig sind die Beziehungen zu Fouqué, zur >Undine< und zum >Alethes<. In den beiden Geschichten steht ein Mann zwischen zwei Frauen, die das Thema Hure und Heilige präludieren (oder dämonische Weiblichkeit und sozial verträgliche Frau): Undine-Berthalda, Emilie-Yolande. Piontek hat darüber hinaus eine Fülle von Anspielungen aufgeschlüsselt.
14 Vgl. Piontek, a.a.O., 8 f.

4. Wie soll gelesen werden?

Wer erstmal liest, was Arno Schmidt gelesen hat, kommt nicht mehr dazu, Arno Schmidt zu lesen. Der Stil der Anspielungen, der Enzyklopädistik, die Enigmatik des Eigensinns, werfen ein Problem auf, daß aus poetologischen Gründen zu erwägen ist. Daß der Autor im 20. Jahrhundert bei einer bestimmten Gesellschaftsschicht (als Lesern) keinen auch nur einigermaßen geschlossenen Bildungskanon voraussetzen kann, ist selbstverständlich. Er kann also nicht davon ausgehen, daß er verstanden wird. Auch kann das Verständnis nicht mehr zum Testfall für einen bestimmten 'Bildungsgrad' dienen. Das gilt nicht nur für den heutigen Leser, sondern auch teilweise schon für den Zeitgenossen von Jean Paul. Man wird den Sinn der Methode, die der Stil ist, ergründen müssen.

Alle vier Autoren, die ich behandle, lieben es, die Leser vor Verständnisschwierigkeiten zu stellen. Zuweilen erreicht die Privatheit ihrer Mitteilungen kaum aufschlüsselbaren Eigensinn. Aber was wollen sie denn mitteilen? Es geht ja nicht um Informationen. Für Jean Paul hat schon Michelsen darauf hingewiesen, ohne das weiter zu deuten und auf ein bestimmtes Lesemodell zu beziehen. Wenn Vult etwa Walt in den >Flegeljahren< begrüßt, so geht's dem Leser wie Walt - er versteht nicht: "Du kennst ... meine Eustachische Fama's Trompete? - nämlich meine Kumäische Sibylle der Vergangenheit? Das heißt meine Miethfackel? - Himmel, verstehst Du mich noch nicht? Ich meine meine historische Oktapla und 8 partes orationis (denn so viele Mädchen sind's)? Zum Henker die Schnappweife?"[15] Es ist von einer Mädchenpension die Rede. Das ist selbst mit einem Kommentar schwer rauszukriegen.

Bei Arno Schmidt ist es ganz ähnlich. In den >Kühen in Halbtrauer< etwa heißt es:

> "Und wieder zurück über sehr sandige Wege. Die dicke-fette Landluft inhalieren. Kühe in Halbtrauer; zwischen «Porst» und verdorrten Sumpf-Birken. (Gegen Abend gab es an 1 gewissen Stelle, gar nicht so weit von uns, wieder jene Nebeldecke, aus der eine kohlschwarze Stier-

---

15 Zitiert bei Michelsen, a.a.O., 321.

Stirn lautlos auf Einen losfuhr:!.(Und nachher doch auch «sounds» wie bei THOREAU's; brrr!).)
: 'Wollen wir noch mal kurz in's Gasthaus?'." (13)

'Porst', so mag der lexikongewiefte Leser herausfinden, ist ein Heidekraut, das eine aphrodisierende Wirkung haben soll. Bei 'Thoreau's', assoziiert durch den Stier, handelt es sich um eine Anspielung auf Henry David Thoreau, 1817-1862, und dessen Werk >Life in the Woods<.

Nun kann man ja vom Leser die vertikale Lesart fordern: die Benutzung des Lexikons, das Herausspringen aus dem Text, das Unterbrechen der horizontalen Lesart (in der Linearität des Buches). Dies fördert nebenbei die Bildung von Dechiffriersyndikaten, mit dem Nachteil, daß es eine Institutionalisierung des Werks erzeugt mit den bekannten negativen Erscheinungen von literarischen Dichter-Verwaltungsanstalten, der Cliquenbildung, der Abschottung des freien Zugangs zum Werk (besonders des Nachlasses), usw.

Man muß sich daher fragen, ob in dieser vertikalen Lesart überhaupt der Sinn der Lektüre liegen, und auch, ob sie Bestandteil eines sinnvollen Lesemodells sein kann. Natürlich soll der Leser aus dem Text, dem Buch herausspringen, er soll selbst weiterdichten und zum Leser seiner selbst werden (wir schließen hier an Proust an).

Die Anspielungen und Verschlüsselungen, die ein privat bastelndes Bewußtsein ziemlich leicht erzeugen kann, sind praktisch unermesslich und unergründlich. Der Vorteil des Autors besteht schon in seiner Willkür; er kann immer eine Art Zufallsgenerator einschalten, was einfach zu einem Ägernis wird, wenn der Leser das entschlüsseln soll. Wir können aus dem 'Ulysses' lernen, das dieses Lesemodell doch wohl der richtige Weg des Lesens nicht sein kann.

Die literarischen Anspielungen auf das Werk Shakespeares beispielsweise gehen (besonders in 'Skylla-und-Karybdis') in die Hunderte; und Joyce provoziert uns noch, indem Stephens Theorie über Shakespeare des Beweises "by algebra" fähig sein soll: "He proves by algebra, that Hamlet's grandson is Shakespeare's grandfather and that he himself is the ghost of his own father." (19) Nun ist der Unsinn dieser Aussage offenkundig und Stephen glaubt selbst nicht an seine Theorie (ein Hinweis, dessen es kaum bedurft hätte). Wir sollten daraus lernen, daß ein Verständnis dieser 'Theorie' auf eine andere Weise hergestellt werden soll, als über die Nachprüfung ihrer Richtigkeit durch einen Vergleich mit Shakespeare selbst (d.h. seinem Werk, der Biographie, der Philologie, usw.).

Ich möchte zunächst ein extremes Beispiel aus dem Werk Arno Schmidts anführen. Wie soll man als Leser, wenn nicht nach aufwendigen, die Lektüre mindestens um Tage oder Wochen unterbrechenden Recherchen, die folgenden Anspielungen 'verstehen'?

"Auf die Sterne soll man nicht mit Fingern zeigen; in den Schnee nicht schreiben; beim Donner die Erde berühren: also spitzte ich eine Hand nach oben, splitterte mit umsponnemem Finger das «K» in den Siberschorf neben mir, (Gewitter fand grade keins statt, sonst hätt ich schon was gefunden!) (In der Aktentasche knistert das Butterbrotpapier).
Der kahle Mongolenschädel des Mondes schob sich mir näher. (Diskussionen haben lediglich diesen Wert: daß einem gute Gedanken hinterher einfallen).
Die Chaussee (zum Bahnhof) mit Silberstreifen belegt; am Rande mit Rauhschnee hochzementiert, diamonddiamond (macadamisiert; - warn Schwager Coopers nebenbei). Die Bäume standen riesenstramm und mein Schritt rührte sich dienstfertig unter mir. (Gleich wird der Wald links zurückweichen und Felder ankommen). Auch der Mond mußte mir noch im Rücken hantieren, denn manchmal zwitschten merkwürdig scharfe Strahlen durchs Nadelschwarz. Weit vorn stach ein kleines Auto die aufgeschwollenen Augen in die Morgennacht, sah sich langsam zitternd um, und wandte mir dann schwerfällig den rotglühenden Affensteiß her: gut, daß es wegfährt!" (Faun 9)

Ein Kommentar erläutert die folgenden Anspielungen:

"Auf die Sterne soll man nicht mit Fingern zeigen; in den Schnee nicht schreiben; beim Donner die Erde berühren:
Schmidt zitiert aus dem Abschnitt über die «Secta Italica, oder Pythagorica» bei Brucker. Regel XLIX lautet: »Wann es donnert, soll man die Erde berühren.« Regel LXVIII: »Nach den Sternen soll man nicht mit den Fingern zeigen.« Regel LXX: »In den Schnee soll man nicht schreiben.« (Jacob Bruckers,/ Kurtze / Fragen / Aus der / Philosophischen / Historie, / Von / Anfang der Welt, / Biß auf die / Geburt Christi, / Mit / Ausführlichen Anmerkungen / erläutert./ Zweyter Theil. / ULM, 1371./ bey Daniel Bartholomäi und Sohn. S.193 ff.) Simrock erwähnt den Volksglauben, »daß man nicht mit den Fingern nach den Sternen deuten solle, weil sie Augen der Engel seien.« (Karl Simrock: Handbuch der Deutschen Mythologie mit Einschluß der nordischen. Bonn: Adolf Marcus 1869[5], S.22). Das Gebot, bei Donner die Erde zu berühren, kann in Verbindung mit dem Aberglauben gebracht werden, wer sich beim ersten Donnerschlag des Jahres auf dem Boden wälze, sei ein Jahr von Unglück frei. (Vgl. Bächtold-Stäubli (Hg.): Handwörterbuch des deutschen Aberglaubens, Band II: Berlin/Leipzig: Walter de Gruyter 1929/39, Sp. 315.)

diamonddiamond
Der »Rauhschnee« erinnert an das Gefunkel und die Härte des Diaman-
ten. Darüber hinaus Anspielung auf Newton, der ausgerufen haben
soll: »O Diamond! Diamond! thou little knowest the mischief done!«
(Diamond hieß der Hund, der eine brennende Kerze umwarf, die
Newtons Manuskripte entzündete, wodurch das Werk von Jahren
zerstört wurde.) (Vgl. The Oxford Dictionary of Quotations. London:
OUP 1975[2], S. 364.)

(macadamisiert; warn Schwager Coopers nebenbei).
Der gebürtige Schotte John Loudon MacAdam (1756-1836) verlebte seine
Jugend in Nordamerika und kehrte 1787 nach Großbritannien zurück, wo er in Bristrol Wegebauinspektor und 1816 oberster Straßen-
aufseher wurde. Er entwickelte die nach ihm benannten
»Macadamischen Chausseen« (Lage aus haselnußgroßen Steinen auf
festplaniertem Terrain; nur leicht gewölbte Chausseedecke), die dann
in Großbritannien üblich wurden. Anfang 1828 heiratete MacAdam
in zweiter Ehe Anne Charlotte de Lancey (1786-1852), die älteste
Schwester Susans, der Frau Coopers. (Sie war übrigens, von Onkel
und Tante in England erzogen, nie in Amerika gewesen.) Cooper
nennt seinen Schwager in einem Brief, der französisch abgefaßt ist,
»mon beau frere [!] Monsieur McAdam.« (James Franklin Beard
(Hg.): The Letters and Journals of James Fenimore Cooper. Volume
I. Cambridge, Mass.: The Belknap Press of Harvard University Press
1960, S. 248. - Pierer's Universal-Lexikon. Zehnter Band. Altenburg:
Pierer 1860, S. 660 (falsches Geburtsjahr!).(Vgl. ebd. 3. Bd.,S.889).
Den Ausdruck »macadamisiert« konnte Schmidt bei Oppermann finden:
»Die Heerstraße war damals noch nicht wie die Chaussee heutzutage
schon macadamisiert, sondern sie war nur hin und wieder in den zu
tief gefahrenen Gleisen mit Steinschlag ausgefüllt und mit Morast
nothdürftig verkleistert.« (Heinrich Albert Oppermann: Hundert
Jahre. 1770-1870. Zeit- und Lebensbilder aus drei Generationen.
Fünfter Theil, Leipzig: F.A.Brockhaus 1870, S.75)
Vgl. FOU 362: »Schmalz (ein Schwager Scharnhorsts, nebenbei bemerkt:
'sage mir, mit wem Du umgehst...')«. - Vgl. BEL 248: »Prutz - Op-
permanns Schwager übrigens«."[16]

Handelt es sich also um eine Literatur für Literaturexperten und De-
chiffrierungskünstler, um eine Literatur für Leute, die - nebenbei bemerkt
- viel Zeit haben und bereit sind, diese Zeit Arno Schmidt zu opfern? Das
ist auch eine poetologisch relevante Frage, schließlich ist ein Werk nichts,
wenn es nicht gelesen werden kann. Wir akzeptieren auch nicht eine Literatur der Privatheit, die der Autor nur für sich selber schreibt. Und - was
schwer wiegt - Arno Schmidt hat gerade Joyce (dem >Finnegans Wake<
vor allem) seine Konversations-Lexikon-Belesenheit vorgeworfen; der

---

16 Dieter Kuhn: Kommentierendes Handbuch zu Arno Schmidts Roman >Aus dem Leben
eines Fauns<, München 1986.

"polyhistorisch-volle Klang" sei ein "falscher Ton", ein "tollgewordener Brockhaus". (Triton 214-216)

Die privaten Mythen und Allusionen müssen also verstehbar, übersetzbar sein. Der Anschluß an die Literatur-Geschichte kann Identifizierungen gewährleisten. Indem sich der Ich-Erzähler in >Brand's Haide< in vielfältigen Verbindungen zu Fouqué in Beziehung setzt - vielleicht sogar mit ihm konsubstantiell wird -, wird aus den Geistern und Mythen (den Unwahrscheinlichkeiten) mehr als eine private Marotte oder eine schlechte, falsche Romantik. Diese Beziehung bringt die Mehrfachcodierung (um mich des neuesten Wortschatzes zu bedienen) erst hervor und damit die 'symbolische' Valenz - wie im >Ulysses< ähnlich die Folien Homers und Shakespeares, die dann vielfach ausdifferenziert werden (z.B. Hamlet/Hamnet usw.), für die 'Tiefenstrukturen' verantwortlich sind.

Es ergibt sich also ein Irrweg des falschen Lesens: Es kann nicht der Sinn der Lektüre sein, alle Anspielungen zu realisieren. Vielleicht geht es sogar darum, nicht eine einzige nachzuschlagen. Wer den soeben zitierten Abschnitt aus dem >Faun< ohne Kommentar liest, der bekommt einen intensiven stimmungsgeladenen Eindruck einer Winterlandschaft, und es entsteht eine Vorstellung in dem Bewußtsein, die 'alles' enthält, was der Text sagen will und sagen kann. (Es gibt kaum einen zweiten neueren deutschen Autor, der derart genau und intensiv 'Landschaft' zu schildern und zu vermitteln weiß wie Arno Schmidt.)

Es geht also gar nicht um die Rekonstruktion des Autorbewußtseins oder der Autorintentionen (das, was der Autor gemeint haben soll - wie oft soll man es noch sagen?); sondern es geht einzig und allein um das Leserbewußtsein, das genausowenig sich im Privatverständnis erschöpfen soll. Wenn der Leser aber mit dem Schwager Coopers nichts anzufangen weiß oder ihn nie im Text 'entdeckt', so macht das nichts. Der Text ist reich genug, um vieles dabei zu denken zu geben, ohne daß wir etwas Bestimmtes denken müßten.

Wir lesen also nicht unbedingt angemessen, wenn wir anfangen, zu dechiffrieren (also intensivst zu entschlüsseln), indem wir aus dem Text herausgehen (ins Lexikon). Es geht um unsere Neu- und Nachschöpfung. Denn es geht jedem Satz, den wir sprechen oder schreiben, ein Satz voraus, der irgendwo und irgendwann schon einmal geschrieben oder gesprochen wurde, und der in unmittelbarer Beziehung zu unserem Satz steht, der ihn gar nur wiederholt, ich mag mich noch so originell gebärden. Die Zahl der in einer natürlichen Sprache möglichen Sätze mag zwar unendlich groß sein - aber alle Sätze stehen miteinander in Verbindung und verweisen aufeinander.

Begnügen wir uns also mit der Bereicherung, die die Lektüre des Textes uns bietet, und gehen wir den Spuren nach, die in uns selbst entstehen. (Es kann dann sein, daß wir einen Kommentar zu >Zettels Traum< verfassen: es gibt viele extreme Möglichkeiten in der Welt.) Doch:

"Hör auf zu streben, zu kämpfen. Druidenpriesterlicher Friede von *Cymbeline*, hierophantisch: von weiter Erde ein Altar.
Preis sei den Göttern!
Es wirble Rauch empor zu ihrem Sitz
Aus heiligen Tempeln." (>Ulysses<)

5. Typos-Skript

Der epische Satz-Fluß des Erzählens wird bei Arno Schmidt vom Anfang des >Leviathan< an auch graphisch-optisch unterbrochen. Das sieht zunächst nur wie Kapitelüberschriften aus, entwickelt sich zur Methode der Kleinkapitel, die jeweils mit einer kursivierten Anfangszeile eingeleitet werden. Sie bestimmen u.a. das Erzähltempo (vgl. >Berechnungen III<) und lassen die Illusion eines Erzählflusses gar nicht erst aufkommen, wobei zu fragen ist, ob die Metapher vom Fluß oder Strom des Erzählens den Tatsachen des Bewußtseins überhaupt angemessen ist. Ein 'Fluß' kommt ja nur zustande, wenn Zusammenhänge bestehen, die durch ein ganzes System gestützt werden: ein mehr oder weniger kontinuierlicher Zusammenhang von Quelle und Mündung, von Verlaufsrichtung, von irgendeiner Form von Gleichheit, was vor allem voraussetzt, daß es einen Ursprung und ein Ziel gibt. Digressionen bilden hier schon eine erste, vergleichsweise milde Form der Abweichung (bei Sterne geht es dennoch vorwärts). Wenn sich die Digressionen aber verselbständigen, so kommt etwas anderes dabei heraus, als ein 'Fluß' oder 'Strom'. (Auch ein hochgradig verzweigter und verschlungener Strom besitzt immer noch Anfang und Ende.) Ich will nun nicht behaupten, daß es im Erzählwerk von Arno Schmidt gar keine Zusammenhänge mehr gibt; ich behaupte nur, daß die Metapher vom 'Fluß' unangemessen ist.

In der Erzählung >Seelandschaft mit Pocahontas< wird eine strikte Zweiteilung des Textes eingeführt, die zunächst nur die Textoberfläche betrifft. In >Zettels Traum< finden wir dann in der Regel eine synchrone Dreispaltentechnik, wozu eine besondere Verschiebe- und Versatztechnik kommt. >Kaff, auch Mare Crisum< bildet hier einen Übergang.

Betrachten wir zunächst ein Beispiel aus der >Seelandschaft<:

"Rattatá Rattatá Rattatá. / Eine Zeitlang hatten alle Mädchen schwarze Kreise statt der Augen gehabt, mondäne Eulengesichter mit feuerrotem Querschlitz darin: Rattatá. / Weiden im Kylltal. Ein schwarzer Hund schwang drüben die wollenen Arme und drohte unermüdlich einem Rind. Gedanken von allen Seiten: mit Flammen als Gesichtern; in schwarzen Mänteln, unter denen lange weiße Beine gehen; Gedanken wie leere sonnige Liegestühle: rattatá. / Rauchumloht Gesicht und

Haar: diesmal strömte er aus einer kecken Blondnase, 2 gedrehte Fontänen, halbmeterlang, auf ein Chemiekompendium hinab (aber kleingeschlafen und fade, also keine Tunnelgedanken). / Rattatá: auf buntgesticktem Himmelstischtuch, bäuerlichem, vom Wind geblaut, ein unsichtbarer Teller mit Goldrand. Das ewige Kind von nebenan sah zuerst das weiß angestrahlte Hochhaus in Köln: »Ma'a kuckma!« (7)

»Die Fahrkarten bitte« (und er wollte auch noch meinen Flüchtlingsausweis dazu sehen, ob ich der letzten Ermäßigung würdig sei). Die Saar hatte sich mit einem langen Nebelbaldachin geschmückt; Kinder badeten schreiend in den Buhnen; gegenüber Serrig (»Halbe Stunde Zollaufenthalt!«) dräute eine Sächsische Schweiz. / Trier: Männer rannten neben galoppierenden Koffern; Augenblasen argwöhnten in alle Fenster: bei mir stieg eine Nonne mit ihren Ausflugsmädchen ein, von irgendeinem heiligen Weekend, Gestalten mit wächsernem queren Jesusblick, Kreuze wippten durcheinander, der suwaweiße Gürtelstrick (mit mehreren Knoten: ob das ne Art Dienstgradabzeichen iss?). / Die Bibel: iss für mich 'n unordentliches Buch mit 50000 Textvarianten. (...)"(7)

Das Montageprinzip der Kleinkapitel wird noch feingegliedert durch die Schrägstriche. Die zwei größeren Blöcke hat Schmidt mit Foto (oben) - Text (unten) - Einheiten verglichen und mit dem Prozeß des Sich-Erinnerns in Verbindung gebracht (in >Berechnungen I<):

"3. Ausgangspunkt für die Berechnung der ersten dieser neuen Prosaformen war die Besinnung auf den Prozeß des »Sich-Erinnerns«: man erinnere sich eines beliebigen kleineren Erlebniskomplexes, sei es »Volksschule«, »alte Sommerreise« - immer erscheinen zunächst, zeitrafferisch, einzelne sehr helle Bilder (meine Kurzbezeichnung: »Fotos«), um die herum sich dann im weiteren Verlauf der »Erinnerung« ergänzend erläuternde Kleinbruchstücke (»Texte«) stellen: ein solches Gemisch von »Foto-Text-Einheiten« ist schließlich das Endergebnis jedes bewußten Erinnerungsversuches." (R&P 285)

Diese Bemerkungen sind heuristisch wertvoll, poetologisch aber nicht sehr relevant. Selbst bildhaft und metaphorisch - wie der 'Erzählfluß' - können sie nicht konstitutiv für eine Theorie des Textes sein. Die Textur der 'Fotos' ist in einzelnen Teilen nichts prinzipiell anderes als in den 'Texten' (von den onomatopoetischen Wörtern einmal abgesehen). Das heißt, es gibt keine zwingende Schreiblogik, warum ein Satz(teil) wie "Weiden im Kylltal" oben, und "Die Saar hatte sich..." unten steht.

Stilistisch bedeutsamer ist die Assoziationstechnik, wie sie in dem Beispiel zum Ausdruck kommt. Zuerst und zunächst aber sind die Texte Arno Schmidts (und auch noch das Spätwerk) extrem realistisch. Sie sind weder kryptisch noch enigmatisch, wenn man sich nur in ein Bewußtsein hineinversetzt. Dann nämlich beginnt eine Erzählung nicht mit dem Satz: Er saß in einem Zug, sondern möglicherweise mit "Rattatá Rattatá Rattatá". Das heißt also, Wörter, Satzteile und Sätze haben zumeist ein klar benennbares Referenzobjekt in der 'Wirklichkeit'.

Die Assoziationen spielen auf eine andere Ebene, eine literarische oder 'mythologische' (das Wort in aller Vorsicht gebraucht) hinüber. Es handelt sich dabei um die Textur selbst, und man kann eine gewisse Selbstreferentialität bemerken. Im Bewußtsein entsteht gleichsam ein neuer Text dadurch, daß äußere Wahrnehmungen (versprachlicht selbstverständlich) mit einem anderen Text (einem Gedächtnis- und Erinnerungstext) überschrieben werden. So entstehen Gebilde komplexer Sprachverdichtung, hochgradig mit Bedeutung angereichert, aber äußert polysemisch, vieldeutig. (Im Grunde ist dann alles dichterische Prosaschreiben innerer Monolog.)

So wie in > Brand's Haide < schon der Titel auf Fouqué verweist, so hier der Titel auf James Fenimore Cooper (dessen Häuptlingstochter Pocahontas in > Conanchet oder die Beweinte von Wish-Ton-Wish < - von Schmidt übersetzt - selbst schon eine Entlehnung ist - aus: John Esten Cooke: My Lady Pokahontas. A true relation of Virginia. Writ by Anas Todkill, Puritan und Pilgrim, Ridgewood 1968, 1. Aufl. 1879). Man könnte genauer sagen: Cooper tritt hier hinzu, denn Fouqué, insbesonde die > Undine <, und Wieland sind gleichermaßen bedeutsam (oder gegenwärtig). Es wird also gleichsam nichts gelöscht - daher werden die Anspielungen immer zahlreicher und komplexer.

Um den Sinn des Schriftbildes - im buchstäblichen und metaphorischen Sinn - zu erfassen, ist es notwendig einen Abschnitt genauer zu analysieren. Die Szene ist: Liebelei im See. Zunächst das 'Foto':

"Tucketucketucketucke: »Ein Motorboot soll's auf dem Dümmer geben.« (abfällig). Sie schlang sich das graue Wasser ein paarmal ums Handgelenk, ehe sie murmelte, wie eine Stimme aus dem See; ließ auch die Finger lange nebenher treiben, daß jeder sein feines Kielwasser zog. - - Zur Rechten flimmerte's wie Gestade: Bäume aus Rauch geblasen; das Dunsttrapez eines Daches; Schatten wollten unter Gasfontänen: aus heißer Grauluft die Idee einer Küste. Seelandschaft mit Pocahontas. - - »Du!« - - Sie warf die Mahagoniseile rückwärts hoch, mir um den Hals: »Ja! Schnell!«; schnürte fester zu:! -,richtete sich auf, und fing wild verworren an zu paddeln, unermüdlich eckig, dem Glasqualm entgegen.: Dem Glasqualm entgegen!!"(28)

Auf engstem Raum finden sich in diesem 'realistischen' Seestück vielfältige formale und stilistische Schreibmittel: Lautmalerei, wörtliche Rede (Dialog), Metaphern und Vergleiche, genaueste (Sach-) Beschreibung, innerer Monolog ("Seelandschaft mit Pocahontas"), die subtile Satzzeichentechnik (--/:!/!!).

Der 'Text' schließt sich an:

"Leicht bedeckt aaach: da hatten unsere glühenden Häute etwas Ruhe (und manchmal traf es uns doch). / Die Wasserjungfer, beide Hände am Bootsrand, schwamm aufrecht nebenher, und sah traurig und gedankenlos herein (lutschte auch dazu zwei Pfund Mirabellen, die ich ihr einzeln reinstecken mußte: langer Leib, von Rohrleitungen durchzogen, Ventile klappten, bunte Säfte liefen in ihr herum, purpurnes Fleisch mit Elfenbein besetzt und steifen Schwarzgrannen: »Und jetzt tauchen? Na Du?! Willst wohl auch 'n >Fund< machen?!« Aber sie war nicht aufzuhalten)." (28)

Auch hier findet sich auf den ersten Blick nichts auffälliges, was auf eine tiefere Bedeutung hinweisen würde. Doch was muß zwangsläufig im Kopf eines Literaten (ich meine damit auch den Leser) vor sich gehen, wenn er von einer Wasserjungfer reden hört? Zum Beispiel denkt er an Fouqués >Undine<. Vor allem dann, wenn er wie Arno Schmidt an einer Fouqué-Biographie arbeitet (immer noch). Damit bricht der Mythos (eine bestimmte Form des Imaginären) in die allerrealste Wirklichkeit ein. Dann bekommen plötzlich auch die Mirabellen eine 'tiefere' Bedeutung:

"/Treiben: ihre Finger schrieben rastlos meinen Namen ins Wasser, ums ganze Boot, stips wieder der i-Punkt drauf, also irgendein Undinentrick, bis ich ihr dergleichen verdächtige Praktiken untersagte. Aber das hatte lediglich den Erfolg, daß sie jetzt sofort das Wassermärchen hören wollte (wahrscheinlich noch was dazulernen, he?!); murmelte sympatisch zur Katastrofe, restlos überzeugt, oh diese Männer!: »Dabei hieß die Undine in Wirklichkeit Elisabeth von Breitenbach, 7.5.1780 in Minden geboren, heiratete 14.5.1800 den Herrn von Witzleben, hatte 3 Kinder mit ihm, und starb endlich, längst Witwe, am 27.5.1832 in Halle. Fouqués große Liebe. Übrigens spielt die ganze Affäre am Steinhuder Meer drüben« schloß ich hastig: kritzelte die Emsige nicht schon wieder an Steuerbord?! »Spiegelschrift!« erklärte sie kalt und hexenheiter, und ich schloß vorsichtshalber die Augen (als ich sie dann wieder aufmachte, war schon der ganze See voller Kringel und Unterstreichungen: vorwurfsvoll: »Siehstu!«). Aber das bunte Geschöpf lächelte nur ungerührt, und hieß mich paddeln; fing auch in neu erwachter Lust bald selbst mit an: »Ma sehn, wie lange wir bis rüber brauchen!«."(29)

Aufgrund einer Assoziation der Gedanken, die sich nun nicht beim Autor einstellen (die er uns jedenfalls nicht mitgeteilt hat), sondern beim literarisch gebildeten Leser, werden wir denken können, daß die Geschichte mit den Mirabellen mehr als ein netter Gag ist. Denn eine Wasserfee oder Ondine (nun ein Gattungsname, nicht wie bei Fouqué ein Eigenname) namens Mirabella treibt ihr märchenhaftes Wesen in einem anderen Buch, nämlich Wielands >Don Sylvio von Rosalva< (6. Buch, 2. Kapitel). Die Beziehung zu diesem Buch ist aber noch weitergehend und umfaßt die gesamte Poetologie der >Seelandschaft<. Berücksichtigt man, daß sich bei Wieland im >Don Sylvio< im 1. Buch, 4. Kapitel ein Hinweis auf den >Don Quijote< findet, so kann man eine literarische Verkettung bemerken, die uns zeigt, daß die Bücher (Folianten) an allem Schuld sind; diese 'Schuld' bezeichnet eine poetologische Verfahrensweise. Von dem Jüngling Don Sylvio heißt es:

"Seine Einbildung faßte also die schimärischen Wesen, die ihr die Dichter und Romanschreiber vorstellten, eben so auf, wie seine Sinne die Eindrücke der natürlichen Dinge aufgefaßt hatten. (...) Solcher Gestalt schob sich die *poetische* und *bezauberte* Welt in seinem Kopf an die Stelle der *wirklichen*, und die Gestirne, die elementarischen Geister, die Zauberer und Feen waren in seinem System eben so gewiß die *Beweger der Natur*, als es die Schwere, die Anziehungskraft ... und andere natürliche Ursachen in dem System eines heutigen Weltweisen sind.
Die *Natur* selbst, deren anhaltende Beobachtung das sicherste *Mittel* gegen die Ausschweifungen der Schwärmerey ist, scheint auf der andern Seite durch die unmittelbaren Eindrücke, die ihr majestätisches Schauspiel auf unsere Seele macht, die *erste Quelle* der selben zu seyn." (1. Buch, 3. Kap.,15)

Neben der denotativen Verwendung der Sprachzeichen sind sie zugleich auch konnotativ bedeutend, d.h. sie schaffen auf der Ebene des Textes eine neue 'Welt', eine Schriftspur oder ein Schriftmal (Typos). Dies stellt in keiner Weise ein 'Bildungs-Versteckspiel' (J.Kaiser) dar, und es geht auch nicht um Oberfläche und Tiefenstruktur (in der die 'eigentlichen' Bedeutungen sein sollen). Und auch nicht um 'Mythos und Logos'. Sondern es geht allein um 'Poesie in Prosa': die ist, was sie ist. Um uns ihrem Verständnis zu nähern, dürfen wir uns allerdings Hilfsbegriffen bedienen, wie dem 'mythischen Analogon' Lugowskis. Grundlage einer hochgradig 'mythischen' Prosaerzählung, wie sie die Werke Arno Schmidts darstellen, ist, daß neben einer Erlebniswirklichkeit die Lektüren wichtig sind. Hier insbesondere Cervantes, Wieland, Fouqué - später dann z.B. in >Caliban über Setebos< Shakespeare, Browning, Joyce, Freud, und was der Namen mehr sein mögen. Wenn er nun schreibt, erweist er sich damit als ein Teil von jener Welt (der Namen), die er offen oder versteckt zitiert, ein Teil von jener *Kraft*.

Bei den Prosatexten Arno Schmidts, der 'Poesie in Prosa', handelt es sich um Typos-Skripte, und zwar in einem genauen Sinn: es sind Schriften, die einen Typos variieren, wobei der Typos selbst, wie eine platonische Idee, im Unanschaulichen bleibt. Es gibt aber keinen Ur-Typos (so wie es keinen Ur-Vater der Poesie gibt - eher schon eine Ur-Mutter: die Natur, wie das > Don Sylvio < -Zitat zeigt), es gibt kein Ur-Skript, von dem und an dem alle Autoren abschreiben, weiterschreiben und weiterdichten. Dichten, in dem Sinn, wie ich es bei Arno Schmidt herausstelle, ist vielmehr eine Art transversales Verfahren, ein nicht regelgeleitetes Durchqueren der Schriften (eines winzigen Teils natürlich nur). Es handelt sich um Durchquerungsschriften, die die Reihe der Typos-Skripte fortsetzen. Die Zitation der Namen und der Gestalten aus der Welt der Literatur bedeutet mehr, als mit den Anspielungen rein verfahrenstechnisch herausgestellt worden ist. Es handelt sich nicht nur um einen Ausschnitt aus der Fülle des Bewußtseins (des Viellesers), sondern auch darum, daß dieses Bewußtsein präfiguriert ist. Die individuelle Prägung ist nur die Oberfläche, die auf das geschichtlich und genetisch Allgemeinere verweist. In > Zettels Traum < und speziell der Etym-Theorie und -Schreibung wird versucht, gleichsam den Durchschuß des Unbewußten zur Sprache zu bringen, der dann in gewisser Weise arche-typisch ist.

Arno Schmidts Bücher erzählen nicht nur von der Wirklichkeit (in dem Sinn, wie sie sich im Bewußtsein und in der Sprache 'widerspiegelt'), sondern auch von den Büchern, die Bestandteil unserer geschichtlich-kulturellen Wirklichkeit geworden sind. Warum sollte man auch einzig vom 'sichtbaren' Leben erzählen, wo doch die Literatur selbst ein Bestandteil unserer Wirklichkeit ist. Also erzählt er auch von Büchern und den Früchten seines Lesens, die sein Leben (mehr als das der meisten von uns) gewesen sind. Und wenn es nicht mehr lohnt, vom 'realen' Leben zu erzählen, dann kann man ja noch von der Literatur erzählen. So erzählt er Fouqué, indem er ihn wiederholt.

6. Die Gegend, wo die Worte lagern

Die Oberfläche des Textes der Reichenalltäglichkeit hat eine Kehr- oder Unterseite. Die Redeweise von der 'tieferen' (symbolischen, mythischen) Bedeutung muß modifiziert und präzisiert werden, habe ich bis hierher doch 'nur' bildlich gesprochen.

Als Gesinnungsatheist lehnt Arno Schmidt jegliche 'Tiefendimension' ab, wenn darunter die Beziehung auf eine Transzendenz (Gott oder metaphysische Wesenheiten) gemeint ist.

"Ich, ein armer Pracher in wohlaufgerüsteten Zeitläuften, bin nicht für Ausblicke in die Ewigkeit & was damit zusammenhängt: die Oberflächen der Dinge sind noch so unzureichend beobachtet, (und dies Unzureichende ist meist so stümperhaft beschrieben), daß ich es ganz schlicht ablehne, mich mit 'Göttern' zu befassen. Wie schon der große LEOPOLD SCHEFER sehr richtig angemerkt hat, dürfte das ALLAH-sein da droben so unverschämt viel leichter sein, als das Mensch-Tier-Pflanze-sein hier unten, daß die Sorge um das Fortkommen jener Höchsten Herrschaften uns wahrlich die wenigsten grauen Haare machen sollte." (>Sylvie & Bruno<, in: TbZ 253)

So stimmt das nicht. Arno Schmidt widerspricht sich hier einmal selbst; denn wahrlich spielen Götter, z.B. in >Caliban über Setebos< eine Rolle. Zudem: wer ist mehr gebannt vom Göttlichen als der Gottesleugner? Wir glauben ihm schon eher (obschon auch das nicht ganz), wenn er sagt, er ziehe ein gutes, umfangreiches Nachschlagewerk allen klerikalen Schriften vor.

Es geht hier aber darum, zu entdecken, daß an der Oberfläche der Sprache in der Tat noch vieles unentdeckt ist, und daß sie auf ein 'Anderes' verweist, das wir vorläufig die 'Tiefendimension' genannt haben. Es gibt eine weltliche, säkulare Transzendenz, und diese entdeckt Schmidt beim Vater der modernen Literatur, bei Charles Lutwidge Dodgson (1832 - 1898), besser bekannt als Lewis Carroll. (Vgl. TbZ 253 ff.) Um diese Dimension zu erschließen, muß man gerade an die Oberfläche sich halten. Die Oberfläche der Sprache besteht aus den Lauten und den Buchstaben.

Caroll entdeckte, was dann später Freud systematisiert hat, und was Schmidt mit Carroll und Freud aufnimmt: die Bedeutung bestimmter Laut-

oder Buchstabengruppen als Ausdruck eines 'Unbewußten', zunächst in den Ver-Dichtungen und Ver-Schreibungen (die Silbe *Ver* ist hier bedeutsam). Dem Einbruch des 'Mythos' in die Reichealltäglichkeit (auch der Sprache), wie ich ihn dargestellt habe, ist der Einbruch des Unbewußten zur Seite zu stellen, wie er insbesondere für Schmidts Spätwerk bedeutsam wird.

"Seit ungefähr der Jahrhundertwende, um den Arbeiten von MAURY, ELLIS, hauptsächlich FREUD, über 'Träume', hat sich, wenn auch sehr zögernd & meist garnichtgern akzeptiert, doch die Erkenntnis kahmheutig ausgebreitet: daß 'Namen' mit nichten 'Schall & Rauch' seien ...; sondern daß 'Worte', Buchstabenfolgen überhaupt, uns weit nachhaltiger necessitiren, als Mann (& Frau sowieso) im Allgemeinen wahrhaben möchte." (TzB 263)

Als Beispiel erwähnt Schmidt Maury's >Le Sommeil<:

"... wo er im Traum auf der Landstraße fürbaß ging, und die Gesichterschreiben der Kilometersteine ablas. Dann in einen Kaufladen trat, wo der Inhaber zwar rüstig Kilogrammgewichte handhabe, Ihm (MAURY) allerdings mitteilte: er sei jetzt aber gar nicht in 'gay Paree', sondern eig'ntlich auf der Insel Gilolo; worauf der Träumer sich umwelste, und sogleich Lobelien-Blumen erschaute; zwischen denen General Lopez, (dessen Tod er abends zuvor in der Zeitung gelesen hatte) auf ihn zukam, und ihm eine Partie Lotto proponierte - eine scheinbar sinnlose Bilderfolge. *Es sei denn*, man entschlösse sich, die Zünd-Worte so untereinanderzuschreiben:

    Ki lo meterstein
    Ki lo grammgewicht
    Gi lo lo
        Lo belien
        Lo pez
        Lo tto

Mit anderen, gefädelteren Worten: aus 'irgendeinem Grunde' war bei MAURY der mit 'Lo' etikettierte Wort-Ballen aufgegangen. ... wie gelenkt, ja 'kanalisiert' erschien der Traum durch diesen 'Lo-Zwang'! (...) (Achso, den Traum-Grund noch: 'lolo' der Busen: 'Lolotte' ein loses Mädchen.)" (TbZ 263 f.)

Dies gilt nicht nur für Träume. Schmidt demonstriert an den Werken von Edgar Allen Poe und Karl May, aber auch an Joyce, dessen >Finnegans Wake< für ihn "genau nach FREUD'scher Traumtheorie" konstruiert ist (TbZ 265) - wir wollen über die Richtigkeit dieser Behauptung hier gar nicht streiten -, wie auch im bewußten dichterischen Schaffen ein Unbewußtes wirksam ist. (Vgl. vor allem die Ausführungen in >Der Triton mit dem Sonnenschirm<, hier 422.) Von hier aus, der "Gegend, wo die Worte lagern" (Triton 277) entwickelt Schmidt seine Etym-Theorie, die vor allem im Spätwerk (also >Zettels-Traum< und folgende) eine Rolle spielt. Einen Übergang bildet >Caliban über Setebos<.

Die Etyms, diese linguistischen Grundgewebsgebilde, funktionieren aufgrund ihrer Polyvalenz. Die semantische Ambiguität beruht auf der morphematischen und phonematischen ('fonetischen') Materialität der Zeichen. "Aus zahllosen Exempeln (...) ergibt sich mit Evidenz, daß im 'Wortzentrum' des Gehirns die Bilder & ihre Namen (& auch das daranhängende Begriffsmaterial der 'Reinen Vernunft' viel weniger nach *sachlichen*, sondern ballen- oder kolliweise nach *fonetischen* Kriterien gelagert sind." (Sitara 146) Hier ist die Etmtheorie des >Finnegans Wake< hinzuzuziehen, von der Fritz Senn schreibt: "Wie die Atome, so ballen die Wörter riesige Energien, die sich freisetzen lassen; 'the annihilisation of the etym' hat Joyce vorausgesehen (FW 352.22), also, die Annihilisation des Atoms, und wohl auch 'durch das Atom', wie sie heute droht. Die Fehlschreibung ergibt auch eine Gegenbewegung, eine Neuentstehung wie die Schöpfung *ab nihilo*, aus dem Nichts; in der Sprache beruht sie auf dem 'etym', was *etymos* ist, also wahrhaft. Aus der einstigen wahren, aber nicht mehr einzigen Bedeutung der Wörter, die uns die Etymologie mitteilt, entsteht ein Vielfaches an Sinn - eine Zerstörung wie ein neuer Aufbau der Sprache."[17] Freud und später Lacan, den Schmidt wohl nicht gekannt haben dürfte, haben diese Beobachtungen auf ihre Weise ausgewertet, die natürlich von anderen Interessen bestimmt waren, als die von Joyce und Schmidt. Aber die Traumarbeit ist ja auch für Freud eine Ver-Dichtungs-Arbeit, sprachliche Kompression (eben im Etyms verfaßt). Für Freud wird die Verdichtungsarbeit des Traums da am greifbarsten, wo der Traum "Worte und Namen zu (seinen) Objekten gewählt hat".[18]

Diese 'Dichte' der Wörter, Wortverbindungen und Namen ist den Dichtern längst geläufig und bekannt gewesen (man kann auch vor Carroll ansetzen). Das Neue und nun Wesentliche ist aber der Zusammenhang in einem Sprache-Seele-Modell, wie es erst seit Freud denkbar geworden ist. Schmidt entwickelt seine Auffassung dieser Theorie:

---

17 Fritz Senn: Nichts gegen Joyce, Zürich 1983, 100.
18 Traumdeutung, StA II, 297.

"B. (*zögernd*): Dieser Theorie nach, würde jeder Mensch gleichsam 2 *Sprachen* in sich beherbergen: die eine bestehend aus > Worten <; die andre aus-ä Wort-*Keimen*, eben ihren > Etyms <. Woraus sich jetzt sofort ein Erstes ergäbe; nämlich, daß die *Zahl* der Etyms weit geringer sein müsse.

A. (*bestätigend*): Sehr richtig: die Worte sind zahlreicher, auch ernsthaft->korrekter <; die Etyms dafür vielseitiger, witzig-bestattungslustig. Sie können es sich, vielleicht noch anschaulicher, nach > Stockwerken < vorstellen: ganz > oben <, das Bewußtsein, bedient sich der *Worte*; besteht auch, womöglich im halben Gefühl seiner mühsam ausbalancierten, prekären Verletzlichkeit, auf stricter Orthografie à la DUDEN. Der Persönlichkeitsanteil *darunter* - zur Hälfte durchaus bewußtseins*fähig*; zur Hälfte im Unbewußten wuchernd ->**spricht Etyms** <.

B. (*besorgt*): Und da beide Sprachen schwerlich voneinander zu trennen sind, wird, sobald die eine etwas äußert, die andere mitschwingen...

A. :Korrekter: dem Ohr des Geübten wird's stets, bei Allem, wie eine >*zweite Stimme* < mit-hineinsingen - vom Fonetischen her perfid-passend; vom bürgerlich-beabsichtigten > Sinn < her, oftmals peinlich divergierend. Das liegt *da*ran, daß die wohltemperierte Wort-Sprache *oberhalb* der Zensur-Schwelle erklingt - Sie dürfen, etwa in den Wendungen der FREUD'schen Schule, dafür auch sagen: > rezensiert & genehmigt vom Über-Ich <; oder, ganz populär, > das Gewissen hat eingegriffen < - die Etym-Sprache jedoch respondiert, von *unterhalb* derselben erwähnten Barriere her, einiges von dem, was der Sänger, zumindest vorüberhuschend-mal, *wirklich denkt*.

B. (*vergrübelt*): Sprächen die Etyms also die wirkliche Wahrheit...

A. : Mais non. Sie begnügen sich, als Humoristen, meist mit mahnenden *auch*-Möglichkeiten; sind die, von Zwergenwitzen übersprudelnden Vertreter des > homo sum <, die auf die langweilig-schwitzende > Tat < meist verzichten. Immerhin regeln sie gewisse, vom Standpunkt der Motilität aus betrachtet > folgenärmere < Kleinigkeiten; wie etwa die Träume; die > Fehlleistungen <; auch > Assoziationen < - undsoweiter." (Triton 280 f.)

Daß die Etyms Humoristen seien, ist ein Euphemismus. Zumeist kommen sie grob kalauerhaft daher, teils recht witzig, oft auch schlüpfrig und obszön ("The hole arse shell reJOYCE!" 'Zettel' 812). Das gilt für den Traumtext wie für den Prosatext. Das ist kein willkürliches Stilmerkmal des Dichters, eine private Lust am Kalauer, sondern es entspricht einer immanenten Logik. Freud hat in einer wichtigen Fußnote der > Traumdeutung < darauf hingewiesen:

"Die nämliche Zerlegung und Zusammensetzung der Silben - eine wahre Silbenchemie - dient uns im Wachen zu mannigfachen Scherzen. »Wie gewinnt man auf die billigste Art Silber? Man begibt sich in eine Allee, in der Silberpappeln stehen, gebietet Schweigen, dann hört das 'Pappeln' (Schwätzen) auf, und das Silber wird frei.« Der erste Leser und Kritiker dieses Buches hat mir den Einwand gemacht, den die späteren wahrscheinlich wiederholen werden, »daß der Träumer oft zu winzig erscheine«. Das ist richtig, solange es nur auf den Träumer bezogen wird, involviert einen Vorwurf nur dann, wenn es auf den Traumdeuter übergreifen soll. In der wachen Wirklichkeit kann ich wenig Anspruch auf das Prädikat »witzig« erheben; wenn meine Träume witzig erscheinen, so liegt es nicht an meiner Person, sondern an den eigentümlichen psychologischen Bedingungen, unter denen der Traum gearbeitet wird, und hängt mit der Theorie des Witzigen und Komischen intim zusammen. Der Traum wird witzig, *weil ihm der gerade und nächste Weg zum Ausdruck seiner Gedanken gesperrt ist*; er wird es notgedrungen. Die Leser können sich überzeugen, daß Träume meiner Patienten den Eindruck des Witzigen (Witzelnden) im selben und im höheren Grade machen wie die meinen.-"[19] (Hervorhebung von mir)

Der vom Unbewußten oder unter maßgeblichem Einfluß des Unbewußten produzierte Witz, ebenso wie die Etym-Poesie, produzieren also notwendiger Weise 'schlechte' Witze.[20] Bereits Carroll hat dieses Terrain sondiert:

" »Achjaa-« seufzt da etwa die < Mock-Turtle > in dem, (nun auch schon zum Kinderbuch erniedrigten) < Alice in Wonderland >; und berichtet dann von den Schulfächern, denen sie, am Grunde der Meer-Suppe einst, ausgesetzt war: »Reeling and Writhing, natürlich, als Grund-Fächer;« (und schon fächert's ja flossig, als < reading & writing >, also < Lesen & Schreiben >; aber < it doeth suffer a sea-change, into something rich & strange >: < an der Reeling Rum-Wriggln >, der Sprach-Reeling; CARROLL war eben der < erste Mann über Bord >!)." (TbZ 267)

Schmidt verengt das hier freiere Spiel des Sprachwitzes, indem er mit Freud eine Dominanz des Sexuellen vorwalten läßt. Es geht dann schließlich nur noch um das 'S', die verdrängte Sexualität, was dann vielfach zu einer penetranten Stilmanier wird. Es handelt sich auch nicht um surrealistische Dichtung, sondern letztlich um eine bewußt, ja zwanghaft konstruierte. Darin mag zwar ein Wahrheitsmoment enthalten sein, aber man kann darüber streiten, ob Dichtung dazu dienen sollte, *nur* Wahrheiten auszusprechen. Zum Glück für den Leser ist aber >Zettels Traum< von nahezu unerschöpflichem Reichtum auch ganz anderer Spielarten des Schreibens.

An diese ist wenigstens zu erinnern. Anders als die aus dem Unbewußten geborene Verdichtungsarbeit gilt es einen anderen Witz, den freien, spielerischen, der in der souveränen Freiheit des Humors gründet, auch bei Arno Schmidt, vor allem in einer der schönsten Prosaerzählungen

---

19 Ebd. StA II, 298 f.
20 Vgl. Der Witz und seine Beziehungen zum Unbewußten, StA IV, 162.

deutscher Liebesdichtung. Hier finden wir 'schärfste Wortkonzentrate', intertextuelle Verflechtungen, das schöne Vexierspiel mit den Bedeutungen der Wörter, und einfach auch schöne 'Bilder': "Drüben floß ein Zug flink durch Wolluft und Felderglanz, stutzte kurvenscheu, pfliff erstaunt auf und verschwand Vorbehalte murmelnd in sich selbst." (Pocahontas 16 f.) Hier leuchtet der Humor auf, der den späteren Zwangstexten fehlt. Parodistisches findet sich, wunderliche Vergleiche und Brüche: "So mild war die Luft, daß man hätte Kremschnitten damit füllen können; Blütenstaub der Ferne lag über den Dammer Bergen ("Hach! Du hasta vorher in de Karte angesehn!" Erich; und knurrte unzufrieden: scheußlich diese Gebildeten!); eine Kastanie wiegte bedächtig die gepuderte Perücke." (Poc. 21) Daneben bleibt die detailgetreue Mimesis der kleinen Alltags- und Urlaubswelt bestehen (sie erhält sich gerade dadurch). Man kann mit >Pocahontas< die Gegend um den Dümmer See entziffern und die einzelnen Stationen heute noch finden. Daß er mit seinem Frühwerk zum unvergleichlichen Chronisten der Fünfzigerjahre wird, ist nun schon des öfteren angemerkt worden (und Heinrich Böll hat den Nobelpreis gekriegt!).

Anders als die Etym-Poesie, auf die sein Spätwerk keineswegs restringiert, obschon er an der "Klippe zu großer subjektiver Verschlüsselung" haarscharf entlangschreibt und auch gelegentlich abstürzt (er hat genau das Joyce vorgeworfen, ohne sich selbst kritisch zu durchleuchten, vgl. TbZ 265) ermöglicht ihm sein Konzept des 'längeren Gedankenspiels' die Freiräume eines nicht restringierten Stils.[21] Das, was wir als 'objektive' Realität sinnlich wahrnehmen, und was sich zusammen mit Gedächtnis und Erfahrung zu einer Erlebnisebene (=E I) verdichtet, wird "ständig von Gedankenspielen, meist kürzeren, nicht selten längeren, überlagert" - "wobei sich dann natürlich die wunderlichsten Interferenzerscheinungen à la Don Quijote ergeben können." (R&P 295)

Da werden, wie man weiß, Windmühlen zu Riesen. Das längere Gedankenspiel tritt auch dann in Aktion, wenn die Vorlage (das, was auf der ersten Erlebnisebene erscheint) ein fiktives, imaginäres Gebilde ist wie ein Roman oder ein Film. Es treten Interferenzen, Überlagerungen auf. Ein einfaches Beispiel ist die Identifikation mit dem Helden; dann werden aus Pantoffelhelden in einem Akt imaginärer Selbstpoetisierung drei Muske-

---

21 Eine ausgezeichnete Arbeit auch zur Literaturtheorie von Arno Schmidt liegt vor von Boy Hinrichs: Utopische Prosa als Längeres Gedankenspiel, Tübingen 1986.

tiere - die Popularität von Karl May ist wohl unter anderem darauf zurückzuführen. Man sollte das nicht ins Lächerliche ziehen; auf diese Art konstruieren wir unser Selbstbildnis. Um mit Musil zu sprechen: ständig überspielt der Möglichkeitsmensch den Wirklichkeitsmenschen in einundderselben Person. Es gibt wohl keinen hundertprozentigen Wirklichkeitsmenschen: das wäre ein Mensch, der sich in keiner Weise auch erträumte; er wäre ebenso ein Ungeheuer wie der reine Möglichkeitsmensch, der als ein vollständig abgehobener Traumtänzer nicht lebensfähig wäre. Das 'längere Gedankenspiel' ist also mit dem Tagtraum zu vergleichen, der unseren Möglichkeitssinn bestätigt. Arno Schmidt hat das so aufgefaßt:

"Das LG befindet sich auf der Mitte zwischen Traum und Kunstwerk: was der Nacht der Traum, das ist dem Tag das LG. Und es handelt sich bei ihm um einen allgeläufigen, von Jedermann hundertfach praktizierten Vorgang: ob sich die Kaufhaus-Verkäuferin als <berühmte Tänzerin> denkt, und daraus abends, vorm Allein-Schlafengehen, Trost & Stärkung zieht; ob der Beamte sich als seinen eigenen Vorgesetzten imaginiert, (und nun aber mal gehässigen <Zug> in seine ganze Behörde bringt!); ob der Bergmann über Tage sich den schönfarbigen Prospekt einer Bau-Gemeinschaft vornimmt, und monatelang im Geist um's schmucke <Eigenheim> herum lustwandelt, den Keller randvoller Eichhorn-Vorräte, um die breiten Schultern den Mantel mit atomsicherer Kapuze - immer ist das LG ein überhaupt nicht zu überschätzender, dabei völlig legitimer, Bewußtseinsvorgang." (TbZ 273)

Vom längeren Gedankenspiel fällt ein bezeichnendes und bedeutendes Licht auf die alltägliche Lebenswelt, wie sie von einem individuellen Subjekt aufgefaßt wird. Diese spielt jeden Tag seine Vorstellungswelt aus sich heraus, indem es objektives und subjektives Sein zusammenfügt. Daraus ergibt sich ein geschichtliches, den Einzelnen übergreifendes und ergreifendes Zeitproblem:

"B. ... Da hätten Wir ja gleich 1 weitere bedenkliche Konsequenz Ihrer gerühmten Reichenalltäglichkeit: daß sie so hoffnungslos generations-, wenn nicht gar dekadengebunden ist: parieren Sie mir *den*.
A. (*galant*): Ihr Einwand *ist* nicht zu widerlegen. Trifft er doch Unsre Welt-selbst: die ja *auch* - ob Geräte Schlager Kostüme Verkehrsmittel; ja Städte Teiche & Wälder - ihr Gesicht von Gen- zu Gen- zu Generation ändert." (Triton 288)

Daß wir solche Veränderungen heute nur mit Schrecken wahrnehmen, wirft ein anderes Problem auf, das hier nicht zu behandeln ist. Zeitgebundenheit, Moden, Veränderungen überhaupt sind unveräußerbar mit der individuellen Subjektivität verknüpft. Poesie ist immer noch ein Heilmittel gegen die Verkünder 'ewiger' Werte und Wertordnungen.

Man sieht: trotz aller Totsagung der Individualität des Menschen in 'modern times', hat sie in der modernen erzählerischen Prosa ihren bedeutsamen Stellenwert, ja es scheint, als hätte sie hier ihr eigentliches Refugium gefunden. Die Prosa der philosophischen Diskurse erreicht sie nicht mehr oder sie hat überhaupt Individualität abgeschrieben. Hier sind die bewußtseinsphilosophischen Bemühungen um 'Subjekt, Person und Individualität' auszunehmen. Alle drei sind nicht ohne 'Bewußtsein' zu denken, und die philosophische Klärung der Frage, was (Selbst-) Bewußtsein sei, hat bedeutsame Erkenntnisse ins Licht gebracht (und die Diskussion geht, wenn ich recht sehe, weiter). Es liegt in der Natur der Sache, daß diese Prosa die Mannigfaltigkeit distinkter Gegebenheiten, die das Bewußtseinsfeld strukturieren, nur konstatieren, sie selbst aber nicht *erzählen* kann. Wer die höchste Stufe philosophischer Erkenntnis in dieser Sache erklommen hätte, müßte einsehen, daß er beginnen müßte, (sich) zu erzählen.

VERZEICHNIS DER ORIGINALZITATE

Zu 14: EVERY day for at least ten years together did my father resolve to have it mended, - 'tis not mended yet; - no family but ours would have borne with it an hour, - and what is most astonishing, there was not a subject in the world upon which my father was so eloquent, as upon that of doorhinges. - And yet at the same time, he was certainly one of the greatest bubbles to them, I think, that history can produce: his rhetoric and conduct were at perpetual handycuffs. - Never did the parlour-door open - but his philosophy or his principles fell a victim to it; - three drops of oil with a feather, and a smart stroke of a hammer, had saved his honour for ever.
- Inconsistent soul that man is! - languishing under wounds, which he has the power to heal! - his whole life a contradiction to his knowledge! - his reason, that precious gift of God to him - (instead of pouring in oil) serving but to sharpen his sensibilities, - to multiply his pains, and render him more melancholy and uneasy under them! - poor unhappy creature, that he should do so! - are not the necessary causes of misery in this life enow, but he must add voluntary ones to his stock of sorrow; - struggle against evils which cannot be avoided, and submit to others, which a tenth part of the trouble they create him, would remove from his heart for ever?
By all that is good and virtuous! if there are three drops of oil to be got, and a hammer to be found within ten miles of Shandy Hall, - the parlour door hinge shall be mended this reign. (III/21/211 f.)

Zu 14: But mark, Madam, we live amongst riddles and mysteries - the most obvious things, which come in our way, have dark sides, which the quickest sight cannot penetrate into; ... (IV/17/292)

Zu 49: ... and wherefore, when we go about to make and plant a man, do we put out the candle? and for what reason is it, that all the parts thereof - the congredients - the preparations - the instruments, and whatever serves thereto, are so held as to be conveyed to a cleanly mind by no language, translation, or periphrasis whatever? - The act of killing and destroying a man ... is glorious - and the weapons by which we do it are honourable - We march with them upon our shoulders - We strut with them by our sides - We gild them - We carve them - We in-lay them - We enrich them - Nay, if it be but a *scoundrel* cannon, we cast an ornament upon the breech of it.- (IX/23/614)

Zu 49: I WISH either my father or my mother, or indeed both of them, as they were in duty both equally bound to it, had minded what they were about when they begot me ... (I/1/35)

Zu 50 f.: It was attended with but one misfortune, which, in a great measure, fell upon myself, and the effects of which I fear I shall carry with me to my grave; namely, that from an unhappy association of ideas which have no connection in nature, it so fell out at length, that my poor mother could never hear the said clock wound up,---but the thoughts of some other things unavoidably popped into her head--& *vice versa*:---which strange combination of ideas, the sagacious Locke, who certainly understood the nature of these things better than most men, affirms to have produced more wry actions than all other sources of prejudice whatsoever. (I/4/39)

Zu 52: Nous autres principalement, qui vivons une vie privée qui n'est en montre qu'à nous, devons avoir estably un patron au dedans, auquel toucher nor actions ... (...)
Joint que l'ordre est une vertu morne et sombre. Gaigner une bresche, conduire une ambassade, regir un peuple, ce sont actions esclatantes. Tancer, rire, vendre, payer, aymer, hayr et converser avec les siens et avec soymesme doucement et justement, ne relácher point, ne se desmentir poinct, c'est chose plus rare, plus difficile et moins remerquable. Les vies retirées soustienent par là, quoy qu'on die, des devoirs autant ou plus aspres et tendus que ne font les autres vies. Et les privez dict Aristote, servent la vertu plus difficilement et hautement que ne font ceux qui sont en magistrats. (III/2/785 ff.)

Zu 54: It is curious to observe the triumph of slight incidents over the mind:-What incredible weight they have in forming and governing our opinions, both of men and things ... that Euclid's demonstrations, could they be brought to batter it in breach, should not all have power to overthrow it. (IV/27/319)

Zu 55: § 5. Some of our ideas have a natural correspondence and connexion one with another: it is the office and excellency of our reason to trace these, and hold them together in that union and correspondence which is founded in their peculiar beings. Besides this, there is another connexion of ideas wholly owing to chance or custom: ideas, that in themselves are not all of kin, come to be so united in some men's minds, that it is very hard to seperate them; they always keep in company, and the one no sooner at any time comes into the understanding, but its associate appears with it; and if they are more than two, which are thus united, the whole gang, always inseparable, show themselves together. (Vol.2/II/33,150)

Zu 55: It is of a young gentleman, who having learnt to dance, and that to great perfection, there happend to stand an old trunk in the room where he learnt. The idea of this remarkable piece of household stuff had so mixed itself with the turns and steps of all his dances, that though in that chamber he could dance excellently well, yet it was only whilst that trunk was there; nor could he perform well in any other place, unless that or some such other trunk had its due position in the room. (Vol.2/II/33,155)

Zu 56: We shall not have much reason to complain of the narrowness of our minds, if we will but employ them about what may be of use to us; for of that they are capable (...) If we will disbelieve every thing, because we cannot certainly know all things, we shall do much what as wisely as he, who would not use his legs, but sit still and perish, because he had no wings to fly. (Vol.1/Introduction/4 f.)

Zu 57: Jamais deux hommes ne jugerent pareillement de mesme chose, et est impossible de voir deux opinions semblables exactement, non seulement en divers hommes, mais en mesme homme à diverses heures. (III/13/1044)

Zu 57: But that this enumeration is compleat, and that there are no other principles of association, except these, may be difficult to prove to the satisfaction of the reader, or even to a man's own satisfaction. All we can do, in such cases, is to run over several instances, and examine carefully the principle, which binds the different thoughts to each other... (Vol.4/Sect.III/18)

Zu 58: Pray, Sir, in all the reading which you have ever read, did you ever read such a book as Locke's *Essay upon the Human Understanding*? (...) It is a history-book, Sir, (which may possibly recommend it to the world) of what passes in a man's own mind. (II/2/106 f.)

Zu 58: A man and his HOBBY-HORSE, though I cannot say that they act and react exactly after the same manner in which the soul and body do upon each other: Yet doubtless there is a communication between them of some kind ... so that if you are able to give but a clear description of the nature of the one, you may form a pretty exact notion of the genius and character of the other. (I/24/98 f.)

Zu 59 f.: If in having our ideas in the memory ready at hand consists quickness of parts; in this of having them unconfused, and being able nicely to distinguish one thing from another, where there is but the least difference, consists, in a great measure, the exactness of judgement and clearness of reason, which is to be observed in one man above another. And hence perhaps may be given some reason of that common observation, that men who have a great deal of wit, and prompt memories, have not always the clearest judgment or deepest reason: for wit lying most in the assemblage of ideas, and putting those together with quickness and variety, wherein can be found any resemblance or congruity, thereby to make up pleasant pictures and agreeable visions in the fancy; judgment, on the contrary, lies quite on the other side, in separating carefully, one form another, ideas, wherein can be found the least difference, thereby to avoid being misled by similitude, and by affinity to take one thing for another. This is a way of proceeding quite contrary to metaphor and allusion, wherein for the most part lies that entertainment and pleasantry of wit which strikes so lively on the fancy, and therefore is so acceptable to all people, because its beauty appears at first sight, and there is required no labour of thougt to examine what truth or reason there is in it. The mind, without looking any farther, rests satisfied with the agreeableness of the picture, and the gaiety of the fancy; and it is a kind of an affront to go about to examine it by the severe rules of thruth and good reason; whereby it appears that it consists in something that is not perfectly conformable to them. (Vol.1/II/11, 144 f.)

Zu 60: My most zealous wish and fervent prayer in your behalf, and in my own too, in case the thing is not done already for us,--is, that the great gifts and endowments both of wit and judgment, with every thing which usually goes along with them,---such as memory, fancy, genius, eloquence, quick parts, and what not, may this precious moment without stint or measure, let or hindrance, be poures down warm as each of us could bear it,--scum and sediment an' all; (for I would not have a drop lost) into several receptacles, cells, cellules, domiciles, dormitories, refectories, and spare places of our brains,---in such sort, that they might continue to be injected and tunned into, according to the true intent and meaning of my wish, until every vessel of them both great and small, be so replenished, saturated and filled up therewith, that no more, would it save a man's life, could possibly be got either in or out. (III/The Author's Preface/203 f.)

Zu 61 f.: ... after my best fashion. / Now the devil in hell must be in it, if this does not do; for consider, Sir, as every man chooses to be present at the shaving of his own beard ... and unavoidably sits over-against himself the whole time it is doing, in case he had a hand in it - the Situation, like all others, has notions of her own to put into the brain.- (IX/13/587)

Zu 63: ... the soul and body are joint-sharers in every thing they get: A man cannot dress, but his ideas get cloathed at the same time ... so that he has nothing to do, but take his pen, and write like himself. (IX/13/587 f.)

Zu 64: ... if he is a man of the least spirit he will have fifty deviations from a straight line to make with this or that party as he goes along, which he can no ways avoid. (I/14/64)

Zu 64: - it is no more than a week from this very day, in which I am now writing this book for the edification of the world, - which is March 9, 1759,----that my dear, dear, dear Jenny, observing I looked a little grave, as she stood cheapening a silk ... 'Tis the duplication of one and the same greatness of soul; only what lessened the honour of it somewhat, in my mother's case, was, that she could not heroine it into so violent and hazardous an extreme ... because the old midwife ... (I/18/72)

Zu 65: I was just going, for example, to have given you the great outlines of my uncle Toby's most whimsical character; - when my aunt Dinah and the coachman came across us ... Notwithstanding all this you perceive that the drawing of my uncle Toby's character went on gently all the time ...
By this contrivance the machinery of my work is of a species by itself; two contrary motions are introduced into it, and reconciled, which were thought to be at variance with each other. In a word, my work is digressive, and it is progressive too, - and at the same time. (I/22/94 f.)

Zu 65 f.: I will not finish that sentence till I have made an observation upon the strange state of affairs between the reader and myself, just as things stand at present (...) I am this month one whole year older than I was this time twelve-month; and having got, as you perceive, almost into the middle of my fourth volume--and no farther than to my first day's life--'tis demonstrative that I have three hundred and sixty-four days more life to write just now, than when I first set out; so that instead of advancing, as a common writer, in my work with what I have been doing at it--on the contrary, I am just thrown so many volumes back--was every day of my life to be as busy a day as this--And why not?--and the transactions and opinions of it to take up as much description--And for what reason should they be cut short? as at this rate I should just live 364 times faster than I should write--It must follow, an' please your worships, that the more I write, the more I shall have to write--and consequently, the more your worships read, the more your worships will have to read. (IV/13/285 f.)

Zu 66: ... and, was it not that my OPINIONS will be the death of me, I perceive I shall lead a fine life of it out of this self-same life of mine; or, in other words, shall lead a couple of fine lives together. (IV/13/286)

Zu 69: This consideration of duration, as set out by certain periods, and marked by certain measures or epochs, is that, I think, which most properly we call time. (Vol.1/II/14,181)

Zu 70: All things past are equally and perfectly at rest; and to this way of consideration of them are all one, whether they were before the beginning of the world, or but yesterday. (Vol.1/II/14,189)

Zu 70: ... we can come to imagine duration, where nothing does really endure or exist; and thus we imagine to-morrow, next year, or seven years hence. (Vol.1/II/14,191 f.)

Zu 70: IT is two hours and ten minutes, - and no more,- cried my father, looking at his watch, since Dr. Slop and Obadiah arrived, - and I know not how it happens, brother Toby, - but to my imagination it seems almost an age. (III/18/198 f.)

Zu 71: *For if you will turn your eyes inwards upon your mind,* continued my father, *and observe attentively, you will perceive, brother, that whilst you and I are talking together, and thinking and smoaking our pipes: or whilst we receive successively ideas in our minds, we know that we do exist, and so we estimate the existence, or the continuation of the existence of ourselves, or any thing else commensurate to the succession of any ideas in our minds, the duration of ourselves, or any such other thing coexisting with our thinking,- and so according to that preconceived*---You puzzle me to death, cried my uncle Toby. (III/18/200)

Zu 74: --Now this is the most puzzled skein of all--for in this last chapter, as far at least as it has helped me through Auxerre, I have been getting forwards in two different journeys together, and with the same dash of the pen--for I have got entirely out of Auxerre in this journey which I am writing now, and I am got half way out of Auxerre in that which I shall write hereafter--There is but a certain degree of perfection in every thing; and by pushing at something beyond that, I have brought myself into such a situation, as no traveller ever stood before me; for I am this moment walking across the market-place of Auxerre with my father and my uncle Toby, in our way back to dinner--and I am this moment also entering Lyons with my post-chaise broke into a thousand pieces--and I am moreover this moment in a handsome pavillion built by Pringello, upon the banks of the Garonne, which Mons. Sligniac has lent me, and where I now sit rhapsodizing all these affairs.
--Let me collect myself, and pursue my journey. (VII/28/492)

Zu 74 f.: Then 'tis time to dance off, quoth I; so changing only partners and tunes, I danced it away from Lunel to Montpellier--from thence to Pescnas, Beziers--I danced it along through Narbonne, Carcasson, and castle Naudairy, till at last I danced myself into Perdrillo's pavillion, where pulling a paper of black lines, that I might go on straight forwards, without digression or parenthesis, in my uncle Toby's amours--
I began thus-- (VII/43/512 f.)

Zu 75: - My good fried, quoth I - as sure as I am I - and you are you -
- And who are you? said he.-- Don't puzzle me; said I. (VII/34/500)

Zu 76: Though the names glory and gratitude be the same in every man's mouth through a whole country, yet the complex collective idea, which every one thinks on, or intends by that name, is apparently very different in men using the same language.(Vol.2/III/9,255)

Zu 77 f.: ... the many perplexities he was in, arose out of the almost insurmountable difficulties he found in telling his story intelligibly, and giving such clear ideas of the differences and distinctions between the scarp and counterscarp,--the glacis and covered way,--the half-moon and ravelin,--as to make his company fully comprehend where and what he was about. (...)
What rendered the account of this affair the more intricate to my uncle Toby, was this,--that in the attack of the counterscarp before the gate of St Nicolas, extending itself from the bank of the Maes, quite up to the great water-stop;--the ground was cut and cross-cut with such a multitude of dykes, drains, rivulets, and sluices, on all sides,--and he would get so sadly bewildered, and set fast amongst them, that frequently he could neither get backwards or forwards to save his life; and was oft-times obliged to give up the attack upon that very account only. (II/1/103 f.)

Zu 79: ... was got in one of the traverses, about thirty toises from the returning angle of the trench, opposite to the salient angle of the demi-bastion of St Roch...(II/1/105)

Zu 79: He stood before them with his body swayed, and bent forwards just so far, as to make an angle of 85 degrees and a half upon the plain of the horizon; - which sound orators, to whom I adress this, know very well, to be the true persuasive angle of incidence...(II/17/138)

Zu 80: But here the mind has all the evidence and facts within herself; -- is conscious of the web she has wove; -- knows its texture and fineness, and the exact share which every passion has had in working upon the several designs which virtue or vice has planned before her. (II/17/141 f.)

Zu 80 f.: When Agrippina was told of her son's death, Tacitus informs us, that not being able to moderate the violence of her passions, she abruptly broke off her work - My father stuck his compasses into Nevers, but so much the faster. - What contrarieties! his, indeed, was matter of calculation - Aggrippina's must have been quite a different affair; who else could pretend to reason from history? (V/2/346)

Zu 81: ---'Are we not here now;'---continued the corporal, 'and are we not'--(dropping his hat plumb upon the ground-and pausing, before he pronouned the word--'gone! in a moment?' The descent of the hat was as if a heavy lump of clay had been kneaded into the crown of it.--Nothing could have expressed the sentiment of mortality, of which it was the type and forerunner, like it,--his hand seemed to vanish from under it,--it fell dead,--the corporal's eye fixed upon it, as upon a corps,--and Susannah burst into a flood of tears. (V/7/356 f.)

Zu 82: - 'My sister, mayhap,' quoth my uncle Toby, 'does not choose to let a man come so near her****. 'Make this dash, - 'tis an Aposiopesis. - Take the dash away, and write Backside, -- 'tis Bawdy. Scratch Backside out, and put Covered way in, 'tis a Metaphor ... (II/6/120)

Zu 82: There is not a cavalier, madam, of his age in Navarre, continued the maid of honour, pressing the page's interest upon the queen, that has so gallant a pair - Of what? cried Margaret, smiling - Of whiskers ... (...) the truth was, La Fosseuse had pronounced the word, not only before the queen, but upon sundry other occasions at court, with an accent which always implied something of a mystery...(V/1/341)

Zu 83: There are some trains of certain ideas which leave prints of themselves about our eyes and eye-brows; and there is a consciousness of it, somewhere about the heart, which serves but to make these etchings the stronger--we see, spell, and put them together without a dictionary.

Ha,ha! he, hee! cried La Guyol and La Sabatiere, looking close at each other's prints--Ho, ho! cried La Battarelle and Maronette, doing the same: --Whist! cried one -st, st,--said a second,----hush, quoth a third--poo, poo, replied a fourth--gramercy! cried the Lady Carnavallette; -- 'twas she who bewhiskered St Bridget. (V/1/343)

Zu 85: ... sporting little filly-folly which carries you out for the present hour - a maggot, a butterfly, a picture, a fiddlestick - an uncle Toby's siege - or an *any thing*, which a man makes a shift to get a-stride on, to canter it away from the cares and solicitudes of life - 'Tis as useful a beast as is in the whole creation - nor do I really see how the world could do without it- (VIII/31/557 f.)

Zu 87: ... gaigner, non pas des batailles et provinces, mais l'ordre et trancquillité à nostre conduite(est notre office). Nostre grand et glorieux chef-d'oeuvre, c'est vivre à propos. Toutes autres choses, regner, thesauriser, bastir, n'en sont qu'appendicules et adminicules pour le plus. Je prens plaisir de voir un general d'armée au pied d'une breche qu'il veut tantost attaquer, se prestant tout entier et delivre à son disner, son devis, entre ses amys; ... C'est aux petites ames, ensepvelies du pois des affaires, de ne s'en sçavoir purement desmesler ... (...)
Elle tient pour grand tout ce qui est assez, et montre sa hauteur à aimer mieux les choses moyennes que les eminentes. Il n'est rien si beau et legitime que de faire bien l'homme et deuëment, ny science si ardue que de bien et naturellement sçavoir vivre cette vie; et de nos maladies la plus sauvage, c'est mespriser nostre estre. (III/13,1088 ff.)

Zu 117 f.:
        If care of our descent perplex us most,
        Which must be born to certain woe, devoured
        By Death at last (and miserable it is
        To be to others cause of misery,
        Our own begotten, and of our loins to bring
        Into this cursed world a woeful race,
        That after wretched life must be at last
        Food for so foul a monster), in thy power
        It lies, yet ere conception, to prevent
        The race unblest, to being yet unbegot.
        (...)
        Form what we fear for both, let us make short,
        Let us seek Death, or he not found, supply
        With our own hands his office on ourselves;
        Why stand we longer shivering under fears
        That show no end but death, and have the power,
        Of many ways to die the shortest choosing,
        Destruction with destruction to destroy?

Paradise Lost, Book X, Verse 979-988 und 1000-1006; John Milton: Poetical Works, ed. by D. Bush, Oxford 1974 (3).

Zu 117: Ebd. Verse 1024 ff.:
    ... much more I fear lest death
    So snatched will not exempt us from the pain
    We are by doom to pay ...

Zu 167: Miss Dunne hid the Capel street library copy of *The Woman in White* far back in her drawer and rolled a sheet of gaudy notepaper into her typewriter.
Too much mystery business in it. Is he in love with that one, Marion? Change it and get another by Mary Cecil Haye.
The disk shot down the groove, wobbled a while, ceased and ogled them: six.
Miss Dunne clicked on the keyboard:
- 16 June 1904. (228)

Zu 169 f.: 1) He kicked open the crazy door of the jakes. Better be careful not to get these trousers dirty for the funeral. (...)
2) Asquat on the cuckstool he folded out his paper turning its pages over on his bared knees. Something new and easy. No great hurry. Keep it a bit. Our prize titbit. *Matcham's Masterstroke.* Written by Mr Philip Beaufoy, Playgoers' club, London. Payment at the rate of one guinea a column has been made to the writer. Three and a half. Three pounds three. Three pounds thirteen and six.
3) Quietly he read, restraining himself, the first column and, yielding but resisting, began the second. Midway, his last resistance yielding, he allowed his bowels to ease themselves quietly as he read, reading still patiently, that slight constipation of yesterday quite gone. (70 f.)

Zu 173: A bowl of white china had stood beside her deathbed holding the green sluggish bile which she had torn up from her rotting liver by fits of loud groaning vomiting. (12)
It lay behind him, a bowl of bitter waters. (15)
The bard's noserag. A new art colour for our Irish poets: snotgreen. You can almost taste it, can't you? (11)
Isn't the sea what Algy calls it: a grey sweet mother? The snotgreen sea. (11)

Zu 173 f.: Woodshadows floated silently by through the morning peace from the stairhead seaward where he gazed. Inshore and farther out the mirror of water whitened, spurned by lightshod hurrying feet. White breast of the dim sea. The twining stresses, two by two. A hand plucking the harpstrings merging their twining chords. Wavewhite wedded words shimmering on the dim tide.
A cloud began to cover the sun slowly, shadowing the bay in deeper green. It lay behind him, a bowl of bitter waters. Fergus' song: I sang it alone in the house, holding down the long dark chords. Her door was open: she wanted to hear my music. Silent with awe and pity I went to her bedside. She was crying in her wretched bed. For those words, Stephen: love's bitter mystery. (15 f.)

Zu 176: He proposed to set up there a national fertilising farm to be named *Omphalos* with an obelisk hewn and erected after the fashion of Egypt and to offer his dutiful yeoman services for the fecundation of any female of what grade of life soever who should there direct to him with the desire of fulfilling the functions of her natural. (399 f.)

Zu 176: They came down the steps from Leahy's terrace prudently, *Frauenzimmer*: and down the shelving shore flabbily their splayed feet sinking in the silted sand. Like me, like Algy, coming down to our mighty mother. Number one swung lourdily her midwife's bag, the other's gamp poked in the beach. From the liberties, out for the day. Mrs Florence MacCabe, relict of the late Patk MacCabe, deeply lamented, of Bride Street. One of her sisterhood lugged me squealing into life. Creation from nothing. What has she in the bag? A misbirth with a trailing navelcord, hushed in ruddy wool. The cords of all link back, strandentwining cable of all flesh. That is why mystic monks. Will you be as gods? Gaze in your omphalos. Hello. Kinch here. Put me on to Edenville. Aleph, alpha: nought, nought, one. (43)

Zu 168: You, Cochrane, what city sent for him?
- Tarentum, sir. (30)
- Kingstown pier, Stephen said. Yes, a disappointed bridge. (31)
A phrase, then, of impatience, thud of Blake's wings of excess. (30)
Fabled by the daughters of memory. (30)
For them too history was a tale like any other too often heard, their land a pawnshop. (31)

Zu 181: - I fear those big words, Stephen said, which make us so unhappy. (37)
- History, Stephen said, is a nightmare from which I am trying to awake. (40)

Zu 182: How now, sirrah, that pound he lent you when you were hungry?
Marry, I wanted it.
Take thou this noble.
Go to! You spent most of it in Georgina Johnson's bed, clergyman's daughter. Agenbite of inwit.
Do you intend to pay it back?
O, yes.
When? Now?
Well...no.
When ,then?
I paid my way. I paid my way.
Steady on. He's from beyant Boyne water. The northeast corner. You owe it.
Wait. Five months. Molecules all change. I am other I now. Other I got pound.
Buzz. Buzz.

But I, entelechy, form of forms, am I by memory because under everchanging forms.
I that sinned and prayed and fasted.
A child Conmee saved from pandies.
I, I and I. I.
A.E.I.O.U. (189 f.)

Zu 182 f.: - As we, or mother Dana, weave and unweave our bodies, Stephen said, from day to day, their molecules shuttled to and fro, so does the artist weave and unweave his image. And as the mole on my right breast is where it was when I was born, though all my body has been woven of new stuff time after time, so through the ghost of the unquiet father the image of the unliving son looks forth. In the intanse instant of imagination, when the mind, Shelley says, is a fading coal, that which I was is that which I am and that which in possibility I may come to be. So in the future, the sister of the past, I may see myself as I sit here now but by reflection from that which then I shall be. (194)

Zu 183: Every life is many days, day after day. We walk through ourselves, meeting robbers, ghosts, giants, old men, young men, wives, widows, brothers-in-love. But always meeting ourselves. The playwright who wrote the folio of this world and wrote it badly (He gave us light first and the sun two days later), the lord of things as they are whom the most Roman of catholics call dio boia, hangman god, is doubtless all in all in all of us, ... (213)

Zu 185: Mr Leopold Bloom ate with relish ...grilled mutton kidneys... (57)
Another slice of bread and butter: three, four: right. (57)
The cat mewed in answer and stalked again stiffly round a leg of the table, mewing. Just how she stalks over my writingtable. Prr. Scratch my head. Prr. (57)
His listened to her licking lap. Ham and eggs, no. No good eggs with no drouth. Want pure fresh water. Thursday: Not a good day either for a mutton kidney at Buckley's. Fried with butter, a shake of pepper. Better a pork kidney at Dlugacz's. While the kettle is boiling. She lapped slower, then licking the saucer clean. Why are their tongues so rough? To lap better all porous holes. Nothing she can eat? He glanced round him. No. (58)

Zu 186: Met him what? he asked.
Here, she said. What does that mean?
He leaned downwards and read near her polished thumbnail.
Metempsychosis?
Yes. Who's he when he's at home?
Metempsychosis, he said, frowning. It's Greek: from the Greek. That means the transmigration of souls.
O, rocks! she said. Tell us in plain words. (66)

Zu 186 f.: Mr Bloom moved forward raising his troubled eyes. Think no more about that. After one. Timeball on the ballast office is down. Dunsink time. Fascinating little book that is of sir Robert Ball's. Parallax. I never exactly understood. There's a priest. Could ask him. Par it's Greek: parallel, parallax. Met him pikehoses she called it till I told her about the transmigration. O rocks!

Zu 187 f.:Mr Bloom smiled O rocks at two windows of the ballast office. She's right after all. Only big words for ordinary things on account of the sound. She's not exactly witty. Can be rude too. Blurt out what I was thinking. Still I don't know. She used to say Ben Dollard had a base barreltone voice. He has legs like barrels and you'd think he was singing into a barrel. Now, isn't that wit? They used to call him big Ben. Not half as witty as calling him base barreltone. Appetite like an albatross. Get outside of a baron of beaf. Powerful man he was at storing away number one Bass. Barrel of Bass. See? it all works out. (153 f.)

Zu 189: Pineapple Rock, lemon platt, butter scotch. A sugarsticky girl shovelling scoopfuls of creams for a christian brother. Some school treat. Bad for their tummies. Lozenge and comfit manufacturer to His Majesty the King. God. Save. Our. Sitting on his throne, sucking red jujubes white. (150)

Zu 189: That was a nice nun there, really sweet face. (...) Our great day, she said. Feast of Our Lady of Mount Carmel. Sweet name too: caramel. (...) They like buttering themselves in and out. (154)

Zu 192: The superior, the very reverend John Conmee S.J., reset his smooth watch in his interior pocket as he came down the presbytery steps. Five to three. Just nice time to walk to Artane. What was that boy's name again? Dignam, yes. *Vere dignum et justum est.* Brother Swan was the person to see. Mr Cunningham's letter. Yes. Oblige him, if possible. Good practical catholic: useful at mission time.
A onelegged sailor, swinging himself onward by lazy jerks of his crutches, growled some notes. He jerked short before the convent of the sisters of charity and held out a peaked cap for alms towards the very reverend John Conmee S.J. Father Conmee blessed him in the sun for his purse held, he knew, one silver crown. (218)

Zu 192 f.: On Newcomen bridge the very reverend John Conmee S.J. of saint Francis Xavier's church, upper Gardiner street, stepped on to an outwards bound tram.
Off an inward bound tram stepped the reverend Nicolas Dudley C.C. of saint Agatha's church, north William street, on to Newcomen bridge.
At Newcomen bridge Father Conmee stepped into a outward bound tram for he disliked to traverse on foot the dingy way past Mud Island. (221)

Zu 193: At Annesley bridge the tram halted and, when it was about to go, an old woman rose suddenly from her place to alight. The conductor pulled the bellstrap to stay the car for her. She passed out with her basket and a market net: and Father Conmee thougt the conductor help her and net and basket down: and Father Conmee saw that, as she had nearly passed the end of the penny fare, she was one of those good souls who had always to be told twice *bless you, my child*, that they have been absolved, *pray for me*. But they had so many worries in life, so many cares, poor creatures.
From the hoardings Mr Eugene Stratton grinned with thick niggerlips at Father Conmee.
Father Conmee thought of the souls of black and brown and yellow men and of his sermon of saint Peter Claver S.J. and the African mission and of the propagation of the faith and of the millions of black and brown and yellow souls that had not received the baptism of water when their last hour came like a thief in the night. (222)
A card *Unfurnished Apartments* slipped from the sash and fell. A plump bare generous arm shone, was seen, held forth from a white petticoatbodice and taut shiftstraps. (225)

Zu 196: What did Bloom do at the range?
He removed the saucepan to the left hob, rose and carried the iron kettle to the sink in order to tap the current by turning the faucet to let it flow.
Did it flow?
Yes. From Roundwood reservoir in county Wicklow of a cubic capacity of 2,400 million gallns, percolating through a subterranean aqueduct of filter mains of single and double pipeage constructed at an initial plant cost of £ 5 per linear yard by way of the Dargle, Rathdown, Glen of the Downs and Callowhill to the 26 acre reservoir at Stillorgan, a distance of 22 statute miles, and thence, through a system of relieving tanks, by a gradient of 250 feet to the city boundary at Eustace brigde, upper Leeson street ... (591)

Zu 197: What in water did Bloom, waterlover, drawer of water, watercarrier returning to the range, admire?
Its universality: its democratic equality and constancy to its nature in seeking its own level: its vastness in the ocean of Mercator's projection: its unplumbed profundity in the Sundam trench of the Pacific exceeding 8,000 fathoms: the restlessness of its waves and surface particles visiting in turn all points of its seaboard: the independence of its units: the variability of states of sea: its hydrostatic quiescence in calm: its hydrokinetic turgidity in neap and spring tides: its subsidence after devastation: its sterility in the circumpolar icecaps, arctic and antarctic: its climatic and commercial significance: its preponderance of 3 to 1 over the dry land of the globe: its indisputable hegemony extending in square leagues over all the region below the subequatorial tropic of Capricorn: ... (592)
... its ubiquity as constituting 90 % of the human body: the noxiousness of its effluvia in lacustrine marshes, pestilential fens, faded flowerwater, stagnant pools in the waning moon. (593)

Zu 198: ... the appearance of a star (1st magnitude) of exceeding brilliancy domincating by night and day (a new luminous sun generated by the collision and amalgamation in incandescence of two nonluminous exsuns) about the period of the birth of William Shakespeare over delta in the recumbent neversetting constellation of Cassiopeia and of a star (2nd magnitude) of similar origin but lesser brilliancy which had appeared in and disappeared from the constellation of the Corona Septentrionalis about the period of the birth of Leopold Bloom ... (621 f.)

Zu 199 f.: What visible luminous sign attracted Bloom's, who attracted Stephen's gaze?
In the second storey (rere) of his (Bloom's) house the light of a paraffin oil lamp with oblique shade projected on a screen of roller blind supplied by Frank O'Hara, window blind, curtain pole and revolving shutter manufacturer, 16 Aungier street. (623)
Were they indefinitely inactive?
At Stephen's suggestion, at Bloom's instigation both, first Stephen, then Bloom, in penumbra urinated, their sides contiguous, their organs of micturition repiprocally rendered invisible by manual circumposition, their gazes, first Bloom's, then Stephen's, elevated to the projected luminous and semiluminous shadow. (623)
What celestial sign was by both simultaneously observed?
A star precipitated with great apparent velocity across the firmament from Vega in the Lyre above the zenith beyond the stargroup of the Tress of Berenice towards the zodiacal sign of Leo. (624)

Zu 200: Ineluctable modality of the visible: at least that if no more, thought through my eyes. Signatures of all things I am here to read, seaspawn and seawrack, the nearing tide, that rusty boot. Snotgreen, bluesilver, rust: coloured signs. Limits of the diaphane. But he adds: in bodies. Then he was aware of them bodies before of them coloured. How? By knocking his sconce against them, sure. (42)

Zu 201: With?
Sinbad the Sailor and Tinbad the Tailor and Jinbad the Jailer and Whinbad the Whaler and Ninbad the Nailer and Finbad the Failer and Binbad the Bailer and Pinbad the Pailer and Minbad the Mailer and Hinbad the Hailer and Rinbad the Railer and Dinbad the Kailer and Vinbad the Quailer and Linbad the Yailer and Xinbad the Phthailer. (658)

Zu 203: ...the day we were lying among the rhododendrons on Howth head in the grey tweed suit and his straw hat the day I got him to propose to me yes first I gave him the bit of seedcake out of my mouth and it was leapyear like now yes 16 years ago... (703)

BIBLIOGRAPHIE

(Siglen)

Laurence Sterne: *The Life and Opinions of Tristram Shandy Gentleman*, ed. G. Petrie, Harmondswarth 1986. (Vol.-/Kapitel/Seitenzahl im Text)

- : *Leben und Meinungen von Tristram Shandy, Gentleman*, übers. von O. Weith, Suttgart 1972. (Band-/ Kapitel-/ Seitenzahl im Text)

Jean Paul: *Werke in zwölf Bänden*, hrsg. von N. Miller, München/Wien 1975. (Band-/Seitenzahl im Text. S = Siebenkäs; UL = Unsichtbare Loge; BL = Biographische Belustigungen; F = Flegeljahre; H = Hesperus; SL = Selberlebensbeschreibung; T = Titan; LF = Leben Fibels; KT = Kampaner Tal; QF = Quintus Fixlein)

James Joyce: *Ulysses*, Bodley Head Edition 1960, Harmondswarth 1971. (Seitenzahl im Text)

- : *Ulysses*, übers. von H. Wollschläger, Frankfurt/M. 1975. Frankfurter-Ausgabe, Werke 3.1 und 3.2. (Seitenzahl im Text)

Arno Schmidt: *Kühe in Halbtrauer (1964)*, Frankfurt/M. 1985. Darin *Caliban über Setebos* (= Caliban).

- : *Der Triton mit dem Sonnenschirm (1969)*, Frankfurt/M. 1985. (= Triton)

- : *Trommler beim Zaren (1966)*, Frankfurt/M. 1985. (= TbZ)

- : *Rosen & Porree (1959)*, Frankfurt/M. 1984. (= R&P)

- : *Brand's Haide (1951)*, Frankfurt/M. 1974. Taschenbuchausgabe. (Nur Seitenzahl im Text)

- : *Fouqué und einige seiner Zeitgenossen (1958)*, Darmstadt 1960 (2). (= Fouqué)

- : *Aus dem Leben eines Fauns (1953)*, Frankfurt/M. 1985. (= Faun)

- : *Berechnungen III*. Beiheft zur Züricher Kasette, Zürich 1985.

Weitere Literatur für die Siglen verwendet werden:

Sigmund Freud: *Studienausgabe in zehn Bänden*, hrsg. von A. Mitscherlich u.a., Frankfurt/M. 1969 ff. (=StA Band-, Seitenzahl)

Johann Wolfgang Goethe: *Werke*, Hamburger Ausgabe in 14 Bänden, hrsg. von E. Trunz, München 1974 (10). (= HA Band-, Seitenzahl)

Georg Wilhelm Friedrich Hegel: *Werke in zwanzig Bänden*, Theorie Werkausgabe, Frankfurt/M. 1970. (= Werke Band-, Seitenzahl)

Johann Gottfried Herder: *Sämtliche Werke*, hrsg. von B. Suphan, Berlin 1881, Band XVII u. XVIII. (= SW Band-, Seitenzahl)

David Hume: *The philosophical works*, ed. by Thomas Hill Green and Thomas Hodge Grose, 4 Volumes, London 1882. Vol 4: *An Enquiry Concerning Human Understanding*. (= Vol.-, Section, Seitenzahl)

- : *Eine Untersuchung über den menschlichen Verstand*, übers. und hrsg. von H. Herring, Suttgart 1982. (= Hume, Seitenzahl)

John Locke: *The works. A new edition, corrected*. 10 volumes, London 1823, Vol. 1-3: *An essay concerning human understanding*. (=Vol., Buch, Kapitel, Seitenzahl)

- : *Versuch über den menschlichen Verstand in 4 Büchern*, 2 Bände, Hamburg 1981 (4). (=Locke, Buch, Kapitel, Seitenzahl)

Georg Lukács: *Die Theorie des Romans (1920)*, Neuwied und Berlin 1971. (= Seitenzahl im Text)

Michel de Montaigne: *Oeuvres complètes*, Textes établis par Albert Thibaudet et Maurice Rat, Edition Gallimard, Paris 1962. (= Band-, Kapitel-, Seitenzahl)

- : *Die Essais*, übers. und ausgewählt von A. Franz, Stuttgart 1973. (= Die Essais, Seitenzahl)

- : *Essais*, übers. und ausgewählt von H. Lüthy, Zürich 1985 (6). (=Lüthy, Seitenzahl)

Friedrich Nietzsche: *Werke in drei Bänden*, hrsg. von K. Schlechta, Darmstadt u. München 1966. (= Schlechta Band-, Seitenzahl)

Marcel Proust: *Auf der Suche nach der verlorenen Zeit*, Ausgabe in zehn Bänden, übers. von E. Rechel-Mertens, Frankfurt/M. 1985 (4). (= Band-, Seitenzahl)

Christoph Martin Wieland: *Sämmtliche Werke*, 39 Bände u. Supplemente 1-3, Hamburger Reprintausgabe 1984. (Buch, Kapitel-, Seitenzahl)